Leiß · Erklärungen von Handlungen und Hirnen

Perspektiven der Analytischen Philosophie
Neue Folge

Herausgegeben von Julian Nida-Rümelin und Ulla Wessels

Begründet von Georg Meggle und Julian Nida-Rümelin

Florian Leiß

Erklärungen von Handlungen und Hirnen

mentis
MÜNSTER

Gedruckt mit freundlicher Unterstützung
der Geschwister Boehringer Ingelheim Stiftung für Geisteswissenschaften
in Ingelheim am Rhein

Bibliografische Information der Deutschen Nationalbibliothek

Die Deutsche Nationalbibliothek verzeichnet diese
Publikation in der Deutschen Nationalbibliografie;
detaillierte bibliografische Daten sind im Internet über
http://dnb.dnb.de abrufbar.

Gedruckt auf umweltfreundlichem, chlorfrei gebleichtem
und alterungsbeständigem Papier ∞ ISO 9706

Eisenbahnstraße 11, 48143 Münster, Germany
www.mentis.de

Printed in Germany
Einbandgestaltung: Anna Braungart, Tübingen
Druck: AZ Druck und Datentechnik GmbH, Kempten
ISBN 978-3-89785-225-9

INHALTSVERZEICHNIS

VORWORT

Meinen Überlegungen möchte ich kurze Bemerkungen zu drei Gruppen von Personen voranstellen. Die erste Gruppe ist der Personenkreis, den ich beim Schreiben als mögliche Leser vor Augen hatte. Die zweite sind die, deren Werken ich Denkanstöße verdanke und die dritte sind all diejenigen, auf deren Hilfe ich nicht hätte verzichten wollen.

Die erste Gruppe ist am schwierigsten einzuschätzen. Meine Überlegungen stellen einen Versuch dar, Impulse für die philosophische Handlungstheorie aus Betrachtungen der Praxis der empirischen Bio- und Neurowissenschaften zu gewinnen. Meine Hoffnung ist, dass das Ergebnis sowohl für manche Philosophen als auch für manche Biowissenschaftler interessant sein könnte. Gleichzeitig vermute ich, dass den möglichen Interessenten meist entweder die experimentelle Praxis in den empirischen Naturwissenschaften fremd ist oder sie sich bislang wenig mit Handlungstheorie beschäftigt haben. Dementsprechend habe ich mich um einführende Bemerkungen in beiderlei Hinsicht bemüht und verzicht auf allzu technische Diskussionen. Ich hoffe, dass das Ergebnis ein halbwegs ausgeglichener Kompromiss ist, der Philosophen und Neurowissenschaftlern gleichermaßen zumutbar ist.

Die zweite Gruppe kann ich besser einschätzen als die erste. Ich fürchte aber, dass ich sie nicht völlig überblicke. Um mich bei denen zu entschuldigen, die ich nicht namentlich erwähnt habe, möchte ich eine Bemerkung Donald Davidsons aufgreifen. Davidson erklärt sich einen fehlenden Verweis auf eine Arbeit Carl Hempels dadurch, dass dieser seine Überlegungen so überzeugend und bescheiden vorgetragen hätte, dass Davidson angenommen habe, er hätte das alles schon seit seiner Geburt gewusst.[1] So geht es mir mitunter auch. Manches, was ich heute selbstverständlich finde, ist in Büchern, die ich vor einiger Zeit gelesen habe, mit einem Ausrufezeichen versehen. Den Autoren, die mitgeprägt haben was ich für selbstverständlich halte, bin ich zu besonderem Dank verpflichtet. Mit Davidson ist bereits einer dieser Autoren benannt. Für ihn und für alle anderen, die ich erwähne, gilt, dass mir ihre Überlegungen weitergeholfen haben. Ich habe aber in keinem Fall ein exegetisches Anliegen und vielleicht hat mir mancher Denkanstoss nicht die vom jeweiligen Autor intendierte Richtung gewiesen. Missverständnisse sind nicht ihnen anzulasten.

---

[1] Vgl. (Davidson 1985, S.363).

Die dritte Gruppe kenne ich am besten und ich möchte ihr noch herzlicher danken als der zweiten. Ohne philosophischen Zuspruch von PD Dr. Stephan Sellmaier, Prof. Dr. Julian Nida-Rümelin, Prof. Dr. Gerhardt Ernst und Dr. Erich Ammereller und neurobiologischem Interesse von Prof. Dr. Benedikt Grothe und PD Dr. Bertram Gerber hätte ich mir eine intensive Auseinandersetzung mit Themen im Grenzbereich zwischen Philosophie und Neurobiologie niemals zugetraut. Ohne die Unterstützung von und dem Austausch mit Stephan Sellmaier, Erasmus Mayr, Michael von Grundherr, Christine Bratu, den Teilnehmern am Forschungskolloquium Willensfreiheit, den Teilnehmern am Workshop zur Handlungstheorie (hier sind insbesondere Prof. Dr. Wallace, Prof. Dr. Smith, Prof. Dr. Vossenkuhl und Roland Pöllinger zu erwähnen) und Signor Rossi hätte die Auseinandersetzung mit diesen Themen kein vernünftiges Ergebnis gehabt. Zudem hätte sie weniger Spaß gemacht. Differenzierte Kommentare zu dieser Arbeit verdanke ich Stephan Sellmaier, Erasmus Mayr und Ottmar Leiß. Ihre kritischen Bemerkungen haben mir geholfen, zumindest manche Dummheiten zu korrigieren. Meiner Familie danke ich für die Toleranz und Geduld, mir auch einen zweiten Ausflug in akademische Geistreiche nachzusehen. Susanne danke ich dafür, dass sie mir Zeit und Ruhe zum Nachdenken ermöglicht hat. Und für noch viel mehr. Marlene verdanke ich häufige und herzerfrischende Auszeiten vom Nachdenken.

Florian Leiß
München im Dezember 2011

Die vorliegende Arbeit ist als Dissertation im Fach Philosophie an der Ludwigs-Maximilians-Universität München angenommen worden.

1 EINLEITUNG

HANDLUNGSERKLÄRUNGEN UND BIOWISSENSCHAFTLICHE ERKLÄRUNGEN

Auf den folgenden Seiten geht es um Handlungserklärungen, um bio- oder neurowissenschaftliche Erklärungen und um die Zusammenhänge zwischen beiden. Anhand eines für mich besonders eindrücklichen Beispiels möchte ich zunächst betonen, dass ich überzeugt bin, dass solche Zusammenhänge bestehen. In dem Zeitraum, in dem ich mich mit den Themen dieser Arbeit beschäftigt habe, hat sich eine unsichtbare und für mich zunächst weitgehend belanglose Zelle in eine kleine Tochter verwandelt. Mit Blick auf die vorliegende Untersuchung ist dieser in vielerlei Hinsicht erstaunliche Vorgang aus folgendem Grund relevant: Einerseits gehe ich davon aus, dass es biowissenschaftliche Erklärungen für die Prozesse gibt, die in Zellen ablaufen. Auch gibt es Erklärungen dafür, dass sich manche Zellen teilen und dass insbesondere befruchtete Eizellen eine außerordentliche Vielfalt anderer Zellen hervorbringen können. Andererseits gehe ich davon aus, dass auch sehr umfassende zell- und entwicklungsbiologische Erklärungen wenig geeignet sind, mir verständlich zu machen, was in meiner kleinen Tochter vorgeht. Sie spricht gerade ihre ersten vollständigen Sätze und ich denke eher über ihre Bedürfnisse und Absichten nach als über ihre Körperzellen. Wenn wir Personen verstehen wollen, suchen wir nach Handlungserklärungen. Wenn wir Zellen verstehen wollen, suchen wir nach biowissenschaftlichen Erklärungen.[2] Gleichzeitig entwickeln sich kleine Kinder ganz offensichtlich aus befruchteten Eizellen.

Es scheint also Vorgänge zu geben, die einerseits biowissenschaftlich erklärt werden können und andererseits einer völlig anderen Art von Erklärung bedürfen. Wenn das so ist, stellt sich die Frage, in welchem Verhältnis die verschiedenen Erklärungen zueinander stehen. Ich gehe davon aus, dass sich bio- und neurowissenschaftliche Erklärungen auf der einen Seite und Handlungserklärungen auf der anderen Seite wechselseitig ergänzen können. Weiterhin glaube ich, dass Handlungserklärungen und biowissenschaftliche Erklärungen nicht ineinander übersetzbar sind.

---

[2] Dagegen ist es eher abwegig, nach biowissenschaftlichen Erklärungen der Vorgänge in Personen zu fragen oder eine Zellteilung als eine Handlung zu verstehen.

HANDLUNGSTHEORIE UND WISSENSCHAFTSTHEORIE

Weil sich meine Überlegungen mit Handlungserklärungen auseinandersetzen, sind sie ein Beitrag zur philosophischen Handlungstheorie. Die Handlungstheorie ist spätestens seit Aristoteles' Nikomachischer Ethik[3] ein wichtiges Teilgebiet der Philosophie und beschäftigt sich mit der Frage, was menschliche Handlungen auszeichnet und wie sie zustande kommen.[4] Überlegungen zum Zusammenhang zwischen Handlungserklärungen und neurowissenschaftlichen Erklärungen erfordern aber auch Gedanken zu den Besonderheiten wissenschaftlichen Erklärens und diese fallen in den Bereich der Wissenschaftstheorie. Neben handlungstheoretischen Themen werden daher auch wissenschaftstheoretische Betrachtungen eine Rolle spielen. Dabei wird der Fokus auf der Praxis des Erklärens in den empirischen Neurowissenschaften[5] liegen. Eine wesentliche Motivation für die vorliegende Arbeit ist die Einschätzung, dass wissenschaftstheoretische Überlegungen zu Erklärungen in den Neurowissenschaften die handlungstheoretische Diskussion bereichern können. Mein Ziel ist dementsprechend, Impulse für die handlungstheoretische Diskussion zu gewinnen, indem ich vielversprechende Ansätze aus der Theorie der Neurowissenschaften (dem Teilgebiet der Wissenschaftstheorie, der sich mit den Neurowissenschaften auseinandersetzt) aufgreife.

ERKLÄRUNGEN

Egal, ob auf den folgenden Seiten handlungstheoretische Überlegungen zu Handlungserklärungen oder wissenschaftstheoretische Überlegungen zu bio- oder neurowissenschaftlichen Erklärungen im Vordergrund stehen, immer geht es mir um Erklärungen. Daher erscheinen mir zunächst einige grundlegende Bemerkungen zu Erklärungen wesentlich, die gleichermaßen für Handlungserklärungen und neurowissenschaftliche Erklärungen gelten. Erklärungen sind Antworten auf bestimmte Arten von Fragen. Diese Art von Fragen kann näher spezifiziert werden – beispielsweise ist betont worden, dass es sich häufig um „Warum-Fragen" handelt.[6] Später werde ich Überlegungen von James Woodward vorstellen, der Erklärungen als Antworten auf „Was-wäre-wenn-es-etwas-anders-gewesen-wäre-Fragen" ver-

---

[3] Vgl. (Aristoteles 1986).

[4] Ralf Stoecker (Stoecker 2002) bietet eine gute Einführung, der von Alfred Mele herausgegebene Sammelband vermittelt einen Überblick (A. R. Mele 1997).

[5] Kognitionswissenschaft, molekulare Neurobiologie, Humangenetik, Neuropathologie, Entwicklungspsychologie, Sinnesphysiologie und evolutionäre Antrophologie seien als Beispiele für die im folgenden als empirische Neurowissenschaften zusammengefassten Disziplinen genannt.

[6] Vgl. (Fraassen 1980, Kapitel 5; Wesley C. Salmon 1998).

steht.[7] An dieser Stelle möchte ich aber zunächst betonen, dass mehrere Dinge vorauszusetzen und zu berücksichtigen sind, wenn Erklärungen als Antworten auf Fragen verstanden werden. Zunächst muss es jemanden geben, der eine Frage stellt und jemanden, der die Frage zu beantworten versucht. Natürlich kann es sich in beiden Fällen um dieselbe Person handeln, beispielsweise, wenn jemand eine Antwort auf eine Frage findet, die er sich selbst gestellt hat. In anderen Fällen wird vielleicht einfach eine Erklärung vorgebracht, ohne dass zuvor explizit eine Frage gestellt worden ist, die sie beantworten würde.[8] In diesem Fall wird die Frage durch die Erklärung impliziert. Die Erklärung muss der Frage gerecht werden, die sie zu beantworten versucht. Dazu muss sie die Interessen des Fragenden und den Kontext berücksichtigen, in der sie gestellt worden ist. Bas van Fraassen hat diesen Aspekt das Thema einer Erklärung genannt.[9] Nur wenn das Thema der Erklärung mit dem Thema der Frage übereinstimmt, kann die Erklärung angemessen sein. Natürlich ist es möglich, den Fragenden davon zu überzeugen, dass seine Frage falsch gestellt ist. Es kann eine neue Frage vorgeschlagen werden, die dann mit der Erklärung beantwortet wird. Der Fragende wird aber nur dann zufrieden mit der Antwort sein, wenn er die neuformulierte Frage übernimmt.

ERKLÄRUNGEN UND KONTEXT

Das Interesse des Fragenden wird zumeist nicht vollständig expliziert, sondern ist wesentlich durch den Kontext gegeben. Am Beispiel von „Warum-Fragen“ lässt sich das besonders gut verdeutlichen. Manche Antworten, die durchaus als Antwort auf die gestellte „Warum-Frage“ angesehen werden können, wird ein Fragender typischerweise zurückweisen. Das hängt damit zusammen, dass in der Frage meist nicht nur eine Vorstellung des Phänomens oder Ereignisses mitschwingt, das erklärt werden soll, sondern auch Vorstellungen von Alternativen, die nicht auf- oder eingetreten sind. Ein Priester könnte den verurteilten Bankräuber fragen, warum er Banken überfallen hat. Mit der Antwort „Weil dort viel Geld aufbewahrt wird“ wäre er vermutlich nicht zufrieden. Wahrscheinlich hatte er als Alternative zu dem Überfallen von Banken ein gesetzestreues Leben vor Augen. Ein Kompagnon des Bankräubers dagegen könnte eine ähnliche Frage stellen und von der Antwort durchaus überzeugt werden. Wenn er als Alternative das Über-

---

7 Vgl. (Woodward 2003, S.11).

8 Dies scheint bei biowissenschaftlichen Publikationen häufig der Fall zu sein. Ein wesentlicher Teil der Arbeit besteht oft darin, eine präzise formulierte Frage zu finden, die durch geeignete Experimente beantwortet werden kann. Bevor die Ergebnisse der Studie als Erklärung präsentiert werden, wird typischerweise in der Einleitung die dazu passende Frage formuliert und begründet, warum diese interessant ist.

9 Vgl. (Fraassen 1980, Kapitel 5).

fallen einer Tankstelle im Sinn hatte, erklärt die Antwort des Bankräubers dessen Präferenz für Banken.[10] „Warum-Fragen" können daher meist als „Warum-dies-und-nicht-etwas-anderes-Fragen" verstanden werden. (Warum Banken und nicht Tankstellen?) Sie kontrastieren das zu erklärende Phänomen oder Ereignis mit Alternativen, die nicht auf- oder eingetreten sind und bei der Frage mitgedacht werden. Bas van Fraassen hat in diesem Zusammenhang den Begriff der Kontrastklasse geprägt, der die Summe der mitgedachten Alternativen umfasst.[11]

ERKLÄRUNGEN UND ZWEIFEL

Auch in einem anderen Sinne ist zu betonen, dass die Suche nach Erklärungen immer in einem bestimmten Kontext zu sehen ist. Eine Frage geht von bestimmten Annahmen aus, um andere in Zweifel zu ziehen. Jede Erklärung setzt Annahmen voraus, die ihrerseits nicht wieder hinterfragt werden. Natürlich kann eine Erklärung oder einzelne Annahmen, die für sie wesentlich sind, ihrerseits hinterfragt werden. Kleine Kinder und Wissenschaftler beherrschen diese Technik in Perfektion. Ludwig Wittgenstein hat aber betont, dass dieses Frage-Antwort-Spiel irgendwo ein Ende findet.[12] Es gründet in Annahmen, die ihrerseits nicht wiederum bezweifelt werden. Zudem kann nicht alles, was bezweifelt werden kann, *gleichzeitig* bezweifelt werden. Das hängt damit zusammen, dass ein voraussetzungsloser Zweifel nicht verständlich wäre. Denn wenn wir nicht wissen, was der Fragende als gegeben voraussetzt, verstehen wir nicht einmal seine Frage.[13] Der Kontext, in dem eine Frage gestellt wird, umfasst mindestens die Sprache, in der sie formuliert ist. Auch ist sie geprägt durch und verankert in der Lebenswelt des Fragenden.[14] Diese Einsichten haben eine Konsequenz, die für die folgenden Überlegungen zentral ist: Keine einzelne Erklärung kann alles erklären. Es wäre völlig unklar, was die Frage sein sollte, die eine derartige Erklärung zu beantworten versucht und deshalb wäre die Erklärung völlig unverständlich. Stattdessen stehen alle Erklärungen immer in einem Kontext anderer Erklärungen, aus dem sie nicht einfach herausgelöst werden können.

ERKLÄRUNGEN, BESCHREIBUNGEN UND VORHERSAGEN

Meiner Auffassung nach sind wissenschaftliche Erklärungen von (wissenschaftlichen) Beschreibungen und Vorhersagen zu unterscheiden.[15] Ich gehe im Folgenden davon aus, dass eine Erklärung sprachlich formuliert wird

---

[10] Vgl. (Psillos 2002, S.16).
[11] Vgl. (Fraassen 1980, Kapitel 5).
[12] Vgl. (Wittgenstein 2006, insbesondere §2, §94ff, §114ff, §323, §341ff, §509).
[13] Vgl. (Davidson 1984).
[14] Vgl. (Nida-Rümelin 2009).
[15] Vgl. auch (Wesley C. Salmon 1998, S.125–141).

oder werden könnte. Diese Annahme setzt voraus, dass es einen begrifflichen Rahmen gibt, mit dem das zu erklärende Phänomen präzise erfasst werden kann. In dieser Hinsicht besteht eine Gemeinsamkeit zwischen Erklärungen und Beschreibungen, weil auch letztere in ähnlicher Weise sprachliche Differenzierungsmöglichkeiten voraussetzten.[16] Beschreibungen ermöglichen es, ein Phänomen zu benennen und von anderen Phänomenen präzise zu unterscheiden. Erklärungen erfordern die Möglichkeit einer präzisen Beschreibung, gehen aber wesentlich über diese hinaus. Auch Vorhersagen gehen in einer wesentlichen Hinsicht über Beschreibungen hinaus, weil sie im Unterschied zu diesen nicht auf Gegenwärtiges und Vergangenes beschränkt sind, sondern sich auf die Zukunft richten. Vorhersagen erfordern ein tieferes Verständnis eines Phänomens als Beschreibungen. Obwohl in der Wissenschaftstheorie mitunter ein sehr enger Zusammenhang zwischen Vorhersagen und wissenschaftlichen Erklärungen hergestellt worden ist,[17] gehe ich davon aus, dass Erklärungen noch wesentlich mehr erfordern, als Vorhersagen. Zwar ermöglichen uns gute Erklärungen auch zuverlässige Vorhersagen, wir können aber mitunter Phänomene zuverlässig vorhersagen, die wir nicht erklären können. Beispielsweise ist es recht leicht vorherzusagen, dass eine Eichel, wenn sie zu einem Baum heranwächst, zu einer Eiche heranwachsen wird – und nicht zu einer Buche. Dies erfordert einerseits sprachliche Differenzierungen, die es uns auch ermöglichen, Eichen und Buchen genau zu beschreiben und relevante Unterschiede zwischen beiden zu erfassen. Eine Erklärung dafür, dass Eicheln eher zu Eichen als zu Buchen heranwachsen, erfordert aber wesentlich mehr als die Vorhersage. Erklärungen leisten mehr als Vorhersagen, weil sie Antworten auf Fragen liefern, die Vorhersagen nicht beantworten. In dieser Hinsicht ist der bereits erwähnte Vorschlag Woodwards, Erklärungen als Antworten auf „Was-wäre-wenn-etwas-anders-gewesen-wäre-Fragen" zu verstehen, sehr hilfreich. Vorhersagen beantworten lediglich die Frage, was passieren wird. Erklärungen beantworten auch die Frage, was passieren könnte, wenn etwas andere Bedingungen herrschen würden oder wir in den Verlauf des Geschehens eingreifen würden.[18]

[16] Entsprechend wird der Begriff der Beschreibung im Folgenden mitunter neben dem der Erklärung gebraucht.

[17] Vgl. insbesondere (Hempel 1970).

[18] Eine biowissenschaftliche Erklärung dafür, dass Eicheln eher zu Eichen als zu Buchen heranwachsen, könnte beispielsweise die Rolle der DNA betonen und dadurch die Hypothese nahelegen, dass eine Eichel eventuell dann zu einer Buche heranwachsen würde, wenn es in geeigneter Weise gelänge, die Eichen-DNA durch Buchen-DNA zu ersetzen.

WAS-WÄRE-WENN-ERKLÄRUNGEN

Handlungserklärungen und neurowissenschaftliche Erklärungen können gleichermaßen als Antworten auf „Was-wäre-wenn-es-etwas-anders-gewesen-wäre-Fragen" verstanden werden. Ich möchte sie daher als „Was-wäre-wenn-Erklärungen" bezeichnen. Durch diese gemeinsame Bezeichnung möchte ich Ähnlichkeiten betonen und sie von anderen Arten von Erklärungen abgrenzen. Es gibt viele verschiedene Arten von Erklärungen.[19] Ich kann erklären, wie man am besten zum Bahnhof kommt oder dort den Fahrscheinautomat der Bahn bedient. Ein Erdbebenopfer kann nach einer Erklärung dafür suchen, dass es ihn getroffen hat. Diese Arten von Erklärungen sind nicht Gegenstand dieser Untersuchung. Mir geht es ausschließlich um Erklärungen, die als „Was-wäre-wenn-Erklärungen" verstanden werden können und um die Zusammenhänge, die zwischen derartigen Erklärungen bestehen. Ich hoffe den Leser zu überzeugen, dass Handlungserklärungen und neurowissenschaftliche Erklärungen als „Was-wäre-wenn-Erklärungen" verstanden werden können und dass interessante Zusammenhänge zwischen ihnen bestehen. Zunächst möchte ich die wesentlichen Gedanken zusammenfassen, die ich in den folgenden Kapiteln näher ausführen werde.

ZUSAMMENFASSUNG

Zwischen neurowissenschaftlichen Erklärungen und Handlungserklärungen bestehen wichtige Unterschiede. In neurowissenschaftlichen Erklärungen geht es um Nervenzellen und Gehirne, um Ursachen und Wirkungen. Experimentelle Studien sind nötig, um neurowissenschaftliche Erklärungen zu finden. Die Suche nach ihnen ist durch Neugier und die Hoffnung auf Therapien gegen Krankheiten motiviert. In Handlungserklärungen geht es dagegen um Personen und ihre Ziele, um Gründe und Konsequenzen. Sie sind selbstverständlicher Teil unsers Alltags. Es erfordert weder komplizierte Techniken noch teure Labors, um Handlungen zu erklären. Die Suche nach Handlungserklärungen ist durch das Bedürfnis motiviert, andere zu verstehen und den eigenen Handlungsspielraum zu erweitern. Ich gehe davon aus, dass die Unterschiede so groß sind, dass Handlungserklärungen nicht in neurowissenschaftliche Erklärungen übersetzt werden können. Die Begriffe, in denen beide Arten von Erklärungen formuliert werden, sind zu verschieden. Und auch die Kontexte, in denen wir sie vorbringen und die Interessen, die wir dabei verfolgen, sind zu unterschiedlich. Handlungserklärungen können daher weder auf neurowissenschaftliche Erklärungen (oder andere

[19] Klärende Bemerkungen in dieser Hinsicht finden sich bei Wesley Salmon (Wesley C. Salmon 1998, S.4–8) und Thomas Bartelborth (Bartelborth 2007).

naturwissenschaftliche Erklärungen) reduziert werden noch in irgendeiner Weise durch andere Erklärungen ersetzt werden.

Dennoch bestehen Zusammenhänge zwischen neurowissenschaftlichen Erklärungen der Vorgänge in unseren Gehirnen und Erklärungen unserer Handlungen. Die Handlungen menschlicher Personen haben neurophysiologische Voraussetzungen. Einsichten, die uns die Neurowissenschaften vermitteln, können daher relevant sein für das Verständnis von Personen. Beide Arten von Erklärungen sind sprachliche Versuche, die Welt zu erfassen und zu strukturieren. Wenn sie Einsichten vermitteln, sind es Einsichten über dieselbe Welt. Obwohl diese Einsichten unterschiedlich sind, stehen sie deshalb miteinander in Zusammenhang. Neurowissenschaftliche Erklärungen und Handlungserklärungen sind verschiedene Versuche, dieselbe Welt zu verstehen und sie müssen in derselben Welt bestehen.

Da uns beide Arten von Erklärungen Einsichten über dieselbe Welt vermitteln können, gibt es trotz aller Unterschiede auch wichtige Gemeinsamkeiten. Diese Gemeinsamkeiten sind besonders wichtig, wenn wir Zusammenhänge zwischen verschiedenen Erklärungen herstellen wollen – und wir müssen verschiedene Arten von Erklärungen miteinander in Beziehung setzen, wenn wir an einem umfassenden und kohärenten Weltbild interessiert sind. Dafür sind konzeptionelle Vorarbeiten nötig, zu denen ich mit der vorliegenden Arbeit einen Beitrag leisten möchte. Die genaue Art der einzelnen Zusammenhänge zwischen neurophysiologischen Erklärungen und Handlungserklärungen kann aber nur die Erfahrung vermitteln. Viele solche Erfahrungen haben wir bereits gemacht. Wir wissen, dass Denken ein Gehirn erfordert und (manche[20]) Handeln Muskelkontraktionen. Viele weitere Studien sind nötig, um die Details zu klären. Wir sollten nicht bestreiten, dass es wichtige Zusammenhänge gibt, nur weil wir sie noch nicht vollständig verstehen. Auch braucht es kein Anlass zu großer Sorge zu sein, dass wir vielleicht manches Detail in Zukunft besser verstehen werden. Durch neue und interessante neurowissenschaftliche Erklärungen werden Handlungserklärungen nicht weniger wichtig. Verschiedene Fragen erfordern verschiedene Antworten – auch wenn sich verschiedene Fragen und Antworten wechselseitig ergänzen können.

20 Es ist nicht leicht, sich Handlungen vorzustellen, die keine Muskelkontraktionen erfordern, aber es hängt nichts von der Annahe ab, dass alle Handlungen Muskelkontraktionen erfordern. Selbst wer Unterlassungen zu den Handlungen zählt muss zugestehen, dass auch diese koordinierte Muskelaktivität voraussetzen. Vollständige Muskelrelaxation oder unkontrollierte Kontraktionen sind sicherlich mit Handeln unvereinbar.

Teil I
Erklärungen von Handlungen

2 HANDLUNGEN UND HANDLUNGSTHEORIE

EINLEITUNG

Handlungserklärungen spielen im Alltag eine wichtige Rolle. Wir suchen oft nach Erklärungen für das Handeln anderer und wir können uns oder anderen unsere Handlungen meist problemlos erklären. Wir alle sind daher in einem bestimmten Sinne Experten der Handlungserklärung. Im Alltag geht es allerdings immer um konkrete Handlungen und konkrete Erklärungen. Im Kontext dieser Untersuchung stehen dagegen die Besonderheiten im Vordergrund, die alle Handlungserklärungen auszeichnen und sie von anderen Erklärungen – insbesondere neurowissenschaftlichen Erklärungen – unterscheiden. Überlegungen zu Handlungen und Handlungserklärungen, die von konkreten Einzelfällen abstrahieren, fallen in den Bereich der Handlungstheorie. Überlegungen zu Besonderheiten naturwissenschaftlicher Erklärungen, die von konkreten Einzelfällen abstrahieren, fallen in den Bereich der Wissenschaftstheorie. Meine Bemühungen, Unterschiede und Gemeinsamkeiten zwischen Handlungserklärungen und neurowissenschaftlichen Erklärungen zu untersuchen, erfordern daher die Auseinandersetzung mit handlungstheoretischen Themen auf der einen Seite und wissenschaftstheoretischen Themen auf der anderen Seite. Im ersten Teil dieser Arbeit stehen dabei Handlungserklärungen im Vordergrund, im zweiten Teil neurowissenschaftliche Erklärungen. Im dritten Teil werde ich die Zusammenhänge zwischen diesen beiden Arten von Erklärungen diskutieren. Schließlich möchte ich im vierten Teil aufzeigen, dass ein besseres Verständnis des Zusammenhanges zwischen Handlungserklärungen und neurowissenschaftlichen Erklärungen neue Antworten auf verschiedene Fragen bereithält, die in der Handlungstheorie diskutiert werden.

Diese Fragen möchte ich in diesem Kapitel kurz vorstellen. Weil ich durch meine Überlegungen neue Antworten auf diese Fragen aufzeigen möchte, ist die vorliegende Arbeit ein Beitrag zur Handlungstheorie. Ich werde dem Leser einige Geduld abverlangen, bis ich diese Fragen in den letzten Kapiteln wieder aufgreifen werde. Die kurze Charakterisierung der handlungstheoretischen Fragen, für die ich neue Antworten vorschlagen möchte, dient daher auch als Ausblick auf das eigentliche Anliegen dieser Arbeit. Als Ausgangspunkt dient mir ein kausales Verständnis von Handlungserklärungen, ich bin aber nicht auf ein kausales Verständnis von Handlungserklärungen festgelegt und werde im Verlauf meiner Untersuchungen auch Unterschiede zwischen Handlungserklärungen und naturwissenschaftlichen Kausalerklärungen betonen.

KAUSALE ANSÄTZE IN DER HANDLUNGSTHEORIE

Kausale Ansätze in der Handlungstheorie[21] haben eine lange Geschichte, die moderne Diskussion beginnt aber mit den Aufsätzen Donald Davidsons.[22] Unter dem Einfluss von Ludwig Wittgenstein[23] und Elizabeth Anscombe[24] waren kausale Ansätze zuvor in den Hintergrund getreten. Davidson hat viele Leser davon überzeugt, dass Handlungserklärungen zu den Kausalerklärungen zählen und seine Ansichten prägen die Diskussion bis heute. Davidsons Position kann daher als Standardkonzeption der kausalen Handlungstheorie verstanden werden.[25] Obwohl ich große Sympathie für Davidson Ansichten habe, denke ich, dass sein Verständnis von Kausalität zu stark durch das Beispiel der Physik geprägt ist. Ich bin der Auffassung, dass sich Erklärungen in den Bio- und Neurowissenschaften in mancher Hinsicht von physikalischen Erklärungen unterscheiden und werde diese Einschätzung im zweiten Teil dieser Arbeit ausführlich begründen. Für die kausale Handlungstheorie halte ich diese Unterschiede für sehr relevant, weil viel davon abhängt, mit welchen Kausalerklärungen Handlungserklärungen verglichen werden. Ich gehe davon aus, dass sich manche Probleme der kausalen Handlungstheorie dadurch lösen lassen, dass eine zu starke Orientierung an der Physik überwunden wird. Indem erkennbar wird, dass es interessante Unterschiede zwischen verschiedenen naturwissenschaftlichen Erklärungen gibt, wächst möglicherweise die Bereitschaft, Handlungserklärungen als eine eigene Art von Erklärungen anzusehen, die sich durch Gemeinsamkeiten, aber auch durch Unterschiede zu naturwissenschaftlichen Erklärungen auszeichnet. Eine detaillierte Diskussion dieser Gemeinsamkeiten und Unterschiede ist ein wesentliches Anliegen der vorliegenden Arbeit.

URSACHEN UND GRÜNDE

Da naturwissenschaftliche Erklärungen Ursachen benennen und Handlungserklärungen auf Gründe verweisen, wird es dabei auch um Gemeinsamkeiten und Unterschiede zwischen Ursachen und Gründen gehen. Kau-

---

21 Vgl. beispielsweise (Davidson 1985; A. R. Mele 1992; Hornsby 1980; Bishop 1990).

22 Die im vorliegenden Kontext wichtigsten Artikel (Davidson 1963; Davidson 1967; Davidson 1966; Davidson 1970a; Davidson 1976a; Davidson 1970b; Davidson 1976b) finden sich alle in dem einflussreichen Sammelband „Essays on Actions and Events" (Davidson 1980), im Folgenden verweise ich auf die deutsche Übersetzung (Davidson 1985).

23 Vgl. insbesondere (Wittgenstein 2003).

24 Vgl. insbesondere (Anscombe 1957).

25 Vgl. beispielsweise (Stoecker 2002, S.9).

sale Ansätze in der Handlungstheorie betonen, dass Gründe in einem bestimmten Sinne auch Ursachen sind oder in einem sehr engen Zusammenhang mit ihnen stehen. Daher sind Handlungserklärungen auch als Kausalerklärungen aufzufassen. Durch die Gleichsetzung von Gründen mit Ursachen wird es erleichtert, Zusammenhänge zwischen neurowissenschaftlichen Erklärungen und Handlungserklärungen herzustellen. Dem Anliegen dieser Arbeit kommt der Grundgedanke kausaler Ansätze in der Handlungstheorie daher entgegen. Allerdings glaube ich letztlich nicht, dass Gründe mit Ursachen gleichzusetzen sind. Gründe sprechen für oder gegen Handlungen, Ursachen nicht. Gründe können wir abwägen und gewichten, bei Ursachen geht das nicht. Mit Gründen setzten wir uns in anderen Kontexten auseinander als mit Ursachen. Ich gehe daher davon aus, dass es wesentliche Unterschiede zwischen Gründen und Ursachen gibt. Gleichzeitig gibt es wesentliche Gemeinsamkeiten, weil uns beide in ähnlicher Weise Antworten auf unsere Fragen liefern (allerdings sind die Fragen sehr unterschiedlich): Sie benennen Faktoren, die einen entscheidenden Einfluss auf das Geschehen haben und auf die wir möglicherweise Einwirken können. Zu zeigen, dass es möglich bleibt, Zusammenhänge zwischen Handlungserklärungen und neurowissenschaftlichen Erklärungen herzustellen, wenn wir die Annahme aufgeben, dass Gründe mit Ursachen gleichzusetzen sind, ist ein zentrales Ziel dieser Arbeit.

Gleichzeitig sollen der Begriff der Ursache beziehungsweise der des Grundes hinreichend deutlich gemacht werden, so dass die große Rolle, die sie für naturwissenschaftliche Erklärungen oder Handlungserklärungen spielen, verständlich wird. Es soll erkennbar werden, was durch den Verweis auf eine Ursache ausgedrückt wird und dass die Vorstellung einer Ursache-Wirkungs-Beziehung eng mit der wissenschaftlichen Praxis des Experimentierens verknüpft ist. Im Hinblick auf Gründe wird zu zeigen sein warum es für Personen so wesentlich ist, dass sie angemessen mit Gründen umgehen und warum wir es einander vorwerfen können, wenn das nicht gelingt.

Reduktionismus

Mit der Annahme, dass Gründe nicht mit Ursachen gleichzusetzen oder auf diese zurückführbar sind, vertrete ich eine nicht-reduktionistische Position. Ich gehe davon aus, dass neurowissenschaftliche Erklärungen zu molekularen Vorgängen in unseren Gehirnen nicht bedeutungsgleich mit Handlungserklärungen sein können. Bei meinen Überlegungen werden Gedanken eine Rolle spielen, die auf Wittgenstein zurückgehen.[26] Das ist deshalb zu beto-

---

[26] Die Überlegungen Wittgensteins, um die es mir hier geht, stammen überwiegend aus seinen späteren Schriften. Wenn ich von sprachspielpluralistischer Positionen rede, die durch Wittgenstein beeinflusst sind, habe ich vor allem die Philosophischen Untersu-

nen, weil Wittgensteins Vorstellung von Sprachspielen das Verständnis von Handlungserklärungen vor Davidson stark geprägt hat und sich Davidson in mancher Hinsicht gegen diese Vorstellung gewandt hat. Ich denke, dass wesentliche Einsichten kausaler Ansätze in der Handlungstheorie weiterentwickelt werden können, wenn sie wichtige Einsichten Wittgensteins in der richtigen Weise aufgreifen. Die Vorstellung verschiedener Sprachspiele verdeutlicht, dass Begriffe nicht aus ihrem Verwendungskontext herausgerissen werden können, ohne dass sie ihre Bedeutung verlieren oder sich diese verändert. Wenn zwei Sprachspiele weitgehend unabhängig voneinander sind, kann die Bedeutung von Begriffen des einen Sprachspiels mit denen des anderen nicht oder nur ungenügend wiedergegeben werden. Wie zu zeigen sein wird, kann ein modernes, nicht-reduktives Verständnis des Zusammenhangs zwischen verschiedenen Erklärungsebenen in den Neurowissenschaften in diesem Sinne verstanden werden. Es verdeutlicht, dass der Eigenständigkeit von Begriffssystemen Rechnung getragen werden kann, ohne dass die Möglichkeit verloren geht, Zusammenhänge zwischen ihnen herzustellen. Der dafür entscheidende Schritt lässt sich vielleicht so ausdrücken: Alle Sprachspiele sind in der Lebenswelt verankert.[27] Es bestehen daher Zusammenhänge zwischen ihnen, die durch die Lebenswelt vermittelt werden. Handlungserklärungen sind ebenso vielschichtig wie Erklärungen in den Neurowissenschaften. Die Handlungstheorie kann daher von jüngeren wissenschaftstheoretischen Fortschritten beim Verständnis des Zusammenspiels zwischen verschiedenen Erklärungen erheblich profitieren.

TELEOLOGISCHE ERKLÄRUNGEN

Ein wesentlicher Einwand gegen ein kausales Verständnis von Handlungserklärungen betont, dass Handlungserklärungen einen teleologischen Charakter haben, der Kausalerklärungen völlig fehlt.[28] Diesem Einwand ist viel abzugewinnen. Der teleologische Charakter von Handlungserklärungen ist schwer zu bestreiten und verdient Aufmerksamkeit. Ich hoffe zu zeigen, dass ein genauer Blick auf die Praxis des kausalen Erklärens in den Neurowissenschaften auch in dieser Hinsicht neue Perspektiven eröffnet. In den Bio- und Neurowissenschaften haben Erklärungen sehr häufig einen teleologischen Charakter. Biologen und Neurowissenschaftler sehen diese teleologischen Erklärungen zumeist als eine Art verkürzte Redeweise an, die

---

chungen (Wittgenstein 2003) vor Augen. Es sei ausdrücklich darauf hingewiesen, dass Wittgenstein (insbesondere im Tractatus, Wittgenstein 1999) auch Gedanken formuliert hat, die in mancher Hinsicht mit einer wesentlichen Motivation für den Reduktionismus angesehen werden können – den ich als Gegenposition zu einem sprachpluralistischen Ansatz darstellen werde.

27 Vgl. (Blumenberg 2010; Nida-Rümelin 2009).

28 Vgl. beispielsweise (S. Sehon 2005; S. R. Sehon 1997; S. Sehon 2010).

durch längere, nicht-teleologische Erklärungen ersetzt werden könnte. Eine Diskussion des Zusammenspiels zwischen teleologischen und nicht-teleologischen Erklärungen in den Bio- und Neurowissenschaften soll aufzeigen, dass es grundsätzlich möglich ist, Zusammenhänge zwischen teleologischen und nicht-teleologischen Erklärungen herzustellen. Mit meinen Überlegungen hoffe ich zu zeigen, dass der teleologische Charakter von Handlungserklärungen kein Anlass dafür ist, eine scharfe Grenze zwischen naturwissenschaftlichen Erklärungen und Handlungserklärungen zu ziehen.

VERANTWORTUNG

Wenn ich Kontinuitäten zwischen naturwissenschaftlichen Erklärungen und Handlungserklärungen betone, ist es mir wichtig, keine Eigenschaften von Handlungserklärungen aufzugeben, die ich für wesentlich halte. Handlungserklärungen haben im Alltag eine große Bedeutung (eine wesentlich größere als neurowissenschaftliche Erklärungen) und sie spielen insbesondere eine entscheidende Rolle, wenn wir jemanden für seine Handlung verantwortlich machen wollen. Ich werde ausführlich auf unsere Praxis der Verantwortungszuschreibung eingehen und gehe davon aus, dass diese Praxis nicht in ihrer Gesamtheit in Frage gestellt werden kann. Zwar halte ich lokale Modifikationen unserer Praxis der Verantwortungszuschreibung für denkbar, es erscheint mir aber ausgeschossen, dass wir die Vorstellung aufgeben könnten, dass wir grundsätzlich für unsere Handlungen verantwortlich gemacht werden können. Ich werde zu zeigen versuchen, dass für ein Verständnis unserer Praxis der Verantwortungszuschreibung die Annahme hilfreich ist, dass wir Personen Fertigkeiten zuschreiben, wenn wir sie zur Verantwortung ziehen. Das Konzept der Fertigkeit werde ich im ersten Teil der Arbeit einführen, wesentliche Implikationen werde ich aber erst im letzten Teil diskutieren.

EPIPHÄNOMENALISMUS UND KAUSALE ÜBERBESTIMMTHEIT

Da ich überzeugt bin, dass wir für unsere Handlungen verantwortlich gemacht werden können und gleichzeitig an den wesentlichen Eigenschaften naturwissenschaftlicher Erklärungen festhalten möchte, stellt sich die Frage, wie einem bekannten Einwand gegen nicht-reduktionistische Positionen zu entkommen ist. Dieser formuliert zwei unattraktive Optionen, zwischen denen zu wählen hat, wer den Reduktionismus verneint. Entweder muss er akzeptieren, dass Gründe (und andere mentale Zustände) kausal wirkungslos sind und lediglich als epiphänomenales Beiwerk der eigentlich wirkenden physikalischen Ursachen anzusehen sind. Oder er muss davon ausgehen, dass Gründe, Wünsche, Überzeugungen und andere mentale Zustände zwar Handlungen verursachen können, diese aber gleichzeitig immer durch eine davon unabhängige Verkettung physikalischer Ursachen bewirkt werden.

Handlungen würden demnach grundsätzlich durch zwei voneinander Verursachungsketten hervorgerufen, die voneinander unabhängig sind, aber beide erforderlich sind.[29] Ich denke, dass dem Einwand eine idealisierte Vorstellung der Physik zu Grunde liegt, die von großem Interesse ist und ihre Berechtigung hat. Ich werde zu zeigen versuchen, dass sich im Kontext einer solchen idealisierten Physik aber die Frage nach der Wirksamkeit von Gründen (und anderen mentalen Zuständen) gar nicht stellt.

WILLENSSCHWÄCHE

Im letzten Teil der Arbeit werde ich neben den alltäglichen Aspekten unserer Praxis der Verantwortungszuschreibung auch zwei Sonderfälle diskutieren, die handlungstheoretisches Interesse geweckt haben. Der erste ist das Phänomen der praktischen Irrationalität, die Akrasia[30]. Unter akratischen Handlungen werden diejenigen Handlungen verstanden, bei denen eine Person wissentlich und intentional wider ihre besten Gründe handelt. Sie führt also nicht die Handlung aus, die sie als die beste ansieht, sondern eine andere oder gar keine. Dieses Phänomen wird auch als Willensschwäche bezeichnet. Für viele Ansätze in der Handlungstheorie ist es eine Herausforderung, mit Willenschwäche angemessen umzugehen. Die Schwierigkeit besteht darin, dass unter dem besten Handlungsgrund nicht einfach derjenige verstanden werden kann, der kausalen Einfluss (oder in besonderer Weise entscheidenden kausalen Einfluss) auf die Handlung hatte. Dieser Lesart zufolge wäre praktische Irrationalität nämlich nicht möglich. Der handlungsleitende Grund wäre immer automatisch der beste Handlungsgrund. Ich denke, dass zugestanden werden sollte, dass unter Umständen ein Handlungsgrund als der beste anzusehen ist, der keinerlei kausalen Einfluss auf das Geschehen hatte. Was einen von mehreren konkurrierenden Handlungsgründen zum besten Handlungsgrund macht, kann dann aber nicht seine kausale Rolle sein. Gleichzeitig ist es aber natürlich wesentlich, dass der beste Handlungsgrund eine kausale Rolle haben kann. Schließlich kann Willensschwäche überwunden werden, auch wenn sie ein lästiges und weitverbreitetes Phänomen ist.

ABWEICHENDE KAUSALKETTEN

Der zweite Sonderfall, auf den ich eingehen werde, ist noch etwas eigentümlicher als Willensschwäche und entstammt philosophischen Gedankenspielen. Das sogenannte Problem der abweichenden Kausalketten stellt insbesondere für kausale Ansätze in der Handlungstheorie vor Herausforderun-

---

29 Vgl. (Kim 2005; Kim 2000; Kim 1993).

30 Vgl. beispielsweise (Charlton 1988; Holton 2009; Spitzley 2005; Stroud & Tappolet 2008; Wallace 2006).

gen, aber es ist mit Blick auf jeden Versuch relevant, Zusammenhänge zwischen neurowissenschaftlichen Erklärungen und Handlungserklärungen herzustellen. Schon Davidson hat dieses Problem erkannt[31] und es ist bis in die Gegenwart Gegenstand von lebhaften Kontroversen. Ein typisches Beispiel handelt von einem Partygast, der mit einem Komplizen einen Überfall zu begehen beabsichtigt. Seine Aufgabe besteht darin, durch das Fallenlassen eines Weinglases das Startsignal für den Überfall zu geben. Der Partygast erkennt den günstigsten Zeitpunkt für den Überfall und beschließt, das verabredete Zeichen zu geben. Dieser Entschluss macht ihn so nervös, dass ihm sein Weinglas aus den Fingern rutscht.[32] Das Problem für die kausale Handlungstheorie ist nun Folgendes. Diesen Ansätzen zufolge liegt eine Handlungserklärung dann vor, wenn eine Person eine Absicht hat, der Überzeugung ist, diese Absicht auf eine bestimmte Art erfüllen zu können und beides gemeinsam für die Erklärung der Handlung kausal relevant ist. All das ist in dem genannten Beispiel der Fall. Der Partygast hat die Absicht, das Zeichen zu geben und ist der Überzeugung, dass er dazu nur sein Weinglas fallen lassen muss. Beides zusammen ist kausal relevant dafür, dass er das Weinglas fallen lässt. Alles sieht so aus, als hätten wir eine Handlungserklärung im Sinne der kausalen Handlungstheorie. Allerdings ist das Fallenlassen des Weinglases durch den Partygast als ein Versehen und nicht als Handlung zu verstehen – schon gar nicht als eine Handlung, die durch die genannten Hinweise angemessen erklärt wird. Schließlich ist es ihm aufgrund seiner Nervosität aus den Fingern geglitten. Es ist als Missgeschick anzusehen und kann ihm nicht als Handlung zugeschrieben werden – auch wenn er natürlich trotzdem für den Überfall mitverantwortlich ist. Aufgrund der Möglichkeit abweichender Kausalketten reicht die Forderung, dass das handlungsleitende Paar aus Absicht und Überzeugung (der primäre Grund in Davidsons Terminologie[33]) kausal relevant für die Handlung sein müssen, um sie zu kausal zu erklären, nicht aus. Davidson ergänzt sie daher durch die vage Formulierung, dass der kausale Einfluss auf die richtige Art und Weise gegeben sein müsse. Obwohl Vertreter kausaler Ansätze in der Handlungstheorie beträchtliche Energie darauf verwendet haben, diese richtige Art und Weise näher zu charakterisieren,[34] gilt das Problem der abweichenden Kausalketten weiterhin als wichtige Herausforderung. Ich hoffe zu zeigen, dass wir trotz aller praktischen Schwierigkeiten grundsätzlich davon ausgehen sollten, dass die richtige Art und Weise charakterisiert werden

31 Vgl. (Davidson 1985, S.325f).
32 Vgl. (Frankfurt 1997). Andere Beispiele finden sich in (Davidson 1985, Kapitel 4).
33 Vgl. (Davidson 1985, S.20).
34 Vgl. beispielsweise (A. R. Mele 1992).

könnte und dass das vorzuschlagende Verständnis des Zusammenspiels von neurowissenschaftlichen Erklärungen und Handlungserklärungen dabei hilft.

ZUSAMMENFASSUNG
Ich möchte zeigen, dass und inwieweit Zusammenhänge zwischen neurowissenschaftlichen Erklärungen und Handlungserklärungen hergestellt werden können. Dieses Vorhaben ist auch, aber nicht nur, durch die Überzeugung motiviert, dass neurowissenschaftliche Erkenntnisse unmittelbar relevant für die Handlungstheorie sein können. Wesentlicher erscheint mir, dass ein angemessenes Verständnis der Zusammenhänge zwischen den beiden verschiedenen Arten von Erklärungen interessante Denkanstöße für wichtige Fragen der Handlungstheorie liefert. Indem ich Gemeinsamkeiten und Unterschiede zwischen Handlungserklärungen und naturwissenschaftlichen Kausalerklärungen diskutieren werde, möchte ich auch zu der Diskussion beitragen ob und inwieweit Handlungserklärungen als Kausalerklärungen verstanden werden können. Im zweiten Teil werde ich dafür zunächst auf Gemeinsamkeiten und Unterschiede verschiedener naturwissenschaftlicher Erklärungen eingehen. Im letzten Teil werde ich dann das Verhältnis zwischen Ursachen und Gründen diskutieren und dabei die Annahme zurückweisen, dass zwischen Epiphänomenalismus und kausaler Überbestimmtheit zu wählen hat, wer den Reduktionismus vermeiden will. Anschließend werde ich auf teleologische Erklärungen und unsere Praxis der Verantwortungszuschreibung zu sprechen kommen und auf das Phänomen der Willensfreiheit und abweichende Kausalketten eingehen.

3 HANDLUNGEN UND GRÜNDE

EINLEITUNG

In diesem Kapitel möchte ich einige Besonderheiten von Handlungserklärungen betonen, die mir für den Vergleich mit neurowissenschaftlichen Erklärungen besonders wichtig erscheinen.[35] Handlungserklärungen sind uns aus dem Alltag so selbstverständlich, dass wir zunächst einen Schritt zurück treten müssen, um zu erkennen, dass es sich um ziemlich bemerkenswerte Erklärungen handelt. Dies möchte ich herausstellen, indem ich die Leistungsfähigkeit exemplarischer Handlungserklärungen aus dem Alltag mit hypothetischen neurowissenschaftlichen Erklärungen vergleichen werde, die als wissenschaftlichere Alternative vorgeschlagen werden könnten. Dabei wird deutlich werden, dass es keine alternativen Erklärungen gibt, die den Anforderungen in vergleichbarer Weise gerecht werden, die wir an Handlungserklärungen im Alltag stellen. Anschließend möchte ich diskutieren, warum das so ist. Dabei werde ich auf die Interessen verweisen, die typisch für jemanden sind, der nach einer Handlungserklärung sucht. Handlungserklärungen greifen diese Interessen auf sehr angemessene Art und Weise auf und sind anderen Arten von Erklärungen deshalb in vielen alltäglichen Kontexten überlegen. Handlungserklärungen gelingt das, indem sie auf Handlungsgründe verweisen. Abschließend möchte ich in aller Kürze einige Besonderheiten von Handlungsgründen diskutieren. Die Überlegungen dieses Kapitels können auch als Denkanstoß für eine Auseinandersetzung mit Handlungserklärungen an denjenigen gelesen werden, der von der Leistungsfähigkeit neurowissenschaftlicher Erklärungen überzeugt ist und erwartet, dass diese im Alltag zunehmend an Bedeutung gewinnen werden.

ALTERNATIVEN ZU HANDLUNGSERKLÄRUNGEN

Handlungserklärungen erklären menschliches Handeln. Handeln erfordert fast immer Körperbewegungen und kann daher auch als Verhalten eines biologischen Organismus beschrieben werden. Man könnte daher davon ausgehen, dass es zu Handlungserklärungen eine biowissenschaftliche Alternative gibt, die die entsprechenden Körperbewegungen erklärt. Ich halte diese Annahme für falsch. Wesentliche Teile dieser Arbeit können als Ver-

---

[35] Dabei werde ich keine intensive Beschäftigung mit handlungstheoretischen Themen voraussetzen – ebenso wenig wie ich im zweiten Teil der Arbeit wissenschaftstheoretische Vorkenntnisse erwarte. Den Experten auf beiden Gebieten werde ich daher leider mitunter Selbstverständlichkeiten zumuten.

such verstanden werden zu erklären, warum ich diese Annahme für falsch halte und wie das Verhältnis von Handlungserklärungen und biowissenschaftlichen Erklärungen stattdessen zu verstehen ist. Da ich die genannte Annahme aber durchaus für naheliegend (und weitverbreitet) halte, möchte ich sie aufgreifen und einen hypothetischen Vergleich zwischen einer Handlungserklärung und einer alternativen biowissenschaftlichen Erklärung ziehen.

Der Vorstellung, dass es zu einer Handlungserklärung eine wissenschaftliche Alternative geben könnte, unterstellt zunächst, dass sich Handlungserklärungen grundlegend von wissenschaftlichen Erklärungen unterscheiden würden. Was wissenschaftliche Erklärungen auszeichnet, werde ich im zweiten Teil dieser Arbeit diskutieren. Vielleicht trifft aber die folgende Zuspitzung verbreitete Erwartungen im Alltag: Wissenschaftliche Erklärungen sind zwar oft ziemlich kompliziert, aber dafür sind sie auch zuverlässiger und vertrauenswürdiger als Alltagserklärungen. An dieser Stelle interessiert mich der erste Teil dieser Charakterisierung: wissenschaftliche Erklärungen werden oft als kompliziert wahrgenommen. Handlungserklärungen kommen uns also offenbar oft weniger kompliziert vor. Das ist eigentlich ziemlich erstaunlich. Zwar sind die Phänomene, die die Biowissenschaften zu erklären versuchen, sehr komplex. Schon eine einfache Zelle besteht aus außerordentlich vielen verschiedenen Molekülen, die auf komplizierte Art und Weise aufeinander einwirken. In Handlungserklärungen geht es aber um noch wesentlich kompliziertere Systeme als in typischen bio- oder neurowissenschaftlichen Erklärungen. Menschliche Personen sind multizelluläre Organismen und aus biologischer Perspektive wesentlich komplexer als die meisten anderen Organismen. Vor allem haben sie extrem komplexe Gehirne. Da weiterhin im Kontext einer Handlungserklärung fast immer die konkrete Vorgeschichte des Handelnden und die Interaktion mit anderen Personen wesentlich sind, ist die Komplexität aus biowissenschaftlicher Sicht erdrückend.

Daher verfügen wir auch über keine ernstzunehmenden bio- oder neurowissenschaftlichen Erklärungen menschlichen Verhaltens auf dem Detailgrad, der Handlungserklärungen auszeichnet. Wer annimmt, dass wissenschaftliche Erklärungen menschlichen Verhaltens eine Alternative zu Handlungserklärungen sein könnten, sollte also zunächst eingestehen, dass eine solche Alternative völlig hypothetisch ist. Eine Ausnahme sind vielleicht Erklärungen von Körperbewegungen, die auf einfache Reflexe zurückgehen – und normalerweise nicht als Handlungen zählen können. Natürlich können wir mitunter bestimmte Aspekte menschlichen Verhaltens aus biowissenschaftlicher Perspektive betrachten und eine solche Betrachtung kann auch interessante Einsichten liefern. Von einer zufriedenstellenden biowissenschaftlichen Alternative zu einer Handlungserklärung sind wir aber weit entfernt.

Handlungserklärungen sind unverzichtbar

Wenn wir uns die biowissenschaftlichen Komplexitäten vor Augen halten, ist es erstaunlich, dass uns Handlungserklärungen im Alltag meist keine Schwierigkeiten machen. Handlungserklärungen spielen im Alltag eine wichtige Rolle – und kommen uns dabei auch noch relativ unkompliziert vor. Wir können andere (oder uns selbst) fragen, warum sie gehandelt haben, wie sie gehandelt haben. Wir können eigene und die Handlungen anderer erklären. Ich denke, dass die im Alltag oft problemlose Verfügbarkeit von Handlungserklärungen aus mehreren Gründen aufschlussreich ist. Zum einen weist sie darauf hin, dass Handlungserklärungen etwas anderes sind als physikalische, bio- oder neurowissenschaftliche Erklärungen. Es ist typischerweise wesentlich mehr Aufwand vonnöten, um eine gute naturwissenschaftliche Erklärung zu finden als eine gute Handlungserklärung (im letzten Falle genügt es oft, den Handelnden zu fragen). Zum anderen sollten wir die große Rolle und den großen Nutzen von Handlungserklärungen nicht aus dem Blick verlieren, wenn wir uns über die Zusammenhänge zwischen verschiedenen Erklärungen Gedanken machen. Wer – vielleicht aus guten theoretischen Gründen – den Vorschlag macht, dass Handlungserklärungen auf andere Erklärungen reduziert werden sollten, ist uns den Nachweis schuldig, dass diese anderen Erklärungen wirklich an deren Stelle treten könnten. Handlungserklärungen sind zu wichtig, als dass ihre Rolle durch den bloßen Vorschlag einer Alternative erschüttert werden könnte.[36] Die Fortschritte in physikalischen oder molekularbiologischen Erklärungen mögen beeindruckend sein. Dennoch erscheint es mir übermäßig optimistisch zu sein, jemals physikalische oder biowissenschaftliche Erklärungen komplexen menschlichen Verhaltens zu erhoffen.

Diese Einschätzung hängt nur teilweise mit epistemischen Beschränkungen zusammen. Natürlich ist es richtig, dass wir über eine Vielzahl von Zusammenhängen in menschlichen Gehirnen gegenwärtig zu wenig wissen, um auf zufriedenstellende biowissenschaftliche Erklärungen menschlichen Verhaltens zu hoffen. Auch würden wir, selbst wenn uns die Vorgänge in menschlichen Gehirnen wesentlich besser vertraut wären, bei einem konkreten Menschen, dessen Verhalten wir erklären wollen, schwerlich alle für eine Erklärung nötigen Parameter zu dessen Hirnphysiologie bestimmen können. Zu der Unvollständigkeit unseres Wissens über die Kausalzusammenhänge kommen nämlich die Schwierigkeiten der Bestimmung der Ausgangsbedingungen, die für eine naturwissenschaftliche Erklärung wesentlich wäre. Zwar

---

[36] Vgl. (Strawson 1962).

sind technologische Fortschritte zu erwarten, es erscheint jedoch sehr fraglich, dass diese Einschränkungen jemals völlig überwunden werden können.

Pragmatische Anforderungen an Handlungserklärungen

Schwerer als unsere epistemischen Beschränkungen wiegen aber grundsätzliche Erwägungen, die mit pragmatischen Aspekten des Erklärens zusammenhängen. Ich halte es für ausgeschlossen, dass eine biowissenschaftliche Erklärung die pragmatischen Anforderungen erfüllen könnte, die wir im Alltag an Handlungserklärungen stellen. Auf die Frage: „Warum bist du ins Café gegangen?" kann ich in verschiedener Weise antworten. Beispielsweise kann ich auf meine Lust auf Kaffee verweisen, auf das Bedürfnis, die Zeitung zu lesen oder auf eine Verabredung mit einem Freund. Würde ich (oder ein Team von Neurowissenschaftlern) dagegen versuchen, mein Verhalten durch den Verweis auf Vorgänge in meinem Nervensystem und den dadurch ausgelösten Muskelkontraktionen zu erklären, wäre dem Fragenden nicht geholfen. Einerseits müsste er sich mit einer erdrückenden Vielzahl von neurowissenschaftlichen Zusammenhängen herumschlagen, die für die Charakterisierung der wesentlichen Hirnvorgänge erforderlich wären. Zudem müsste die Ausgangssituation sehr umfassend bestimmt werden und dazu würden beispielsweise die genauen Verschaltungen einer Unzahl von Nervenzellen in meinem Gehirn und deren aktuelle Aktivität zählen. Das wäre angesichts der pragmatischen Interessen des Fragenden problematisch, weil ausgeschlossen ist, dass mein Nervensystem jemals wieder diesen Zustand einnehmen würde. Wir hätten also eine extrem umfassende und komplizierte Erklärung, die aber nur ein einziges Mal verwendet werden könnte.

Handlungserklärungen und Einzelfälle

Ich gehe aber davon aus, dass unser Interesse an Handlungserklärungen typischerweise über den Einzelfall hinaus reicht. Vielleicht gilt das Interesse bestimmten Handlungsweisen, die sich potentiell wiederholen und deren Verständnis sich in Zukunft auszahlen könnte – sei es für die eigene Handlungsplanung oder die bessere Vorhersage der Handlungen des anderen. Vielleicht gilt das Interesse letztlich den Neigungen, Überzeugungen oder Wünschen des Handelnden. Deren Kenntnis kann auch in völlig anderen Situationen und Kontexten ein besseres Verständnis des Handelnden ermöglichen. Normale Handlungserklärungen liefern dafür die richtigen Antworten. Sie gehen über den Einzelfall hinaus, indem sie uns wichtige Informationen über die Person liefern. Dabei sind sie üblicherweise recht kurz. Es sind keine langen Ausführungen über eine Unzahl an Kausalbeziehungen nötig und die Charakterisierung der Ausgangsbedingungen erfordert nicht mehr als ein paar Worte. Dennoch halte ich Handlungserklärungen im Alltag für vollwertige Erklärungen – sogar für besonders elegante Erklärungen.

HANDLUNGSERKLÄRUNGEN ALS WAS-WÄRE-WENN-ERKLÄRUNGEN

In der Einleitung habe ich betont, dass die Erklärungen, um die es mir im Verlauf dieser Untersuchung geht, als „Was-wäre-wenn-Erklärungen" verstanden werden können, weil sie Antworten auf „Was-wäre-wenn-es-etwas-anders-gewesen-wäre-Fragen" nahelegen. Handlungserklärungen liefern uns Antworten auf solche Fragen und – wie ich durch ein Beispiel verdeutlichen möchte – können uns diese Antworten im Alltag sehr nützlich sein. Ich habe Kopfschmerzen und gehe zur Apotheke, um Aspirin zu kaufen. Dieser kurze Satz charakterisiert eine Handlung und erklärt gleichzeitig, warum ich die Handlung ausführe. Das gelingt vor allem dadurch, dass dieser Satz viele Dinge impliziert, die nicht explizit erwähnt werden müssen. Er impliziert meinen Wunsch, die Kopfschmerzen loszuwerden und die Überzeugung, dass dies durch die Einnahme von Aspirin gelingen könnte.[37] Weiterhin drückt er die Erwartung aus, dass ich in der Apotheke Aspirin bekommen werde.

Die skizzierte Handlungserklärung ist eine „Was-wäre-wenn-Erklärung", weil sie einer anderen Person Hinweise darauf gibt, was ich unter veränderten Bedingungen tun würde. Wenn die Apotheke geschlossen hätte, würde ich zur nächsten gehen. Wenn kein Aspirin verfügbar wäre, würde ich Paracetamol kaufen. Wenn meine Kopfschmerzen plötzlich nachlassen würden, könnte ich mir den Gang zur Apotheke sparen. Indem die Handlungserklärung Antworten auf diese „Was-wäre-wenn-etwas-anders-gewesen-wäre-Fragen" nahe legt, eröffnet sie interessante Einflussmöglichkeiten. Vielleicht habe ich mich gerade mit einem Freund unterhalten und das Gespräch beenden wollen, weil ich zur Apotheke gehen wollte. Die Handlungserklärung ermöglicht die Antwort: „Bleib doch noch, ich habe Aspirin in meiner Tasche".

HANDLUNGSERKLÄRUNGEN SIND SEHR LEISTUNGSFÄHIG

Ein Vergleich mit einer hypothetischen neurophysiologischen Erklärung meines Verhaltens zeigt, wie beeindruckend die Leistungsfähigkeit der Handlungserklärung ist. Selbst wenn der Zustand meines Nervensystems und meiner Muskeln und alle wesentlichen Kausalzusammenhänge, die für mein Verhalten wesentlich wären, bekannt wären, wäre es quasi ausgeschlossen, dass uns diese elegante Möglichkeit der Einflussnahme aufgefallen wäre. Auch wenn die neurophysiologische Erklärung nur für die konkrete Situation von Nutzen wäre (weil sich mein Gehirn nie wieder in diesem Zustand befände), würde sie natürlich eine große Zahl von „Was-wäre-wenn-etwas-anders-gewesen-wäre-Fragen" beantworten. Für jeden visuellen

---

[37] Davidson zufolge konstituieren Wunsch und Überzeugung gemeinsam einen primären Grund für meine Handlung (Davidson 1985, S.20).

oder auditorischen Reiz, dem ich auf meinem Weg zur Apotheke ausgesetzt wäre, könnte (so viel sei in diesem Gedankenexperiment zugestanden) meine Verhaltensreaktion bestimmt werden – beispielsweise die Körperbewegungen, mit denen ich einem entgegenkommenden Passanten ausweichen würde. Angesichts der aberwitzigen Komplexität einer derartigen Erklärung und den unzähligen alternativen Szenarien, auf die sie Antworten bereithalten würde, würden aber die wesentlichen Aspekte aus dem Blick geraten. Für das Verständnis meiner Handlung sind alle neurowissenschaftlichen Details zu den Vorgängen in meinem Gehirn weniger wesentlich als die Einsicht, dass ich auf den Gang zur Apotheke verzichten würde, wenn ich Aspirin angeboten bekäme.

Auch die neurophysiologische Erklärung würde natürlich auf Möglichkeiten hinweisen, mein Verhalten zu unterbinden. Wenn die Aktivität in meinem präfrontalen Cortex oder meinem Cerebellum entscheidend verändert würde, würde ich ebenfalls nicht zur Apotheke gehen. Auch Veränderungen an meinem motorischen Endplatten oder die Durchtrennung meiner Sehnen würden meinen Gang zur Apotheke verhindern. Allerdings wäre keiner dieser Eingriffe der Situation besonders angemessen. In jedem dieser Fälle hätte ich anschließend Schwierigkeiten, überhaupt irgendwohin zu gehen und überhaupt irgendetwas zu tun. Das Angebot, auf das Aspirin des Freundes zurückzugreifen, wird dem Kontext, der durch die ursprüngliche Handlungserklärung gegeben ist, dagegen besonders gerecht.[38] Gerade an dieser Art von Einflussnahme sind wir interessiert. Wie bereits betont, ist es zudem wesentlich, dass typische Handlungserklärungen über den Einzelfall hinaus von Interesse sind. Die genannte Handlungserklärung verweist auf die Möglichkeit, Kopfschmerzen durch Aspirin entgegen zu wirken und darauf, dass Aspirin in Apotheken erhältlich ist. Beides ist von über den konkreten Einzelfall hinausgehendem Interesse. Möglicherweise habe ich häufiger Kopfschmerzen und die Handlungserklärung liefert Hinweise, wie ich in Zukunft damit umgehen werde. Auch für meinen Gesprächspartner können die genannten Informationen nützlich sein (wären sie nicht so trivial), weil er selbst in eine ähnliche Situation geraten könnte. Da Handlungserklärungen über den konkreten Einzelfall hinausgehen, sind sie wesentlich hilfreicher als die hypothetische neurophysiologische Erklärung meines Verhaltens. Diese wäre nicht auf andere Personen übertragbar, obwohl diese vielleicht aus ähnlichen Gründen zur Apotheke gehen. Denn schließlich wären deren Hirnzustände derartig verschieden von meinen, dass eine ziem-

---

[38] Später werde ich im Zusammenhang mit einem manipulationistischen Verständnis von Kausalität die Bedeutung des Konzepts der Intervention betonen. Das Angebot des Freundes ist im Unterschied zu den biologischen Eingriffen eine sehr spezifische Intervention.

lich andere neurophysiologische Erklärung vonnöten wäre (auch wenn sie vielleicht auf ähnliche neurophysiologische Kausalzusammenhänge verweisen würde).

Voraussetzungen für das Verständnis von Handlungserklärungen

Handlungserklärungen sind also sehr leistungsfähig, obwohl sie typischerweise relativ kurz sind. Dies gelingt dadurch, dass wesentliche Elemente der Handlungserklärung nicht explizit gemacht werden müssen, sondern als selbstverständlich gelten können. Schon durch die Erwähnung von Kopfschmerzen (und des Personalpronomens „ich") ist klargestellt, dass die Handlung einer Person erklärt werden soll. Das ist deshalb wesentlich, weil jeder, der in der Lage ist, meine Handlungserklärung zu verstehen, über ein großes Wissen über Personen verfügt. Dieses Wissen beinhaltet, dass Personen in den meisten Fällen gemäß ihrer Wünsche und Überzeugungen handeln. Vor allem beinhaltet es aber ein Verständnis davon, was überhaupt eine Überzeugung ist und was einen Wunsch auszeichnet. Das Verständnis einer Handlungserklärung setzt auch ein Verständnis dessen voraus, wie verschiedene Wünsche und verschiedene Überzeugungen einander widersprechen oder stützen können und wie sie abgewogen werden können. Und wie Wünsche und Überzeugungen zu Handlungen führen können.

Handlungserklärungen haben einen eingeschränkten Geltungsbereich

Unser Wissen über Personen genauer zu spezifizieren, wäre eine schwierige Aufgabe. An dieser Stelle möchte ich nur betonen, dass es sehr wesentlich ist, um Handlungserklärungen zu verstehen. Das ist aus folgendem Grund wichtig: Weil Handlungserklärungen unser Wissen über Personen implizit voraussetzen, können sie selbstverständlich auch nur Handlungen von Personen erklären. Unser Wissen über Personen kann nicht auf Galaxien oder Quallen angewendet werden. Schon für kleine Kinder gilt oft nur mit wesentlichen Einschränkungen, was für erwachsene Personen selbstverständlich ist. Der Geltungsbereich von Handlungserklärungen ist daher radikal eingeschränkt: Handlungserklärungen erklären Handlungen (daher auch der Name). Der Geltungsbereich naturwissenschaftlicher Erklärungen ist dagegen nicht eingeschränkt. Naturwissenschaftliche Erklärungen erklären Etwas auf naturwissenschaftliche Weise – was genau dieses Etwas ist, ist dem Namen der Erklärung nicht anzusehen.

Unser Interesse an Handlungserklärungen

Die in den letzten Abschnitten betonten Besonderheiten von Handlungserklärungen hängen natürlich miteinander zusammen. Handlungserklärungen sind sehr leistungsfähig, weil sie implizites Wissen über Personen voraussetzen und in ihrem Geltungsbereich radikal eingeschränkt sind. Weil uns andere Personen so wichtig sind, wir so viel Zeit mit ihnen verbringen und sie zu verstehen versuchen, ist unser implizites Wissen über Personen sehr groß. Es ist implizit, weil wir uns nicht über Personen an sich unterhalten (außer in Philosophieseminaren). Im Unterschied zur Experten der Handlungstheorie sind wir eben gerade nicht an Handlungen oder Personen im Allgemeinen interessiert. Wir versuchen nicht unser gesamtes Wissen über Personen zu explizieren, sondern betonen Aspekte die für das Verständnis der Personen und Handlungen besonders relevant sind, um die es uns gerade geht.

HANDLUNGSGRÜNDE

Handlungserklärungen können so elegant unser implizites Wissen über Personen aufgreifen, um Handlungen konkreter Personen zu erklären, indem sie Handlungsgründe benennen. Handlungsgründe sind für jede Handlungserklärung wesentlich.[39] In der Handlungstheorie spielt dementsprechend die Auseinandersetzung mit Handlungsgründen eine entscheidende Rolle. An dieser Stelle möchte ich dennoch darauf verzichten Handlungsgründe zu charakterisieren. Erst im letzten Teil dieser Arbeit möchte ich mit detaillierten Überlegungen auf Handlungsgründe eingehen. Dieses Vorgehen erscheint mir vertretbar, weil wir alle aus unserem alltäglichen Umgang mit Handlungsgründen vertraut sind. Wir nennen Gründe, wenn wir Handlungen erklären; wir fragen nach Gründen, wenn wir eine Handlung nicht verstehen. Obwohl oder gerade weil der Umgang mit Gründen so selbstverständlich für uns ist, machen wir uns zumeist wenig Gedanken über das Wesen von Gründen (wenn wir keine Handlungstheoretiker sind). Dieses alltägliche Verständnis von Gründen kann als Ausgangspunkt dienen, wenn ich in den folgenden Kapiteln Besonderheiten von neurowissenschaftlichen Erklärungen diskutieren werde. Da neurowissenschaftliche Erklärungen auf Ursachen anstatt auf Gründe verweisen, werden dabei Überlegungen zu Ursachen wesentlich sein. Zwischen Ursachen und Gründen gibt es wichtige Unterschiede, auf die ich noch eingehen werde. Die große Leistungsfähigkeit von Handlungserklärungen in Bezug auf die pragmatischen Anforderungen im Alltag hängen eng mit den Besonderheiten von Handlungsgründen zusammen. Da ich dem Leser einige Geduld abverlangen werde, bis ich mich dem Wesen von Handlungsgründen zu nähern versuchen werde, möchte ich kurz meine Strategie skizzieren.

Anstatt Gründe dadurch zu charakterisieren, dass ich ihre Eigenschaften untersuche, werde ich beleuchten, was uns auszeichnet, wenn wir mit Grün-

[39] Vgl. beispielsweise (Nida-Rümelin 2009, S.99).

den angemessen umgehen. Das hat einen wesentlichen Vorteil: Wenn wir untersuchen, was der angemessene Umgang mit Gründen erfordert, können wir einräumen, dass nicht immer alle angemessen mit Gründen umgehen. Dadurch können wir der Gefahr entkommen, Gründe zu einem abstrakten Ideal werden zu lassen, dem nur noch schwer ein Platz in einer Welt eingeräumt werden kann, in der auch physikalische Elementarteilchen und menschliche Lebewesen einen Platz haben sollen. Wir haben uns an den Gedanken gewöhnt, dass menschliche Lebewesen in biologischer Hinsicht anderen Lebewesen sehr ähnlich sind und sich aus befruchteten Eizellen entwickeln, die Personen sehr unähnlich sind. Damit wir erkennen können, wie Zusammenhänge zwischen Handlungserklärungen und neurowissenschaftlichen Erklärungen hergestellt werden können, müssen wir uns daher damit auseinandersetzen, wie menschliche Lebewesen sich Zugang zu der Welt der Gründe verschaffen. Erfreulicherweise wissen wir, dass es menschlichen Lebewesen, die sich aus befruchteten Eizellen entwickeln, normalerweise gelingt, sich Zugang zu der Welt der Gründe zu verschaffen. Selbst wenn wir also im Detail Schwierigkeiten haben den Weg nachzuvollziehen, sollten wir nicht daran zweifeln, dass er gangbar ist. Glücklicherweise können wir zudem andere bei ihren Bemühungen beobachten, sich die Fertigkeiten für den angemessenen Umgang mit Gründen anzueignen. Wenn wir versehen wollen, was Gründe sind, können wir nachzuvollziehen versuchen, wie Kinder es lernen. Im folgenden Kapitel möchte ich auf die für den angemessenen Umgang mit Gründen erforderlichen Fertigkeiten eingehen. Zudem möchte ich zeigen, dass ein Verständnis von Handlungsgründen, das von diesen Fertigkeiten seinen Ausgang nimmt, den Besonderheiten von Handlungsgründen gerecht werden kann. Dem handlungstheoretisch vorbelasteten Leser möchte ich damit die Sorge nehmen, dass ich Zusammenhänge zu neurowissenschaftlichen Erklärungen dadurch erleichtern möchte, dass ich wesentliche Besonderheiten von Handlungserklärungen aufgebe.

Zusammenfassung

Ich habe in diesem Kapitel Handlungserklärungen mit hypothetischen biowissenschaftlichen Alternativerklärungen verglichen. Dabei habe ich zunächst betont, dass eine derartige Alternative nicht nur aufgrund epistemischer Beschränkungen nicht verfügbar ist (und sein wird), sondern vor allem unseren Bedürfnissen im Alltag nicht gerecht werden würde. Handlungserklärungen sind sehr leistungsfähig, weil sie uns mit wenigen Worten auf diejenigen Faktoren aufmerksam machen, die für uns besonders relevant sind. Insbesondere weisen Handlungserklärungen auf alternative Szenarien hin, an denen wir Interesse haben könnten; sie zeigen Handlungsoptionen auf, die auf ähnliche Situationen übertragbar sind oder machen auf Eigenheiten von Personen aufmerksam, die auch in anderen Situationen zu deren

Verständnis beitragen können. Die gedachte naturwissenschaftliche Alternative hält zwar Antworten auf ungezählte Alternativszenarien bereit, hebt (für den Alltag) Relevantes aber gerade deshalb nicht hervor. Zudem geht sie nicht über den Einzelfall hinaus, weil sie auf einen einzigartigen Zustand eines menschlichen Gehirns Bezug nimmt und dadurch nicht auf andere Personen oder andere Situationen übertragbar ist.

Die besondere Leistungsfähigkeit von Handlungserklärungen hängt damit zusammen, dass sie auf Gründe verweist. Obwohl ich eine Charakterisierung von Handlungsgründen auf später verschoben habe, habe ich angedeutet, dass ein Verständnis von Handlungsgründen ein umfassendes implizites Wissen über Personen erfordert. Da Handlungserklärungen auf dieses implizite Wissen gründen, ist ihr Geltungsbereich dramatisch eingeschränkt. Handlungserklärungen gelten ausschließlich für Personen und können auf Gegenstände oder Lebewesen bestenfalls in einem übertragenden Sinne angewandt werden. Um ein klareres Verständnis von Handlungsgründen zu entwickeln, habe ich vorgeschlagen, unsere Aufmerksamkeit auf die Voraussetzungen zu richten, die Kindern einen angemessenen Umgang mit Gründen (und damit Handlungserklärungen) ermöglichen. Dieses Vorgehen hat mit Blick auf die angestrebten Zusammenhänge zwischen Handlungserklärungen und neurowissenschaftlichen Erklärungen einen wesentlichen Vorteil: Wir setzen als selbstverständlich voraus, dass sich Kinder aus Embryonen entwickeln, die nicht angemessen mit Gründen umgehen können und in den meisten Fällen zu Erwachsenen werden, denen das oft gelingt.

4 HANDLUNGEN UND FERTIGKEITEN

EINLEITUNG

Ich gehe davon aus, dass Handeln Fertigkeiten erfordert. Wenn wir einer Person eine Handlung zuschreiben, schreiben wir ihr auch die für die Handlung erforderlichen Fertigkeiten zu. Fertigkeiten können einerseits für eine konkrete Handlung unmittelbar erforderlich sein. Beispielsweise erfordert die Handlung, ein Musikstück zu spielen, die für die Beherrschung eines Instruments wesentlichen Fertigkeiten. Andererseits gibt es Fertigkeiten, die als Voraussetzung dafür anzusehen sind, dass eine Person für ihr Handeln zur Verantwortung gezogen werden kann. Zu diesen Fertigkeiten gehören die im letzten Kapitel erwähnten Fertigkeiten für den angemessenen Umgang mit Gründen. Beide Arten von Fertigkeiten zeichnen sich dadurch aus, dass wir sie durch Lernprozesse erwerben müssen. In diesem Kapitel möchte ich genauer verdeutlichen, was ich unter Fertigkeiten verstehe und die Annahme begründen, dass die Zuschreibung von Handlungen die Zuschreibung von Fertigkeiten erfordert. Ich denke, dass letzteres besonders deutlich wird, wenn wir uns Situationen vor Augen halten, in denen wir uns fragen, ob Personen für ihre Handlungen zur Verantwortung zu ziehen sind. Meiner Ansicht nach lässt sich durch den Verweis auf Fertigkeiten unsere Praxis der Verantwortungszuschreibung sehr gut verständlich machen. Unsere Praxis der Verantwortungszuschreibung zeichnet sich dadurch aus, dass wir dem Fortschreiten der für den Erwerb von Fertigkeiten erforderlichen Lernprozesse sehr differenziert Rechnung tragen. Das wird an unserem Umgang mit kleinen Kindern besonders deutlich, denn diesen schreiben wir Verantwortung nicht oder nur in eingeschränktem Sinne zu, weil sie die relevanten Lernprozesse noch nicht abgeschlossen haben. Da der Erwerb unterschiedlicher Fertigkeiten unterschiedliche Lernprozesse erfordert, machen wir Kinder zudem oft für einige ihrer Handlungen verantwortlich, während wir ihnen gleichzeitig Fehlverhalten in komplexeren Handlungszusammenhängen nachsehen. Wie ich im Folgenden durch die Diskussion einiger Beispiele verdeutlichen möchte, kann auch bei Erwachsenen unsere Praxis der Verantwortungszuschreibung gut verständlich gemacht werden, wenn davon ausgegangen wird, dass wir Handelnden Fertigkeiten zuschreiben, wenn wir sie zur Verantwortung ziehen.

Handlungen, Fertigkeiten und Verantwortung

Der enge Zusammenhang zwischen Fertigkeiten, Handlungen und Verantwortung wird dadurch besonders deutlich, dass wir dieselben Körperbewegungen als unterschiedliche Handlungen verstehen und dementsprechend unterschiedlich bewerten können. Einem Schachspieler können wir es als Handlung zuschreiben, wenn er seinen Gegner durch einen eleganten Zug schachmatt setzt. Wenn er stattdessen vor seinem Zug zu einem dringenden Termin eilt und einen Freund instruiert, nach dem nächsten Zug des Gegners den weißen Turm um drei Felder vorzurücken, dann führt der Freund vielleicht eine sehr ähnliche Körperbewegung aus. Möglicherweise hat dieser Freund aber keine Ahnung von Schach und in diesem Fall können wir es dem Freund nicht als Handlung zuschreiben, dass er den Gegner schachmatt setzt, wenn er den Zug ausführt. Nur wer das Schachspiel beherrscht, kann jemanden schachmatt setzten. Wer das Schachspiel nicht beherrscht, kann lediglich Figuren versetzen. Letzteres setzt wiederum Fertigkeiten voraus, aber andere als die, die das Schachspielen erfordert. Wem es sonderbar vorkommt, dass ich es dem Freund die Handlung des Schachmatt-Setzens nicht zuschreiben würde, möge sich vor Augen halten, wie wir seine Handlung bewerten würden. Vielleicht hat sich der Verlierer des Schachspiels für einen unbezwingbaren Schach-Meister gehalten und hat demjenigen einen Preis versprochen, der ihn schlägt. In diesem Fall hat offensichtlich nicht derjenige den Preis verdient, der den entscheidenden Zug ausgeführt hat, sondern derjenige, der das Schachspiel geführt hat. Wenn der Freund dagegen statt des weißen Turms den schwarzen um drei Felder vorzieht und die Partie deshalb nach der Rückkehr des eigentlichen Schachspielers verloren geht, dann kann dieser sich bei seinem Freund beschweren. Zwar konnte er nicht erwarten, dass sein Freund seinen Gegner in seiner Abwesenheit schachmatt setzen würde (da ihm dazu die Fertigkeiten fehlen), er konnte aber davon ausgehen, dass er seiner Anweisung folgen und den richtigen Turm bewegen würde. Die dafür notwendigen Fertigkeiten schließen neben den für die koordinierte Bewegung des Arms und der Finger erforderlichen motorischen Fertigkeiten die Voraussetzungen für die Unterscheidung zwischen schwarz und weiß und die Erkennung von Türmen ein. All diese Fertigkeiten sind auch Personen zuzuschreiben, die das Schachspiel nicht beherrschen.

Die Zuschreibung von Verantwortung (im positiven wie im negativen Sinne) ist an die Zuschreibung von Fertigkeiten geknüpft. Fertigkeiten müssen erworben werden und das erfordert zielgerichtete[40] Lernprozesse. Wer das Schachspiel erlernen möchte, muss diese Fertigkeiten erwerben. Dies

[40] Warum und inwieweit diese Lernprozesse zielgerichtet sein müssen, werde ich im letzten Teil der Arbeit ausführlich diskutieren.

erfordert die Kenntnis der Schachregeln, aber die für das Schachspiel notwendigen Fertigkeiten gehen weit über die Kenntnis der Schachregeln hinaus. Das ist leicht daran zu erkennen, dass wir zwischen guten und weniger guten Schachspielern unterscheiden können, beide aber gleichermaßen mit den Schachregeln vertraut sind. Der gute Schachspieler verfügt über weitergehende Fertigkeiten. Die für das Schachspielen wesentlichen Fertigkeiten müssen in zielgerichteten Lernprozessen erworben und verfeinert werden und sie stellen die Grundlage für die Beurteilung des Verhaltens eines Schachspielers dar.

Ein Schach-Anfänger wird seine Bemühungen vielleicht darauf richten, den Verlust eigener Figuren zu verhindern und bei Gelegenheit die Figuren des Gegners zu schlagen. Sobald wir ihm (und er sich) erste grundlegende Fertigkeiten des Schachspielens zuschreiben, können wir ihn auf Fehler aufmerksam machen – beispielsweise einen unüberlegten Zug, der zum Verlust der Dame führt. Jemand, der überhaupt nicht Schach spielen kann, kann einen solchen Fehler nicht machen. Die Zuschreibung eines Fehlers erfordert die Zuschreibung einer Fertigkeit. Ein fortgeschrittener Schachspieler wird den Verlust seiner Dame in Kauf nehmen, wenn er dadurch eine Konstellation herbeiführt, die ihm günstig genug erscheint. Dies erfordert die Fertigkeit, mehrere Züge im Voraus zu denken und die Konsequenzen verschiedener Optionen richtig gegeneinander abzuwägen. Wenn wir einem Schachspieler derartige Fertigkeiten zuschreiben, werden wir es ihm nicht als Fehler vorhalten, wenn er seine Dame in Gefahr bringt. Stattdessen werden wir davon ausgehen, dass er seine Dame zu opfern bereit ist und nach der Strategie hinter seinem Zug fragen. Wenn seine Strategie nicht aufgeht, hat auch dieser Spieler bei seinem Zug einen Fehler gemacht. Es war aber ein anderer Fehler als der Fehler des Anfängers. Ersterer hat die Gefahr für die Dame übersehen, zweiterer hat den Nutzen der sich aus dem Verlust der Dame ergebenden Konstellation überschätzt.

Auch an anderen Beispielen zeigt sich der enge Zusammenhang zwischen Fertigkeiten und den Vorwürfen, die wir Personen machen. Sobald wir annehmen, dass jemand die für das Spielen eines Instruments wesentlichen Lernprozesse erfolgreich durchlaufen hat, schreiben wir ihm die Fertigkeit zu, ein Instrument zu beherrschen. Wenn wir jemandem diese Fertigkeit zuschreiben, ist das relevant für die Beurteilung seines Verhaltens. Für die Weigerung, einer Tante ein Geburtstagsständchen zu spielen, wird nur derjenige einen Vorwurf ernten, dem die Fertigkeit, ein Instrument zu beherrschen, unterstellt wird. Dass die Zuschreibung eines Fehlers die Zuschreibung von Fertigkeiten erfordert, wird auch dadurch deutlich, dass ungerechtfertigte Vorwürfe auf die ungerechtfertigte Zuschreibung von Fertigkeiten gründen können. Die Tante kann ihren Vorwurf nämlich auch an einen Neffen richten, der gar kein Instrument beherrscht, wenn sie dies irrtümlicherweise annimmt. (Sie sollte ihren Vorwurf allerdings zurücknehmen, sobald sie ihren Irrtum erkennt.) Weiterhin ist wesentlich, dass die Annahme, dass jemand ein Instrument beherrscht, nicht erfordert, dass er dieser Fertigkeit jederzeit erfolgreich Ausdruck verleihen kann. Vielleicht ist der arme Neffe angesichts der zahlreich versammelten Verwandtschaft verunsichert und verspielt sich permanent bei einem Stück, dass er eigentlich fehlerfrei spielen kann. Die Überzeugung, dass er das fragliche Stück eigentlich fehlerfrei spielen kann, wird nicht dadurch erschüttert, dass er es gerade alles andere als fehlerfrei gespielt hat. Sie beruht vielleicht darauf, dass er das Stück früher bereits mehrfach fehlerfrei gespielt hat oder darauf, dass er andere und schwierigere Stücke bei anderen Gelegenheiten bereits fehlerfrei gespielt hat.

Dies verdeutlicht, dass die Zuschreibung von Fertigkeiten die Annahme der Zuverlässigkeit erfordert. Wir schreiben jemand nur dann eine Fertigkeit zu, wenn wir davon ausgehen, dass er zuverlässig von ihr Gebrauch machen kann. Wenn ein Basketballspieler kurz vor Ende des Spiels einen verzweifelten Wurf von der Mittellinie wagt und den Korb trifft, dann würden wir ihm nicht die Fertigkeit zuschreiben, zuverlässig über eine derartig große Distanz Punkte zu erzielen. Entsprechend würden wir ihm keinen Fehler vorhalten, wenn er den Korb verfehlt. Einem Spieler, der bei nahezu jedem Freiwurf trifft, können wir dagegen Zielsicherheit und Nervenstärke zuschreiben und ihm einen Fehler vorhalten, wenn er einen entscheidenden Freiwurf vergibt. Die Zuschreibung von Fertigkeiten erfordert daher nicht, dass die Person immer von ihr Gebrauch machen kann, sie stellt aber die Voraussetzung für die Zuschreibung eines Fehlers dar.

Vorwürfe

Damit wir jemandem für einen Fehler einen Vorwurf machen können, müssen noch weitere Voraussetzungen erfüllt sein. Die Zuschreibung der für die Ausführung der Handlung erforderlichen Fertigkeiten ist eine notwendige, aber keine hinreichende Bedingung. Ein Vorwurf erfordert jemanden, der durch den Fehler einen Schaden hat oder hätte haben können. Wenn der Basketballspieler nur Freiwürfe übt, wäre es abwegig, wenn ihm seine Mitspieler Fehler vorwerfen würden – bei dem entscheidenden Freiwurf in den Play-offs kann das anders aussehen. Zudem erfordert Verantwortung Fertigkeiten, die über die für die Ausführung der Handlung erforderlichen Fertigkeiten hinausgehen. Dies wird insbesondere dadurch deutlich, dass schuldfähig sein muss, wer strafrechtlich zur Verantwortung gezogen wird.

Es gibt nämlich Fälle, in denen wir die Person nicht zur Verantwortung ziehen, weil wir sie für nicht zurechnungsfähig halten. Bei kleinen Kindern (oder Demenzkranken) gehen wir bei manchen Handlungen davon aus, dass sie noch nicht (oder nicht mehr) als Resultat eines selbstbestimmten Entscheidungsprozesses angesehen werden können. Es wird aber als Voraussetzung für die Zuschreibung von Verantwortung angesehen, dass dem Handelnden auch der Entscheidungsprozess zugeschrieben werden kann. Dies erfordert Fertigkeiten, die insbesondere die richtige Einschätzung einer Situation, das Erkennen und angemessene Gewichten von Gründen und das Ausrichten der Handlung an den besten Gründen ermöglichen. Derartige Fertigkeiten sind schwieriger zu charakterisieren als die Fertigkeiten, die für Schach- oder Basketballspielen oder die Beherrschung eines Instruments erforderlich sind. Sie ähneln den oder umfassen die Fertigkeiten für den angemessenen Umgang mit Handlungsgründen, die ich im letzten Kapitel erwähnt habe.

Die Schwierigkeiten resultieren aber letztlich lediglich daraus, dass die zielgerichteten Lernprozesse, in denen diese Fertigkeiten erworben werden, komplexer sind, als die der zuvor genannten Fertigkeiten. Der angemessene Umgang mit Gründen oder die richtige Einschätzung von Situationen sind viel breitere Fertigkeiten, die lange und vielschichtige Lernprozesse erfordern. Zudem ziehen wir uns für die erforderlichen Lernprozesse nicht ins Schach- oder Musikzimmer oder die Sporthalle zurück, sondern wir erwerben sie durch alltägliches Handeln in allen möglichen Situationen, durch Fehler, durch Vorbilder und Austausch mit anderen. Die Kontinuitäten sind aber deutlich daran erkennbar, dass die Zuschreibung der Fertigkeiten für den angemessenen Umgang mit Gründen ähnlich graduell erfolgt wie die Zuschreibung der Fertigkeiten für das Schachspielen. Neugeborenen schreiben wir sie nicht zu, kleinen Kindern für bestimmte Situationen und erst Erwachsenen schreiben wir sie umfassend zu. Zudem erfordert auch die Zuschreibung dieser Fertigkeiten die Annahme, dass die fragliche Person zuverlässig von ihnen Gebrauch machen kann. Wer zu viel Alkohol getrunken hat, kann von seiner Fertigkeit, Situationen richtig einzuschätzen und Gründe abzuwägen nicht länger zuverlässig Gebrauch machen (entsprechend ist sie ihm vorübergehend nicht zuzuschreiben). Deshalb machen wir stark alkoholisierte Zeitgenossen üblicherweise nicht im vollen Sinne für die Folgen ihrer Handlungen verantwortlich. Stattdessen machen wir ihnen den Vorwurf, dass sie ihren Zustand durch selbstbestimmte Entscheidungen und Handlungen herbeigeführt haben.

Ein echter Vorwurf erfordert daher einerseits, dass der handelnden Person die für die ihr zugeschriebene Handlung erforderlichen Fertigkeiten zugeschrieben werden können. Andererseits muss aus der Handlung ein Schaden oder potentieller Schaden erwachsen, den die handelnde Person hätte erkennen und vermeiden sollen. Wer durch den Vorwurf auf diesen (potentiellen) Schaden aufmerksam macht, äußert Gründe, die gegen die Handlung sprechen und bringt die Erwartung zum Ausdruck, dass diese Gründe der handelnden Person hätten zugänglich sein sollen. Ein Vorwurf im echten Sinn weist daher immer auch auf einen Fehler im angemessenen Umgang mit Gründen hin.

Im letzten Kapitel habe ich die Bedeutung von Handlungsgründen für Handlungserklärungen bereits hervorgehoben. Ich habe auch darauf hingewiesen, dass ich es für vielversprechend halte, die Voraussetzungen zu untersuchen, die Kindern den angemessenen Umgang mit Gründen ermöglichen. Ich gehe davon aus, dass diese Voraussetzungen Fertigkeiten für den angemessenen Umgang mit Gründen sind, die Kinder zunächst erwerben müssen. Erst wenn die dafür wesentlichen Lernprozesse abgeschlossen sind, können wir eine Person im vollen Sinne für ihre Handlungen verantwortlich machen. Da ich Zusammenhänge zwischen Handlungserklärungen und neurowissenschaftlichen Erklärungen herstellen will, sind die Fertigkeiten für den angemessenen Umgang mit Gründen und die Lernvorgänge, die der Erwerb dieser Fertigkeiten erfordert, von zentraler Bedeutung. Weil die Fertigkeiten für den angemessenen Umgang mit Gründen sehr abstrakte Fertigkeiten sind, habe ich mich in der Diskussion hauptsächlich mit Fertigkeiten beschäftigt, die einfacher zu fassen sind. Ich denke aber, dass es wesentliche Kontinuitäten zwischen den verschiedenen Fertigkeiten gibt und werde mich im letzten Teil dieser Arbeit detaillierter mit den Fertigkeiten für den angemessenen Umgang mit Gründen auseinandersetzten. An dieser Stelle ist neben der Annahme, dass die Zuschreibung einer Handlung die Zuschreibung von Fertigkeiten erfordert, die Überzeugung wesentlich, dass Fertigkeiten durch Lernprozesse erworben werden.

Fertigkeiten und Lernprozesse

Um die Bedeutung von Lernprozessen für den Erwerb von Fertigkeiten zu betonen, möchte ich Fertigkeiten von Fähigkeiten unterscheiden,[41] die entweder angeboren sind oder sich durch genetisch festgelegte Entwicklungsprogramme zu einem späteren Zeitpunkt entwickeln, ohne dafür bestimmte und individuell verschiedene Erfahrung vorauszusetzen. Ich gehe davon aus, dass Handeln immer (auch) Fertigkeiten erfordert.

Aus diesem Verständnis von Fertigkeiten und dem engen Zusammenhang mit Handlungen folgt, dass Neugeborene nicht handeln können. Sie müssen zunächst erste, grundlegende Fertigkeiten erwerben, bevor sie zu ersten, grundlegenden Handlungen in der Lage sind. Das erscheint mir plausibel, weil es mir sonderbar vorkommt, das reflexartige und sehr eingeschränkte Verhalten von Neugeborenen als Handlungen zu verstehen. Zu den ersten Handlungen, die wir einem Säugling zuschreiben können, gehören vielleicht zielgerichtete Bewegungen der Augen und später der Arme

---

[41] Die begriffliche Unterscheidung zwischen Fähigkeiten und Fertigkeiten hat im Englischen eine vielleicht griffigere Entsprechung: capacities und capabilities.

und Beine. Diese gelingen aber erst nach einiger Zeit, in der das Neugeborene erfolglos versucht hat, seine Augen, Arme und Beine zielgerichtet zu bewegen. In dieser Zeit laufen Lernprozesse ab, die dem Neugeborenen schließlich kontrollierte Bewegungen von Augen, Armen und Beinen ermöglichen. Bei den erforderlichen Lernprozessen ist nicht ganz leicht zu entscheiden, ob sie individuelle[42] Erfahrung erfordern oder nicht. Es ist sicherlich mehr vonnöten als bei Herzschlag und Atmung, die keinerlei Lernprozesse voraussetzen und daher sind die Voraussetzungen, die Neugeborenen zielgerichtete Bewegungen von Augen, Armen und Beinen ermöglichen, schon als so etwas Ähnliches wie Fertigkeiten anzusehen. Allerdings erfordert individuelle Erfahrung ein Individuum, das Erfahrungen machen kann. Neugeborene müssen aber erst lernen, ihre Wahrnehmung zu strukturieren. Es muss sich ein Individuum herausbilden, bevor individuelle Erfahrung möglich ist. Ich stelle mir einen graduellen Prozess vor, an dessen Ende Personen stehen, die sich Ziele zuschreiben können und Fertigkeiten im eigentlichen Sinn erwerben können. Überlegungen, die diese Übergangsphase verstehen helfen, erfordern einige Vorbereitung und ich werde sie später wieder aufgreifen.

Aber nicht nur bei Neugeborenen ist es mitunter alles andere als leicht, die Lernprozesse genau zu charakterisieren, die der Erwerb von Fertigkeiten erfordert. Wer eine Sportart oder ein Musikinstrument erlernen möchte, widmet den dafür erforderlichen Lernprozessen Zeit und Energie. Das heißt aber typischerweise nicht, dass die Person in der Lage ist, diese Lernprozesse im Detail zu charakterisieren. Das ist auch gar nicht nötig, weil sie auf den Erwerb von Fertigkeiten gerichtet sind, die wir wiederum gut charakterisieren können. Selbst Fertigkeiten, die uns ziemlich fremd sind, können wir gut charakterisieren. Jeder Fußballfan hat genaue Vorstellungen von Fertigkeiten, die er verschiedenen Spielern zuschreibt, obwohl er selbst möglicherweise mit einem Ball wenig anzufangen wüsste. Die Lernprozesse, die der Erwerb von Fertigkeiten erfordert, können wir weitgehend ausklammern, wenn wir die Handlungen von Personen beurteilen. Es ist daher nicht besonders schlimm, wenn es uns nicht leicht fällt, die Lernprozesse genau zu charakterisieren, die der Erwerb von Fertigkeiten erfordert. Es ist aber wesentlich anzuerkennen, dass der Erwerb von Fertigkeiten Lernprozesse erfordert.

---

42 Mit individueller Erfahrung ist die Erfahrung des Individuums gemeint. Diese kann natürlich soziale Komponenten haben und daher soziale Erfahrung sein. Es geht mir also letztlich um ontogentische Einflüsse, die ich im letzten Teil der Arbeit von phylogenetischen Einflüssen abgrenzen werde.

ZUSAMMENFASSUNG

Ich gehe davon aus, dass wir einer Person Fertigkeiten zuschreiben müssen, wenn wir ihr etwas als ihre Handlung zuschreiben. Für ein angemessenes Verständnis der Besonderheiten von Handlungserklärungen halte ich die Fertigkeiten, die wir Personen zuschreiben, daher für zentral. Von besonderer Bedeutung sind dabei die Fertigkeiten, die uns einen angemessenen Umgang mit Gründen ermöglichen. Das hängt damit zusammen, dass sich Handlungserklärungen durch den Verweis auf Handlungsgründe auszeichnen, während naturwissenschaftliche Erklärungen Ursachen benennen. Die Fertigkeiten, die uns den angemessenen Umgang mit Gründen ermöglichen, haben Gemeinsamkeiten mit einfacheren Fertigkeiten. Diese Gemeinsamkeiten habe ich in diesem Kapitel hervorgehoben, bevor ich im letzten Teil der Arbeit auf die Besonderheiten der Fertigkeiten für den angemessenen Umgang mit Gründen zurückkommen werde. Fertigkeiten erwerben wir in zielgerichteten Lernprozessen und die Zuschreibung von Fertigkeiten trägt dem Fortschreiten dieser Lernprozesse differenziert Rechnung. Wir schreiben Personen nur dann eine Fertigkeit zu, wenn wir davon ausgehen, dass sie ihr zuverlässig Ausdruck verleihen kann. Gleichzeitig können wir aber an der Zuschreibung einer Fertigkeit festhalten, wenn es einer Person gerade nicht gelungen ist, ihr Ausdruck zu verleihen. In solchen Fällen gehen wir davon aus, dass der Person ein Fehler unterlaufen ist. Die Zuschreibung eines Fehlers erfordert dabei die Zuschreibung einer Fertigkeit. Die Zuschreibung eines Fehlers ist wiederum die Voraussetzung für einen Vorwurf. Ich gehe davon aus, dass ein (berechtigter) Vorwurf immer auch auf einen Fehler im angemessenen Umgang mit Gründen hinweist.

5 HANDLUNGEN UND HIRNE

EINLEITUNG

In den vorangegangenen Kapiteln habe ich einige Besonderheiten von Handlungserklärungen hervorgehoben und angedeutet, welche Aspekte von Handlungserklärungen ich durch den angestrebten Vergleich mit neurowissenschaftlichen Erklärungen zu beleuchten hoffe. In diesem Kapitel möchte ich begründen, warum mir die Auseinandersetzung mit neurowissenschaftlichen Erklärungen aus handlungstheoretischer Sicht wichtig erscheint. Dabei werde ich erstens auf die Lernprozesse verweisen, die der Erwerb von Fertigkeiten erfordert. Zweitens werde ich diskutieren, inwieweit neurowissenschaftliche Erklärungen als besonders wesentlich anzusehen sind, wenn Handlungserklärungen mit naturwissenschaftlichen Kausalerklärungen verglichen werden. Drittens werde ich kurz auf das Leib-Seele Problem eingehen, das als große Hürde für jeden Versuch angesehen werden könnte, konstruktive Zusammenhänge zwischen Handlungserklärungen und neurowissenschaftlichen Erklärungen herzustellen.

FERTIGKEITEN UND LERNPROZESSE

Wie im letzten Kapitel dargelegt gehe ich davon aus, dass Handlungen Fertigkeiten erfordern, die in Lernprozessen erworben werden. Daher sind Lernprozesse als wesentliche Voraussetzung für Handeln anzusehen. Jedes Verständnis von Handeln, das diese Annahme zugrunde legt, kann von der Auseinandersetzung mit diesen Lernprozessen profitieren. Ich habe versucht zu zeigen, dass unsere Praxis der Verantwortungszuschreibung dem Fortschreiten der relevanten Lernprozesse differenziert Rechnung trägt. Daher können wir durch detaillierte Überlegungen zu unserer Praxis der Verantwortungszuschreibung die Lernprozesse besser verstehen, die wir selbst durchlaufen haben und die wir bei Kindern zu fördern versuchen. Es gilt aber auch umgekehrt, dass ein besseres Verständnis der fraglichen Lernprozesse für unsere Praxis der Verantwortungszuschreibung relevant sein kann und sein sollte. Wenn die Zuschreibung von Verantwortung an die Zuschreibung von Fertigkeiten geknüpft ist, die in Lernprozessen erworben werden, dann können Faktoren, die diese Lernprozesse beeinflussen, relevant für unsere Praxis der Verantwortungszuschreibung sein.

An neurologischen Entwicklungsstörungen oder neurodegenerativen Erkrankungen zeigt sich das recht eindrucksvoll. Mit Kindern, die angeborene Lernschwierigkeiten oder kognitive Defizite haben, gehen wir anders um als mit Kindern, deren Entwicklung normal verläuft. Dies schlägt sich auch darin nieder, was wir ihnen als Handlungen zuschreiben und wofür wir sie zur Verantwortung ziehen. Entsprechend reagierend wir bei älteren Menschen, deren handlungsrelevante Fertigkeiten durch neurodegenerative Erkrankungen beeinträchtig sind, durch graduelle Revisionen unserer Praxis der Verantwortungszuschreibung. Zudem berücksichtigen wir, wie bereits betont, temporäre Beeinträchtigungen der Fertigkeiten, die wir Personen normalerweise zuschreiben – beispielsweise nach übermäßigem Alkoholgenuss.

Neurologische Entwicklungsstörungen, neurodegenerative Erkrankungen und temporäre kognitive Störungen durch Drogen oder pharmakologische Substanzen werden in den Neurowissenschaften systematisch untersucht. Es erscheint daher naheliegend anzunehmen, dass die Erkenntnisse der Neurowissenschaften zumindest grundsätzlich relevant für unsere Praxis der Verantwortungszuschreibung und unser Verständnis von Handeln sein können. Selbstverständlich sind auch normale Lernprozesse, die nicht durch Erkrankungen oder pharmakologische Substanzen beeinträchtigt sind, Gegenstand neurowissenschaftlicher Untersuchungen. Auch die Lernprozesse, die als Voraussetzung für verantwortliches Handeln anzusehen sind, können grundsätzlich neurowissenschaftlich untersucht werden und die resultierenden neurowissenschaftlichen Erkenntnisse könnten relevant für unsere Praxis der Verantwortungszuschreibung sein.

Kausalerklärungen und Neurowissenschaften

Neben der Bedeutung von Lernprozessen für unser Verständnis von Handlungen und der Relevanz der Neurowissenschaften für unser Verständnis von Lernprozessen gibt es noch einen weiteren Grund dafür, dass die Neurowissenschaften als relevant für die Handlungstheorie anzusehen sind: Viele Ansätze in der Handlungstheorie verstehen Handlungserklärungen als Kausalerklärungen. Wenn Handlungserklärungen als Kausalerklärungen verstanden werden sollen, spielt es eine wichtige Rolle, was genau Kausalerklärungen charakterisiert. Kausale Ansätze in der Handlungstheorie haben den Vorzug, dass sie eine vergleichsweise klare Antwort auf die Frage geben, was oder wie Handlungserklärungen genau erklären. Wenn Handlungserklärungen nämlich Kausalerklärungen sind, können sie uns in ähnlicher Weise wie diese etwas über die kausalen Zusammenhänge der Welt sagen. Diese Antwort ist selbstverständlich nur dann hilfreich, wenn wir auf ein Verständnis zurückgreifen können, wie dies kausalen Erklärungen gelingt. Kausalerklärungen verknüpfen Ursachen mit ihren Wirkungen und wenn Handlungserklärungen Kausalerklärungen sind, dann tun sie das auch. Wir brauchen aber eine Vorstellung davon, wie das Verhältnis zwischen Ursachen und Wirkungen zu verstehen ist. Wir müssen überzeugt sein, dass und inwieweit der Verweis auf Ursachen eine Wirkung erklärt. Anderenfalls lernen wir wenig über Handlungserklärungen durch den Hinweis, dass sie Kausalerklärungen sind.

Die Frage, was genau eine Kausalbeziehung auszeichnet, ist schwierig zu beantworten. Sie ist Gegenstand intensiver Diskussionen in der Wissenschaftstheorie und des nächsten Teils dieser Arbeit. Natürlich steht es jedem Handlungstheoretiker frei, sich eigene Gedanken zu diesem Thema und beliebige metaphysische Annahmen zu machen. Es erscheint aber nicht besonders klug, eine handlungstheoretische Position an eine spezifische Antwort zu einem sehr umstrittenen Thema zu knüpfen. Wer ausgehend von einem kontroversen Kausalitätsverständnis eine kausale Handlungstheorie zu entwickeln versucht, hat folgendes Problem. Er muss sein Kausalitätsverständnis entweder umfangreich und überzeugend begründen und damit eine Aufgabe schultern, die den Spezialisten auf diesem Gebiet große Schwierigkeiten bereitet. Oder er geht das Risiko ein, dass die handlungstheoretischen Untersuchungen denjenigen als fehlgeleitet erscheinen, die ein gänzlich anderes Kausalitätsverständnis haben. Beide Alternativen sind nicht besonders attraktiv. [43] Für einen Beitrag zur kausalen Handlungstheorie erscheint es mir aus diesen Gründen vielversprechender, möglichst zurückhaltend mit metaphysischen Annahmen zur Natur der Kausalität zu sein (das gilt auch für die im Folgenden vorzustellenden Überlegungen, obwohl diese möglicherweise nicht als Beitrag zur kausalen Handlungstheorie verstanden werden können). Dennoch bleibt es natürlich ein wesentliches Ziel zu klären, was unter Kausalerklärungen zu verstehen ist. Wenn vermieden werden soll, ein Verständnis von Kausalerklärungen von einem Verständnis der Kausalität abzuleiten, gibt es eine vielversprechende Alternative. Eine Klärung dessen, was unter einer Kausalerklärung zu verstehen ist, kann durch die Auseinandersetzungen mit der Verwendung solcher Erklärungen erreicht werden.

Dieses Vorgehen hat mehrere Vorteile. Zum einen wird ein Verständnis von Kausalerklärungen, das deren Verwendung zu Grunde legt, vermutlich

---

[43] Zudem gibt es ein weiteres Problem. Wer einen unkonventionellen Begriff von Kausalerklärungen zu Grunde legt, um eine bestimmte Position in der kausalen Handlungstheorie zu entwickeln, spannt den Karren vor das Pferd. Das verwendete Kausalitätsverständnis ist möglicherweise besonders gut geeignet, um eine plausible Position in der Handlungstheorie zu ermöglichen. Dieses Vorgehen kann durchaus interessante Ergebnisse haben. Es kann jedoch nicht als Beitrag zur kausalen Handlungstheorie verstanden werden. Ausgangspunkt dieser Ansätze ist die Überlegung, dass Handlungserklärungen in irgendeiner Weise Kausalerklärungen ähneln. Der angedeutete Weg nimmt die umgekehrte Richtung, wenn ausgehend von einem Verständnis von Handlungen ein Kausalitätsverständnis entwickelt wird. Die Position von Georg Hendrik von Wright oder zeitgenössische Varianten könnten in dieser Hinsicht verstanden werden (G. H. von Wright 1971; Menzies & Price 1993).

zu keinem großen Konflikt mit unseren Intuitionen führen. Unsere Intuitionen zu Ursache-Wirkungs-Beziehungen drücken sich ja gerade in Kausalerklärungen aus. Zum anderen ist leicht vorstellbar, dass wir etwas Interessantes lernen, wenn wir Handlungserklärungen mit unseren Vorstellungen von Ursache-Wirkungs-Beziehungen in Zusammenhang bringen. Alltagssprachliche Handlungserklärungen verwenden oft ähnliche Begriffe wie Kausalerklärungen. Die Verben „hervorrufen", „bewirken" oder „verursachen" werden sowohl in Handlungskontexten wie in Kausalerklärungen verwendet. Wenn wir über ein ausgearbeitetes Verständnis der Verwendung von Kausalerklärungen verfügen, könnte das durchaus interessante Rückschlüsse auf Handlungserklärungen ermöglichen. Der entscheidende Vorteil ist aber der folgende. Es erfordert kein ausgearbeitetes Verständnis von Kausalität, wenn wir ein besseres Verständnis von Kausalerklärungen dadurch gewinnen wollen, dass wir deren typische Verwendung betrachten. Wir können beispielsweise Eigenschaften aufzählen, die für die Verwendung von Kausalerklärungen typisch sind, nicht aber für andere Erklärungen. Der Verweis auf eine Ursache-Wirkungs-Beziehung bringt etwas anderes zum Ausdruck als der Verweis auf andere Beziehungen. Kausalerklärungen nehmen Bezug auf Kausalbeziehungen. Von Untersuchungen zur typischen Verwendung von Kausalerklärungen können wir viel über Kausalbeziehungen – oder unser Verständnis davon – lernen. Wir müssen nicht voraussetzen, dass wir genau wissen, was eine Kausalbeziehung ist, um Kausalerklärungen zu verstehen.

Wesentlich für den Vorschlag, ein Verständnis von Kausalerklärungen durch die Betrachtung von deren typischer Verwendung zu gewinnen, sind natürlich diejenigen Kausalerklärungen, die betrachtet werden. Was als typische oder besonders geeignete Kausalerklärungen gelten soll, ist wiederum klärungsbedürftig. Lange Zeit war es üblich, Kausalerklärungen in der Physik als paradigmatische wissenschaftliche Erklärungen anzusehen. Angesichts der beeindruckenden Entwicklung der Biowissenschaften erscheinen Zweifel angebracht, ob dieses Vorgehen weiterhin gerechtfertigt ist. Gerade für das Verständnis von Kausalerklärungen, das für die Handlungstheorie wesentlich ist, erscheinen mir die Neurowissenschaften ein geeigneter Referenzpunkt zu sein, als die Physik. Zwar ist betont worden, dass es als wichtiger Vorteil kausaler Ansätze in der Handlungstheorie anzusehen ist, dass sie plausibel machen können, dass Handlungen physikalische Wirkungen haben. Das ist ein wichtiger Vorteil. Handlungen haben aber nur in einem sehr allgemeinen Sinne physikalische Wirkungen. Von besonderer Bedeutung sind beispielsweise Körperbewegungen. Diese fallen eher in den Gegenstandsbereich der Biologie als den der Physik. Erkenntnisse zum Aufbau von Muskeln, den Mechanismen der Propriozeption und den Vorgängen an motorischen Endplatten erscheinen relevanter als allgemeine physikalische

Zusammenhänge. Natürlich ist es wünschenswert, dass die Handlungstheorie anschlussfähig an Kausalerklärungen in den Naturwissenschaften ist. Dabei sind aber nicht alle Kausalerklärungen gleich wichtig. Eine physikalische Erklärung einer Supernova oder eines quantenmechanischen Effekts erscheint weniger relevant als biologische Erklärungen von Körperbewegungen.

Ein weiterer Aspekt ist noch wesentlicher. Eine Kausalerklärung macht das Eintreten eines Ereignisses dadurch verständlich, dass sie es als Wirkung einer Ursache (oder mehrerer Ursachen) charakterisiert. Wer an einer Erklärung interessiert ist, fragt daher meist eher nach Ursachen als nach Wirkungen. Zwar ist es wichtig, dass wir einen Zusammenhang zwischen Handlungen und ihren Wirkungen herstellen können. Wenn Handlungserklärungen aber Kausalerklärungen sind, sind die Ursachen von Handlungen mindestens ebenso interessant. Die Vorgänge in menschlichen Gehirnen stehen vermutlich in einem engeren Zusammenhang zu Handlungserklärungen als die allermeisten physikalischen Erklärungen. Fast niemand würde davon ausgehen, dass unsere Absichten und Überzeugungen, die eine wesentliche Rolle in Handlungserklärungen spielen, überhaupt nichts mit Gehirnprozessen zu tun haben. Aus diesen Gründen ist für die Handlungstheorie die Auseinandersetzung mit der Erklärungspraxis in den Bio- und Neurowissenschaften besonders wichtig.

Das Leib-Seele Problem

Ich habe betont, dass einerseits die Ergebnisse der Neurowissenschaften für die Handlungstheorie von Interesse sein können und andererseits die Praxis des kausalen Erklärens in den Neurowissenschaften wesentlich für das Kausalitätsverständnis ist, dass in der Handlungstheorie zugrunde gelegt wird. Schon die Hoffnung, dass sich durch die Auseinandersetzung mit der Praxis der Neurowissenschaften interessante Impulse für das Verhältnis zwischen Gehirn und Geist ergeben können, könnte aber bei denjenigen auf Skepsis stoßen, die die Beiträge prominenter Neurowissenschaftler zu der philosophischen Diskussion um die Willensfreiheit verfolgt haben.[44] Bei den meisten Philosophen haben weder die Ansichten noch die Erkenntnisse von Neurowissenschaftlern allzu tiefen Eindruck hinterlassen.

Das Leib-Seele Problem[45] beschäftigt sich mit dem Verhältnis zwischen Gehirn und Geist und ist ebenso alt wie ungelöst. Es hat sich in den vergan-

---

[44] Vgl. insbesondere (Prinz 2004; Roth 2009; Roth 2002; Roth 2003; Roth 2004; Singer 2003; Singer 2009; Singer 2004).

[45] Neben guten Einführungen (Keil 2007; Bieri 2005) vermitteln die von Robert Kane und Gary Watson herausgegebenen Sammelbände einen Überblick über die Debatte (Kane 2005; Watson, Gary 2003).

genen Jahrhunderten[46] derartig hartnäckig einer überzeugenden Lösung entzogen, dass die Hoffnung auf eine baldige und friedliche Beilegung des Streits als übermäßig optimistisch gelten kann. Die philosophische Diskussion ist auch durch jüngere neurowissenschaftliche Beiträge einem Konsens nicht näher gekommen – um es vorsichtig zu formulieren.[47] Es erscheint daher ratsam, die grundsätzlichen Streitpunkte dieser Diskussion nach Möglichkeit zu umgehen. Ich werde im Folgenden kurz zu skizzieren versuchen, wie das gelingen soll. Dafür sind drei Schritte wesentlich. Erstens gehe ich davon aus, dass sorgfältige Untersuchungen zur Praxis des wissenschaftlichen Erklärens viele Probleme vermeiden helfen können. Zweitens beschäftigen sich meine Überlegungen weniger mit Hirnen und Handlungen als mit *Erklärungen* von Hirnen und Handlungen. Ich hoffe deutlich zu machen, warum das helfen kann, dem Leib-Seele Problem zu entkommen. Drittens werde ich vorschlagen, dass wir nicht nach einer großen Lösung suchen sollten, die eine grundsätzliche und abschließende Antwort auf das Verhältnis von Geist und Gehirn darstellt. Stattdessen werden wir wohl viele kleine Schritte brauchen, die jeweils nur wenig zur Klärung beitragen.

Wissenschaftstheorie und das Leib-Seele Problem

Ich gehe davon aus, dass eine fruchtbare Einbeziehung neurowissenschaftlicher Erkenntnisse in philosophische Diskussionen eine intensive Auseinandersetzung mit wissenschaftstheoretischen Einsichten aus der Philosophie der Bio- und Neurowissenschaften erfordert. Im nächsten Teil der Arbeit werde ich mich daher ausführlich derartigen Einsichten widmen. Ich gehe davon aus, dass viele Probleme dadurch entstehen können, dass ein Bild von wissenschaftlichem Arbeiten, das am Beispiel der Physik entwickelt worden ist, auf andere Wissenschaftsbereiche übertragen wird. Das scheint mir auch und insbesondere im Kontext des Leib-Seele Problems der Fall zu sein.

Zudem sehe ich es als wesentliches Problem an, dass in der philosophischen Diskussion mitunter einzelne neurowissenschaftliche Befunde herausgegriffen werden, um eine bestehende Ansicht zu unterstreichen oder ein Beispiel zu machen. Die Vielzahl neurowissenschaftlicher Arbeiten macht es zwar nachvollziehbar, sich in der Diskussion auf einzelne exemplarische Studien zu beschränken. Einzelne Studien gewinnen ihre Bedeutung

---

[46] Vgl. beispielsweise (Aristoteles 1986; Augustine 1993; Hume 1748; Kant 1986; Thomas 1997).

[47] Die Relevanz der empirischen Neurowissenschaften ist dabei nicht nur von Neurowissenschaftlern betont (Roth 2002; Singer 2003; Singer 2009; Libet 2005; Wegner 2003), sondern auch von Philosophen diskutiert worden (Beckermann 2008; J. R. Searle 2008; Bennett u. a. 2009; Roth & Pauen 2008; Geyer 2004; Könneker 2006; Janich 2009; Sturma 2006).

aber aus dem Kontext der Studien, auf die sie sich stützen.[48] Wer diesen Kontext nicht kennt oder mit Blick auf sein Argumentationsziel selektiv darstellt, kann zu Schlussfolgerungen kommen, die der Studie nicht gerecht werden. Durch die Herauslösung aus dem Kontext, in dem die Experimente gemacht wurden, kann es sogar gelingen, dieselben experimentellen Befunde in völlig unterschiedlicher Weise einzusetzen.[49] Das belegt recht eindrucksvoll, dass die angemessene Berücksichtigung fachwissenschaftlicher Beiträge mehr erfordert, als die kritische Lektüre einzelner Artikel. Ich werde zudem betonen, dass die Auseinandersetzung mit der Praxis der Bio- und Neurowissenschaften noch wesentlicher sein kann, als jedes konkrete Ergebnis. Sie ist zudem als Voraussetzung für die fruchtbare Einbeziehung eines Einzelergebnisses in einen philosophischen Diskurs.

Erklärungen

Die Einbeziehung wissenschaftstheoretischer Einsichten ist aber nicht der einzige Schritt, mit dem ich dem Leib-Seele Problem zu entkommen versuche. Der zweite Schritt ist die Fokussierung auf Erklärungen. Es geht mir nur indirekt um den Zusammenhang zwischen Handlungen und Gehirnvorgängen. Der Zusammenhang zwischen Handlungs*erklärungen* und *Erklärungen* in den Neurowissenschaften steht im Vordergrund. Durch die Beschränkung auf Erklärungen sollen ontologische Fragen weitgehend umgangen werden. Ich denke, dass dadurch unfruchtbare Zuspitzungen vermieden werden können. Ich weiß nicht, ob es eine zufriedenstellende Antwort auf diese ontologischen Fragestellungen gibt. Ich weiß aber auch nicht, ob wir eine brauchen. Ich bin mir aber sicher, dass wir uns Vorstellungen von der Welt machen können. Erklärungen sind Vorstellungen, die wir uns von den Vorgängen in der Welt machen. Wir machen uns verschiedene Vorstellungen und wir haben verschiedene Erklärungen. Es ist eine wichtige Frage, in welcher Beziehung diese Erklärungen zueinander stehen – und diese Frage möchte ich der Auseinandersetzung mit ontologischen Fragen vorziehen.

---

[48] Fachwissenschaftlern wird das unmittelbar einleuchten und Philosophen sollte nicht fremd sein, dass die Bedeutung einer Aussage vom Kontext abhängt, in dem sie gemacht wird (Wittgenstein 2003).

[49] Die sogenannten Libet-Experimente sind dafür ein besonders eindrückliches Beispiel. Die experimentellen Befunde von Benjamin Libet (Libet u. a. 1982) sind von Patrick Haggard und Martin Eimer repliziert worden (Haggard & Eimer 1999). Neben Libet selbst (Libet 2005; Libet 2004) liefern eine Reihe von Philosophen (A. Mele 2007; A. R. Mele 2009, S.67ff; Bennett & Hacker 2003, S.228ff) oder Naturwissenschaftlern (Freeman u. a. 2000, S.180) unterschiedliche Interpretationen dieser Befunde. Stephan Sellmaier weist darauf hin, dass die Interpretation weniger von den experimentellen Befunden als von den Annahmen des Interpreten abhängt (Sellmaier 2007).

VIELE KLEINE SCHRITTE

Der dritte Schritt, mit dem ich das Leib-Seele Problem zu umgehen hoffe, ist die Aufspaltung eines großen Problems in viele kleine. Als eine wesentliche Schwierigkeit der Leib-Seele-Debatte sehe ich die weitverbreitete Einschätzung, dass es sich um ein grundlegendes Problem handelt, das einer grundlegenden Lösung bedarf. Vielleicht brauchen wir eher ganz viele, ziemlich kleine Lösungen für ganz viele, ziemlich kleine Probleme. Wer etwas Gemeinsames in den vielen kleinen Problemen erkennt und sie zu dem großen Leib-Seele-Problem zusammenfasst, hat die Diskussion strukturiert, wichtiger und interessanter gemacht. Das ist natürlich ein Fortschritt für die Diskussion. Es bringt uns der Lösung aber nicht näher. Die eine, große Lösung wäre schön, viele kleine Lösungen tun es aber auch. Die Suche danach ist vielleicht nicht so spektakulär, aber dafür könnte sie Erfolg haben.

Die Frage nach dem Zusammenhang zwischen Handlungserklärungen und Erklärungen der Vorgänge in menschlichen Gehirnen klingt vielleicht genauso groß und unzugänglich wie das Leib-Seele Problem. Sie hat aber den entscheidenden Vorteil, dass sie nicht auf einen Schlag beantwortet werden muss. Sie erfordert keine grundlegende Antwort. Sie kann mit einer bestimmten Handlungserklärung und bestimmten neurowissenschaftlichen Erklärungen beginnen. (Der Vorschlag, das Leib-Seele Problem exemplarisch an ausgewählten Leibern und Seelen zu diskutieren, erschiene dagegen etwas sonderbar.) Beispielsweise könnten wir uns mit der Relevanz von neuen neurowissenschaftlichen Erkenntnissen zur Wirkung bestimmter pharmakologischer Substanzen für die Beurteilung des Verhaltens von Personen beschäftigen, die unter dem Einfluss dieser Substanzen stehen. Dieser Lösungsvorschlag erfordert einen langen Atem, die ausführliche Klärung von Detailfragen und eine Vielzahl von neurowissenschaftlichen Experimenten. Glücklicherweise können viele Wissenschaftler gleichzeitig an den vielen kleinen Problemen arbeiten und tun das bereits. Es geht an dieser Stelle nicht darum, eine der vielen notwendigen empirischen Studien vorzuschlagen oder umzusetzen. Das ist die Domäne der empirischen Wissenschaften. Möglicherweise können Studien zu einem konkreten Zusammenhang zwischen einer Handlung, einer Empfindung oder einer Wahrnehmung und ihren neurophysiologischen Grundlagen von konzeptionellen Beiträgen von Philosophen profitieren. Auch darum geht es mir nicht. Untersuchungsgegenstand sind die Chancen für die Handlungstheorie, die sich daraus ergeben, dass das Vorgehen der Neurowissenschaften angemessen berücksichtigt wird. Ziel ist zu zeigen, dass viele kleine Schritte einen ganz großen ersetzen können. Dass es uns schwerfällt vorzustellen, wie der große Schritt aussehen könnte oder wie er überhaupt möglich ist, sollte uns keine allzu großen Bauchschmerzen machen. In den vergangenen Jahrzehnten haben wir viel darüber gelernt, wie die kleinen Schritte gelingen können, die charakteristisch sind für den Fortschritt der empirischen Wissenschaften.

ZUSAMMENFASSUNG

Bevor ich auf die Besonderheiten von Handlungserklärungen zurückkomme, werde ich mich ausführlich mit den Besonderheiten von naturwissenschaftlichen Erklärungen auseinandersetzen. In diesem Kapitel wollte ich zunächst begründen, warum mir dies erforderlich erscheint. Zum einen habe ich betont, dass neurowissenschaftliche Erklärungen von großer Bedeutung für ein Verständnis von Handlungserklärungen sein können, das Fertigkeiten als zentral ansieht. Das hängt damit zusammen, dass der Erwerb von Fertigkeiten Lernprozesse erfordert und Lernprozesse Gegenstand neurowissenschaftlicher Erklärungen sind. Zum anderen erscheint es mir für ein angemessenes Verständnis von Handlungserklärungen wichtig zu sein, Gemeinsamkeiten und Unterschiede zu Kausalerklärungen zu diskutieren. Es ist in der Handlungstheorie umstritten, ob Handlungserklärungen zu den Kausalerklärungen zu zählen sind und ein differenzierter Beitrag in diesem Zusammenhang erfordert ein klares Verständnis von Kausalerklärungen (oder jedenfalls derjenigen Erklärungen mit denen Handlungserklärungen verglichen werden sollen). Da ich mit den angestrebten Überlegungen zum Zusammenhang zwischen neurowissenschaftlichen Erklärungen und Handlungserklärungen möglicherweise Assoziationen an das altbekannte und überaus hartnäckige Leib-Seele-Problem wecke, habe ich schließlich skizziert, wie ich den mitunter etwas festgefahrenen Diskussionen in diesem Zusammenhang zu entkommen hoffe. Neben der ausführlichen Einbeziehung wissenschaftstheoretischer Einsichten und der Fokussierung auf Erklärungen soll dies vor allem dadurch gelingen, dass aufgezeigt wird, dass viele kleine Schritte eher geeignete sind, einen Zusammenhang zwischen Handlungserklärungen und neurowissenschaftlichen Erklärungen herzustellen als ein kühner theoretischer Entwurf. Die vielen Einzelschritte liefern dabei (noch durchzuführende) empirische Studien oder unsere alltägliche Erfahrung, mit meinen theoretischen Überlegungen möchte ich die Möglichkeit und Bedeutsamkeit der vielen kleinen Schritte erkennbar machen, von denen wir annehmen sollten, dass sie das große Leib-Seele-Problem gemeinsam lösen.

Teil II

Erklärungen von Hirnen

6 HIRNE UND WISSENSCHAFTSTHEORIE

EINLEITUNG

Im ersten Teil dieser Arbeit bin ich auf Besonderheiten von Handlungserklärungen eingegangen und im zweiten Teil möchte ich mich neurowissenschaftlichen Erklärungen zuwenden. Dabei werden Unterschiede zwischen beiden Arten von Erklärungen deutlich werden. Ich gehe davon aus, dass neurowissenschaftliche Erklärungen als Kausalerklärungen verstanden werden können und halte es für klärungsbedürftig, ob Handlungserklärungen in gleicher Weise als Kausalerklärungen angesehen werden können.[50] Ich werde daher einige Besonderheiten von Kausalerklärungen, ihre Gemeinsamkeiten mit und Unterschiede zu anderen Arten von Erklärungen diskutieren. Dabei möchte ich Erklärungen in verschiedenen naturwissenschaftlichen Disziplinen – insbesondere der Physik und den Neurowissenschaften – miteinander vergleichen. Mit den Bemerkungen dieses Kapitels versuche ich verständlich zu machen, inwieweit wissenschaftstheoretische Überlegungen für das handlungstheoretische Anliegen dieser Arbeit wesentlich sind und warum die Besonderheiten neurowissenschaftlicher Erklärungen trotz ihrer Relevanz, bislang zu wenig Aufmerksamkeit geweckt haben.

Bei der Diskussion von Handlungserklärungen habe ich betont, dass wir alle Experten der Handlungserklärungen sind, weil wir im Alltag so selbstverständlich mit konkreten Handlungserklärungen umgehen. Handlungstheoretische Überlegungen waren vor allem deshalb von Bedeutung, weil ich von konkreten Einzelfällen abstrahieren und Eigenschaften von Handlungserklärungen im Allgemeinen herausstellen wollte. Neurowissenschaftliche Erklärungen spielen im Alltag keine große Rolle und dementsprechend sind die meisten Leute mit neurowissenschaftlichen Erklärungen nicht sonderlich vertraut. Im Kontext der vorliegenden Arbeit nehmen Bemerkungen zu neurowissenschaftlichen Erklärungen daher einen etwas größeren Raum ein als Bemerkungen zu Handlungserklärungen. Diese Fragestellung fällt in den Gegenstandsbereich der Wissenschaftstheorie. Wenn es in diesem Teil der Arbeit um Besonderheiten neurowissenschaftlicher Erklärungen geht, stehen daher wissenschaftstheoretische Themen und Beiträge im Vordergrund. Neben der allgemeinen Wissenschaftstheorie wird derjenige Teilbereich, der

---

[50] Ich sehe aber keinen Grund, mich auf ein genaues Verständnis von Kausalerklärungen festzulegen und meine Position hängt nicht davon ab, ob neurowissenschaftliche Erklärungen und/oder Handlungserklärungen als Kausalerklärungen verstanden werden.

sich mit der Praxis der Neurowissenschaften auseinandersetzt – die Philosophie der Neurowissenschaften – besondere Aufmerksamkeit erfordern.

Die Relevanz der Wissenschaftstheorie

Die Wissenschaftstheorie, wie der Name schon sagt, beschäftigt sich in theoretischer Weise mit der Wissenschaft, also dem alltäglichen Tun von Wissenschaftlern. Ziel sind explizite Gedanken zu der wissenschaftlichen Praxis, die ihre Protagonisten implizit verinnerlicht haben.[51] Es kann bezweifelt werden, dass die Erkenntnisse, die Wissenschaftstheoretiker dabei zu Tage fördern, für die praktisch arbeitenden Wissenschaftler besonders bedeutsam sind. Der Physiker Richard Feynman soll diesen Zweifel einmal pointiert wie folgt ausgedrückt haben: „Philosophy of science is about as useful to scientists as ornithology is to birds“.[52] Wissenschaftler gehen davon aus, dass sie selbst am besten wissen was sie tun. Dafür spricht einiges, auch wenn an dieser Stelle nicht bestritten werden soll, dass Wissenschaftler von der Wissenschaftstheorie profitieren können. Jedenfalls zeigen sich viele Wissenschaftler von den ausgeklügelten Gedanken zu ihrem Tun ähnlich beeindruckt wie Vögel von einer ornithologischen Abhandlung. In diesem Sinne ist Feynman zuzustimmen. Es gibt neben Ähnlichkeiten aber auch wesentliche Unterschiede zwischen Wissenschaftlern und Vögeln. Letztere versuchen üblicherweise nicht, anderen die Früchte ihrer Tätigkeit durch sprachliche Äußerungen nahe zu bringen. Sie gehen dadurch den Schwierigkeiten aus dem Weg, auf die ich im Folgenden hinweisen möchte.

Die Verständigung über die eigene Praxis mit jemandem, der mit dieser Praxis nicht vertraut ist, kann eine Herausforderung darstellen. Explizite Äußerungen können dem Gesprächspartner helfen, wo er nicht über implizites Verständnis verfügt. Für die Kommunikation zwischen Wissenschaftlern und Philosophen – oder der interessierten Öffentlichkeit – kann die Wissenschaftstheorie daher wichtige Grundlagen liefern. Im Falle des Diskurses zwischen Neurowissenschaftlern und Philosophen tritt aber noch ein weiteres Problem auf. Im Unterschied zu Vögeln können empirisch arbeitende Wissenschaftler die theoretischen Abhandlungen über ihr Tun lesen. Auch wenn wissenschaftstheoretische Überlegungen oft keinen wesentli-

---

51 Neurowissenschaftler machen sich üblicherweise keine expliziten Gedanken über die neurowissenschaftliche Praxis. Sie sind mit der Praxis vertraut und angehende Neurowissenschaftler machen Experimente, bis sie die wissenschaftliche Praxis verinnerlicht haben (vgl. Wittgenstein 2006, §140). Dieses Vorgehen zeichnet eine Praxis schließlich auch aus. Wer verstehen möchte, was neurowissenschaftliche Experimente kennzeichnet, der muss selber Experimente machen und sich mit besonders erfolgreichen neurowissenschaftlichen Experimenten auseinandersetzen.

52 Richard Feynman hat diesen Ausspruch nur mündlich formuliert, er wird ihm aber von verschiedenen Autoren in dieser Form zugeschrieben.

chen Einfluss auf die tägliche Arbeit eines empirischen Wissenschaftlers haben, sind Wissenschaftler meist mit wichtigen wissenschaftstheoretischen Konzeptionen vertraut. Das kann dadurch zu einem Problem werden, dass die wissenschaftstheoretischen Konzeptionen, mit denen Wissenschaftler vertraut sind, nicht notwendigerweise mit ihrer eigenen wissenschaftlichen Praxis in Einklang stehen. Die Wissenschaftstheorie ist nachhaltig durch die Physik geprägt.[53] Für diejenigen wissenschaftstheoretischen Konzeptionen, die wissenschaftliches Allgemeingut geworden sind, gilt das auch. Meine These ist aber, dass sie der Praxis der modernen Neurowissenschaften oft nicht entsprechen. Die naturwissenschaftliche Praxis hat sich in der jüngeren Vergangenheit stark differenziert und die Neurowissenschaften haben eine beträchtliche konzeptionelle Unabhängigkeit von der Physik erlangt.

Die Differenzierung der Biowissenschaften

Die Biologie hat in den vergangenen fünfzig Jahren eine rasante Entwicklung genommen und eine Vielzahl von sehr fruchtbaren Teildisziplinen hervorgebracht. Viele der modernen neurowissenschaftlichen Teilgebiete sind Ergebnisse dieses Prozesses, der mit dem Aufkommen der Molekularbiologie und Molekulargenetik begonnen hat. Die neuen Disziplinen zeichnen sich durch neue Methoden und beträchtliche Dynamik aus[54] und ihre Ergebnisse haben das Interesse einer vergleichsweise breiten Öffentlichkeit geweckt. Die Biowissenschaften sind aufgrund dieser Entwicklungen vielfach als neue Leitwissenschaft bezeichnet worden und diese Bezeichnung impliziert, dass sie die die Physik – die alte Leitwissenschaft – in mancher Hinsicht abgelöst haben. Sehr lange galt die Physik unangefochten als die am weitesten entwickelte Wissenschaft und wurde als Vorbild für andere Wissenschaftsbereiche gesehen. Das wissenschaftliche Vorgehen in der Physik galt oft als Ideal für wissenschaftliches Vorgehen insgesamt.[55] Ich bin mir nicht sicher, ob die Vorstellung einer naturwissenschaftlichen Leitwissenschaft besonders hilfreich ist oder ob es angemessen ist zu behaupten, dass die Biologie in dieser Hinsicht an die Stelle der Physik getreten ist. Die Diskussion darum verdeutlicht aber, dass die Biowissenschaften eine Eigenständigkeit erlangt haben, die neu ist. Die Biologie wird vielfach nicht als Teilgebiet der Physik wahrgenommen (vielleicht im Unterschied zur Chemie oder Astronomie), sondern als eigenständige Disziplin. Die Neurowissen-

---

[53] Carlos Ulises Moulines bietet einen historischen Überblick über die Entwicklung der Wissenschaftstheorie (C. U. Moulines 2008).

[54] Es sei exemplarisch auf gute einführende Textbücher der Neurobiologie (Purves u. a. 2007), Zellbiologie (Alberts u. a. 2008), Mikrobiologie (Madigan & Martinko 2008) und Immunbiologie (Murphy u. a. 2009) verwiesen.

[55] Dies zeigt sich beispielsweise in den Arbeiten Carl Hempels (Hempel 1970), Thomas Kuhns (Kuhn 1970) oder Bas van Fraassens (Fraassen 1980).

schaften stehen den Biowissenschaften sicherlich näher als der Physik, entwickeln aber ihrerseits eine zunehmende Eigenständigkeit.[56]

DIE RELEVANZ DER DIFFERENZIERUNG DER BIOWISSENSCHAFTEN

Wie bereits angedeutet, gehe ich davon aus, dass die Differenzierung der neurowissenschaftlichen Praxis für die Verständigung zwischen Philosophen und Neurowissenschaftlern in zweierlei Hinsicht ein Problem darstellt oder darstellen kann. Auf der einen Seite sind Philosophen zumeist nicht mit den impliziten Annahmen vertraut, die Neurowissenschaftler bei ihrer Arbeit zugrunde legen. Neurowissenschaftler wiederum haben häufig Schwierigkeiten, sich ihrer impliziten Annahmen klar zu werden und ihnen Ausdruck zu verleihen. Auf der anderen Seite sind diejenigen expliziten Konzeptionen zur Praxis der Wissenschaften, die zur Verfügung stehen, oft maßgeblich durch die Physik geprägt. Es sollte nicht stillschweigend vorausgesetzt werden, dass sich die Praxis der Neurowissenschaften in keiner relevanten Hinsicht von der der Physik unterscheidet. Angesichts der lange Zeit dominierenden Stellung der Physik ist es verständlich, dass die Wissenschaftstheorie nachhaltig durch die Physik geprägt ist. Ausgangspunkt für wissenschaftstheoretische Diskussionen waren oft Entwicklungen in der Physik. Die Wissenschaftstheorie ist zudem in vielerlei Hinsicht auf historische Untersuchungen zu wissenschaftlichen Entwicklungen angewiesen. Für die Bio- und Neurowissenschaften stehen entsprechende Untersuchungen häufig nicht zur Verfügung und erschienen zum gegenwärtigen Zeitpunkt in vielen Fällen auch verfrüht. Für viele Wissenschaftstheoretiker war und ist daher die Auseinandersetzung mit der Physik wesentlich selbstverständlicher als mit anderen Disziplinen. Erst in jüngerer Vergangenheit beginnt sich auch die Wissenschaftstheorie zu differenzieren. Die Eigenständigkeit der Biowissen-

---

[56] Wenn im Folgenden überwiegend von Unterschieden zwischen Physik und Neurowissenschaften die Rede sein wird, soll natürlich nicht der Eindruck erweckt werden, es gäbe keine Gemeinsamkeiten. Natürlich ähnelt sich die wissenschaftliche Praxis in allen Naturwissenschaften in vielfältiger Weise. Wichtiger für die folgenden Überlegungen sind aber die Unterschiede. Weiterhin soll nicht der Eindruck erweckt werden, dass die Neurowissenschaften eine homogene Disziplin sind, die sich von einer ihrerseits homogenen Physik abhebt. Wenn etwas tendenziös Unterschiede zwischen Physik und Neurowissenschaften benannt werden, ist das wesentliche Ziel, die Aufmerksamkeit auf die Vielschichtigkeit der naturwissenschaftlichen Praxis zu richten. Es sei aber zugestanden, dass Physik und Neurowissenschaften jeweils sehr unterschiedliche Teilbereiche umfassen und dass molekulare Untersuchungen der Vorgänge in Nervenzellen größere konzeptionelle Ähnlichkeit mit Forschungsprogrammen der Biophysik haben können als mit Fragen der Entwicklungspsychologie. In der Handlungstheorie wird die Vielschichtigkeit der wissenschaftlichen Praxis aber zumeist unterschätzt und dies soll am Beispiel von Unterschieden zwischen Physik und Neurowissenschaften verdeutlicht werden.

schaften erfährt zunehmende Aufmerksamkeit[57] und seit einigen Jahren hat sich mit der Philosophie der Neurowissenschaften (oder Theorie der Neurowissenschaften) eine eigene wissenschaftstheoretische Teildisziplin herausgebildet, die sich ausdrücklich mit den Neurowissenschaften beschäftigt.[58]

Philosophie der Neurowissenschaften

Da die Beschäftigung mit der Praxis der Neurowissenschaften keine lange Tradition hat, ist nachvollziehbar, dass ihre Bedeutung für eine Reihe von philosophischen Diskussionen lange unterschätzt worden ist. Ich bin der Ansicht, dass dies insbesondere für Diskussionen in der Handlungstheorie gilt.

Meine wesentliche Annahme ist, dass sich das Verständnis von Kausalerklärungen, das in der Handlungstheorie vorherrscht, zu stark am Beispiel der Physik orientiert. Diese Annahme ist nicht auf Details einzelner wissenschaftstheoretischer Konzeptionen angewiesen. Sie gewinnt schon dadurch an Plausibilität, dass es in jüngerer Vergangenheit zunehmend wissenschaftstheoretische Arbeiten gibt, die sich mit den Besonderheiten der Bio- und Neurowissenschaften beschäftigen.[59] Die wachsende Popularität der Philosophie der Neurowissenschaften ist ein deutlicher Hinweis darauf, dass sich die Praxis der Neurowissenschaften von der anderer Wissenschaftsbereiche unterscheidet – auch wenn dies über weite Teile der Geschichte der Wissenschaftstheorie vernachlässigt worden ist. Ich werde relevante Aspekte neuerer Konzeptionen zum Kausalitätsverständnis und zu Kausalerklärungen in den Bio- und Neurowissenschaften vorstellen. Die Details dieser Konzeptionen werden in Zukunft sicherlich erweitert, verfeinert und verändert werden. Die Tatsache, dass sie gegenwärtig sehr ernst genommen werden, weist aber darauf hin, dass bisherige Konzeptionen kausalen Erklärens der Praxis der Bio- und Neurowissenschaften nicht gerecht geworden sind. Kausalerklärungen sind vielschichtiger, als es lange Zeit schien. Wenn wir die Aufmerksamkeit auf Kausalerklärungen in den Neurowissenschaften

---

[57] Dies zeigt sich beispielsweise daran, dass es mittlerweile Einführungen und Textsammlungen gibt, die sich ausschließlich der Philosophie der Biologie widmen (Hull 1974; Hull & Ruse 2007; Rosenberg & McShea 2006; Rosenberg & Arp 2009; Krohs & Toepfer 2005). Zudem sei exemplarisch auf eine Debatte verwiesen, die im Kontext dieser Untersuchung von besonderem Interesse ist: In der Philosophie der Biologie ist die Frage intensiv diskutiert worden, ob die klassische Genetik auf die Molekulargenetik reduziert worden ist (im Sinne der Theorienreduktion, vgl. Kapitel 10). Dabei scheinen die meisten Autoren eine eher skeptische Ansicht zu vertreten, vgl. beispielsweise (Sarkar 1998; Darden 2006; Hull 1974) – es gibt aber auch interessante Ausnahmen (Rosenberg 2006).

[58] Einen Überblick vermittelt (Bickle 2009).

[59] Vgl. beispielsweise (Hull 1974; Hull & Ruse 2007; Rosenberg & McShea 2006; Rosenberg & Arp 2009; Bickle 2009).

richten, können wir Einschränkungen überwinden, die aus einer zu starken Orientierung an der Physik resultieren. Auch wenn sich das Verständnis von Kausalerklärungen in den Neurowissenschaften weiterentwickeln wird, erscheint es unwahrscheinlich, dass die Physik noch einmal als alleiniges Beispiel für die Praxis kausalen Erklärens in den Naturwissenschaften dienen kann.

ZUSAMMENFASSUNG

In diesem Teil der Arbeit geht es um Besonderheiten neurowissenschaftlicher Erklärungen, die mir für die Überlegungen zum Zusammenhang zwischen neurowissenschaftlichen Erklärungen und Handlungserklärungen wesentlich erscheinen. Die Besonderheiten wissenschaftlichen Erklärens sind Gegenstand der Wissenschaftstheorie. Weil sich die Wissenschaftstheorie – ebenso wie die Naturwissenschaften – in der jüngeren Vergangenheit differenziert hat und es um Erklärungen in den Neurowissenschaften geht, ist die Theorie der Neurowissenschaften im vorliegenden Kontext von zentraler Bedeutung. In diesem Kapitel habe ich auf Probleme hingewiesen, die daraus entstehen, dass die Differenzierung der Wissenschaftstheorie nicht angemessen gewürdigt wird. Insbesondere gehe ich davon aus, dass das Verständnis neurowissenschaftlicher Erklärungen zu stark durch Konzeptionen geprägt ist, die am Beispiel von Kausalerklärungen in der Physik entwickelt worden sind. Diese These möchte ich in den folgenden Kapiteln untermauern. Dabei werden zunächst Bemerkungen zu Kausalität, Kausalerklärungen und Naturgesetzen eine Rolle spielen. Davon ausgehend möchte ich die Unterschiede zwischen Erklärungen in der Physik und den Neurowissenschaften klarer benennen und die Relevanz der Unterschiede für die Handlungstheorie herausstellen.

7 HIRNE UND KAUSALERKLÄRUNGEN

EINLEITUNG

Neurowissenschaftliche Erklärungen werden meist als Kausalerklärungen verstanden.[60] Neben Gemeinsamkeiten mit anderen Erklärungen zeichnen sich Kausalerklärungen durch eine Besonderheit aus. Kausalerklärungen nehmen Bezug auf Kausalbeziehungen. Sie verorten das zu erklärende Phänomen oder Ereignis in der kausalen Struktur der Welt. [61] Kausalerklärungen unterscheiden sich dadurch von vielen anderen Arten von Erklärungen. Auch wenn der Zusammenhang zur Kausalität schon der Bezeichnung Kausalerklärungen anzusehen ist, ist es alles andere als leicht, diesen Zusammenhang genau zu klären. Auch der Begriff der Kausalität selbst ist klärungsbedürftig. Spätestens seit David Hume betont hat, dass wir das Bestehen einer Kausalbeziehung nicht direkt beobachten können, sondern aus anderen Beobachtungen schließen,[62] ist das Wesen der Kausalität Gegenstand kontroverser philosophischer Diskussionen. Mit einigen knappen Bemerkungen möchte ich in diese Debatte einführen und einflussreiche Konzeptionen vorstellen. Eine umfassende Klärung des Kausalitätsbegriffes wird aber nicht angestrebt.[63] Stattdessen möchte ich wesentliche Aspekte einer prominenten Position zum Verständnis von Kausalerklärungen in den Biowissenschaften diskutieren, um den angestrebten Vergleich zwischen Erklärungen in den Neurowissenschaften mit Erklärungen in der Physik auf der einen Seite und Handlungserklärungen auf der anderen Seite vorzubereiten.

---

60 Dementsprechend werde ich neurowissenschaftliche Erklärungen mitunter als Kausalerklärungen bezeichnen. Meine Position ist aber auch mit einem restriktiveren Verständnis von Kausalerklärungen vereinbar, das diesen Begriff für Erklärungen in der Physik reserviert.

61 Vgl. (Wesley C. Salmon 1984, S.9).

62 Vgl. (Hume 1748, Kapitel 4).

63 Mein Vorsatz, die Details der Diskussion um die Kausalität zu umgehen, ist nicht nur der Absicht geschuldet, den Umfang dieser Arbeit zu begrenzen. Er ist auch durch die Hoffnung motiviert, Festlegungen zum Wesen der Kausalität zu vermeiden, die für die eigentliche Argumentationsabsicht nicht nötig sind, aber Anlass berechtigter Kritik sein könnten.

KAUSALITÄT UND REGULARITÄTEN

Ein besonders einflussreicher Ansatz, der auf David Hume zurückgeht,[64] ist die Regularitätstheorie. Sie kann als ein Versuch angesehen werden, Kausalität auf andere Eigenschaften zurückzuführen oder zu reduzieren. Diese Eigenschaften sind raumzeitliche Kontinuität, zeitliche Abfolge und zuverlässige Konjunktion. Eine Ursache zeichnet sich demzufolge dadurch aus, dass sie in raumzeitlichem Kontakt mit ihren Wirkungen steht, diesen zeitlich vorangeht und dass Ursachen derselben Art zuverlässig mit Wirkungen derselben Art einhergehen. Die letzte Annahme setzt Regularitäten voraus und hat diesem Ansatz seinen Nahmen eingebracht. Wenn gefordert wird, dass eine Ursache-Wirkungs-Beziehung das Bestehen einer Regularität voraussetzt, wird natürlich nicht behauptet, dass diese Bedingung durch jede Art von Regularität erfüllt werden kann. Dass Tagen zuverlässig Nächte vorausgehen (und raumzeitlicher Kontakt zwischen beiden besteht), erklärt sie nicht. Die Regularitätstheorie steht deshalb vor der Herausforderung, geeignete Regularitäten von ungeeigneten zu unterscheiden. Erstere werden zumeist als Naturgesetze bezeichnet (wenn auch nicht von Hume selbst). Die Regularitätstheorie stellt daher in besonders offensichtlicher Weise einen Zusammenhang zwischen Kausalität und Naturgesetzten her. Bei der Diskussion von Besonderheiten physikalischer Kausalerklärungen wird das Konzept des Naturgesetztes eine wichtige Rolle spielen. Eine besonders differenzierte Version der Regularitätstheorie geht auf John Leslie Mackie zurück. Da sie besser geeignet erscheint, die Praxis der Neurowissenschaften angemessen zu berücksichtigen als andere Spielarten der Regularitätstheorie, möchte ich den wesentlichen Gedanken kurz erwähnen. Mackie hat vorgeschlagen, dass Ursachen dadurch charakterisiert werden können, dass sie (mindestens) die sogenannte INUS-Bedingung erfüllen.[65] INUS steht dabei für „**i**nsufficient but **n**on-redundant part of an **u**nnecessary but **s**ufficient condition“. Wenn wir beispielsweise erklären wollen, warum das Haus abgebrannt ist, können wir auf einen Kurzschluss verweisen. Der Kurzschluss hat den Brand verursacht. Natürlich ist aber ein Kurzschluss alleine nicht hinreichend (insufficient) dafür, dass ein Haus abbrennt. Es muss auch brennbares Material in der Nähe der Kabel und genügend Sauerstoff vorhanden sein. Der Verweis auf den Kurzschluss ist aber wesentlich, weil es ohne ihn nicht zu dem Brand gekommen wäre. Der Kurzschluss spielt eine nicht-redundante (non-redundant) Rolle – im Unterschied zu Zeitungspapier und Vorhang in der Nähe des Kurzschlusses, die jeweils alleine für eine Ausbreitung des Feuers genügt hätten und in diesem Sinne

[64] Vgl. (Hume 1748).

[65] Vgl. (Mackie 1965; Mackie 1980). Er selbst hat diesen Ansatz allerdings verworfen und stattdessen einen kontrafaktischen Ansatz vertreten, vgl. weiter unten.

einzeln redundant sind. Er ist Teil einer Verkettung von Umständen, die zusammengenommen hinreichend (sufficient) für den Brand waren. Der Kurzschluss ist aber weder für sich genommen, noch gemeinsam mit anderen Umständen, als notwendig (unnecessary) für den Brand anzusehen. Schließlich gibt es auch Hausbrände, die andere Ursachen haben, beispielsweise Brandstiftung. Mackies INUS-Bedingung gibt wesentliche Anforderungen, die an Ursachen zu stellen sind, angemessen wieder. Er selbst hat jedoch seinen Ansatz der Regularitätstheorie verworfen und es ist umstritten, ob andere Versionen ein angemessenes Verständnis der Kausalität ermöglichen.[66]

Kausalität und kontrafaktische Konditionale

Eine prominente Alternative zur Regularitätstheorie der Kausalität sind kontrafaktische Ansätze. Obwohl Hume diese Möglichkeit bereits angedeutet hat,[67] gehen ausgearbeitete Ansätze wesentlich auf Überlegungen von Mackie[68] und David Lewis[69] zurück. Der Grundgedanke besteht darin, dass eine kontrafaktische Abhängigkeit der Wirkungen von ihren Ursachen besteht. Wenn der Verweis auf eine Ursache eine Wirkung erklären soll, dann ist anzunehmen, dass ohne die Ursache auch die Wirkung nicht eingetreten wäre. Auch auf die Details kontrafaktischer Konzeptionen der Kausalität kann ich an dieser Stelle nicht eingehen. Da sie in mancher Hinsicht besser als Regularitätstheorien geeignet erscheinen, der Praxis der Bio- und Neurowissenschaften gerecht zu werden, folgen einige kurze Bemerkungen. Wichtig für den kontrafaktischen Ansatz der Kausalität von Lewis, der besonders einflussreich ist, ist die Vorstellung anderer möglicher Welten. Diese Vorstellung soll es ermöglichen, den Wahrheitswert kontrafaktischer Konditionale zu bestimmen. Beispielsweise ist das Buch nass geworden, weil ich das Wasserglas umgestoßen habe. Das Konditional „wenn ich das Wasserglas nicht umgestoßen hätte, dann wäre das Buch nicht nass geworden" ist kontrafaktisch, weil mir das Ungeschick eben schon passiert ist. Kontrafaktische Ansätze der Kausalität gehen davon aus, dass mein Umstoßen des Glases als Ursache für das Nasswerden des Buches anzusehen ist, weil dieses Konditional richtig ist. Sie brauchen deshalb ein Kriterium, das uns zu prüfen erlaubt, wann ein solches Konditional richtig ist. Nicht bei allen kontrafaktischen Konditionalen ist offensichtlich, ob sie richtig sind oder falsch. Ein weitverbreitetes, aber strittiges kontrafaktisches Konditional könnte folgendes sein: „Wenn der Bundestrainer mich eingewechselt hätte, dann

---

[66] Einen guten Überblick über die Diskussion vermittelt (Psillos 2002).
[67] Vgl. (Hume 1748, S.146).
[68] Vgl. (Mackie 1980).
[69] Vgl. (D. Lewis 1973a; D. Lewis 1973b; D. Lewis 1986).

hätte ich das Tor gemacht". Wie sollen wir entscheiden, ob das richtig ist oder falsch? Lewis schlägt vor, dass wir davon ausgehen sollten, dass es eine mögliche Welt gibt, in der der Bundestrainer mich einwechselt und in der ich das Tor schieße. Es gibt auch eine weniger erfreuliche Welt, in der ich eingewechselt werde und mich noch mehr blamiere als der Stürmer in der tatsächlichen Welt. (Weiterhin gibt es mögliche Welten, in denen allerlei andere Leute eingewechselt werden oder in denen sich irgendein anderes Detail von unserer tatsächlichen Welt unterscheidet.) Lewis schlägt vor, dass wir diese möglichen Welten mit unserer tatsächlichen Welt vergleichen sollen. Ich vermute, dass die Welt, in der ich das Tor mache, unserer Welt ähnlicher ist, als die Welt, in der ich verschieße. Wenn das so ist, dann ist das kontrafaktische Konditional richtig – auch wenn beide möglichen Welten unserer Welt leider nicht übermäßig ähnlich sind. Die Wahrheitsbedingung für das kontrafaktische Konditional „wenn U der Fall ist/wäre, ist/wäre W der Fall" beinhaltet also folgende Bedingung: Es gibt irgendeine mögliche Welt, in der U und W der Fall sind und die der tatsächlichen Welt ähnlicher ist als alle Welten in denen U der Fall ist, W aber nicht. Für Lewis Vorschlag ist es offensichtlich die Ähnlichkeitsrelation zwischen verschiedenen Welten von großer Bedeutung. Auf die Details von Lewis' Ansatz werde ich nicht weiter eingehen, er hat aber nachhaltigen Einfluss auf die Konzeption von James Woodward, die ich weiter unten vorstellen möchte.

Kausalität und kausale Prozesse

Auch der kausal-mechanische Ansatz von Wesley Salmon, verdient kurze Erwähnung.[70] Er ist nicht nur ein prominenter Beitrag, sondern hat auch wesentlichen Einfluss auf mechanistische Konzeptionen von Kausalerklärungen in den Neurowissenschaften, von denen später die Rede sein wird. Der wesentliche Gedanke ist, dass Ursache und Wirkung durch einen kausalen Mechanismus miteinander verknüpft sind. Ein kausaler Mechanismus stellt eine physikalische Verbindung zwischen Ursache und Wirkung her und versucht Kriterien einer Kausalbeziehung zu benennen, die über Regularitäten oder kontrafaktische Abhängigkeit in bestimmter Hinsicht hinausgeht. Als Hauptaufgabe wird es angesehen, kausale Prozesse von anderen Prozessen zu unterscheiden. Wenn dies durch die Besonderheiten des kausalen Mechanismus gelingen könnte, der Ursache und Wirkung verbindet, dann würde sich folgender Vorteil gegenüber anderen Ansätzen ergeben. Obwohl Regularitäten und kontrafaktischer Abhängigkeit weiterhin eine wichtige Rolle für das Verständnis der Kausalität eingeräumt werden könnte, bestünde nicht mehr in gleicher Weise die Notwendigkeit, die richtige Art der Regularitäten oder kontrafaktischer Abhängigkeiten zu klären. In-

[70] Vgl. (Wesley C. Salmon 1984).

dem kausale Prozesse von nicht-kausalen Prozessen unterschieden werden, wird ein anderes Kriterium zur Abgrenzung von Kausalbeziehungen eingeführt. Damit kommt der Vorstellung von kausalen Prozessen eine sehr wesentliche Rolle zu. Prozesse werden als die grundlegenden Entitäten einer Kausalitätstheorie angesehen. Sie treten damit an die Stelle von Ereignissen, denen üblicherweise diese Rolle beigemessen wird. Wesley Salmon hat vorgeschlagen, dass kausale Prozesse von anderen Prozessen (er spricht von Pseudo-Prozessen) dadurch unterschieden werden können, dass sie in der Lage sind, eine dauerhafte Markierung auf einen anderen Prozess zu übertragen. Eine rollende Billardkugel ist ein kausaler Prozess, der kausalen Einfluss auf eine andere Billardkugel haben kann. Dass es sich um einen kausalen Prozess handelt, erkennen wir daran, dass die Interaktion zwischen den beiden Billardkugeln in einer Weise geschieht, die auch die Übertragung einer dauerhaften Markierung von der ersten auf die zweite ermöglichen würde. Beispielsweise könnte ein kleines Stück Billardkreide von der Queuespitze auf den ersten und von diesem auf den zweiten Billardball übertragen werden. Bei Pseudo-Prozessen ist eine dauerhafte Übertragung einer Markierung dagegen nicht möglich, wie folgendes Beispiel verdeutlicht. Auch der Schatten einer rollenden Billardkugel kann durch Interaktion mit einem Prozess modifiziert werden. Wenn die Billardkugel an einer anderen Kugel vorbeirollt, wird die Form des Schattens dadurch verändert, dass er auf eine andere Oberfläche fällt. Dies stellt zwar eine Modifikation oder Markierung des Prozesses dar, diese ist aber nicht dauerhaft. Wenn die Kugel weiterrollt, hat der Schatten wieder seine ursprüngliche Form. Pseudo-Prozesse können also nicht dauerhaft markiert werden und unterscheiden sich dadurch von kausalen Prozessen. Phil Dowe hat Salmons Ansatz aufgegriffen und vorgeschlagen, dass statt des Kriteriums, eine Markierung übertragen zu können, die Übertragung eines konservierten Quantums als wesentliches Charakteristikum eines kausalen Prozesses angesehen werden sollte.[71] Die Vorstellung eines kausalen Mechanismus, der einer Ursache-Wirkungs-Beziehung zugrunde liegt, ist mit Hinblick auf mechanistische Konzeptionen wissenschaftlichen Erklärens in den Neurowissenschaften wichtig.

Diese kurzen Bemerkungen zu drei prominenten Konzeptionen der Kausalität sind nicht als allgemeine Einführung gedacht, sondern machen gezielt auf Aspekte aufmerksam, die für die nachfolgende Diskussion von Bedeutung sind und aufgegriffen werden sollen. Sie stellen zudem ernstzunehmende Alternativen zu dem manipulationistischen Ansatz der Kausalität dar, den ich gleich eingehender diskutieren werde und sollen dessen Einordnung in einen größeren Kontext ermöglichen. Zuvor sind noch zwei

71 Vgl. (Dowe 2000).

kurze Bemerkungen zu singulärer Verursachung und zur Unterscheidung zwischen reduktionistischen und nicht-reduktionistischen Ansätzen wichtig.

SINGULÄRE VERURSACHUNG

Als singuläre Verursachung wird die Kausalbeziehung zwischen einem einmaligen Ereignis und seinen Wirkungen bezeichnet. Die Möglichkeit der singulären Verursachung stellt für Regularitätstheorien eine Schwierigkeit dar. Regularitäten bestehen zwischen Arten oder Instanziierungen von Ereignissen. Ein Ereignis, das nur einmal auftritt, kann nicht regelmäßig Wirkungen einer bestimmten Art haben. Auch kontrafaktische Ansätze stehen im Zusammenhang mit singulärer Verursachung vor Herausforderungen. Ich möchte nicht ausschließen, dass es Fälle singulärer Verursachung gibt. Ich glaube aber nicht, dass diese von besonderem Interesse für die empirischen Wissenschaften sind, die im Kontext dieser Untersuchung eine Rolle spielen. Vielleicht sind Kriminologen oder Historiker an der Erklärung von Einzelereignissen interessiert. Das Interesse von Bio- und Neurowissenschaftlern geht aber meist über den Einzelfall hinaus. Es steht zum Beispiel nicht eine bestimmte Wahrnehmung einer bestimmten Maus im Vordergrund, sondern die Wahrnehmung von Mäusen allgemein. Auch sind die neurophysiologischen Vorgänge, die mit Wahrnehmungen von Mäusen einhergehen, nicht hauptsächlich deshalb interessant, weil wir uns gerade für Mäuse interessieren. Stattdessen hoffen wir auf neurowissenschaftliche Erkenntnisse, die auf andere Organismen (insbesondere Menschen) übertragbar sind oder interessante Unterschiede zu anderen Organismen aufzeigen. Wenn es Kausalerklärungen geben sollte, die auf eine singuläre Kausalbeziehung Bezug nehmen, so werde ich nichts zu derartigen Erklärungen sagen. Da es mir letztlich um Zusammenhänge zwischen Kausalerklärungen in den Neurowissenschaften und Handlungserklärungen geht, sei betont, dass das auch für Handlungserklärungen gilt. Es geht mir nur um Handlungserklärungen, die über den Einzelfall hinaus von Interesse sind. Das können entweder Handlungserklärungen sein, die uns bestimmte Handlungsweisen verständlich machen. Es können auch Erklärungen von einmaligen Handlungen sein, wenn wir an diesen auch deshalb interessiert sind, weil wir etwas über den Handelnden und/oder andere Handelnde lernen wollen. Ich gehe davon aus, dass dies alle oder fast alle Handlungserklärungen umfasst. Sollte ich mit dieser Einschätzung falsch liegen, so gelten die folgenden Betrachtungen eben nur für einen Teil aller Handlungserklärungen.

Reduktionistische und nicht-reduktionistische Ansätze der Kausalität

Die Unterscheidung zwischen reduktionistischen und nicht-reduktionistischen Ansätzen zur Kausalität[72] ist deshalb wichtig, weil in der philosophischen Diskussion reduktionistische Ansätze überwiegen. In der folgenden Auseinandersetzung mit der Praxis der Neurowissenschaften wird aber nicht versucht, den Kausalbegriff auf andere Begriffe zu reduzieren. Die Regularitätstheorie charakterisiert Kausalbeziehungen durch raumzeitliche Kontinuität, zeitliche Abfolge und zuverlässige Konjunktion. Da keine dieser Voraussetzungen für die Zuschreibung einer Kausalbeziehung ihrerseits ein Verständnis von Kausalität erfordert, handelt es sich um einen reduktionistischen Ansatz. Auch kontrafaktische Ansätze führen Kausalbeziehungen auf etwas anderes zurück, nämlich eben kontrafaktische Abhängigkeit. Der kausal-mechanische Ansatz ist dadurch motiviert, den Rückgriff auf kontrafaktische Abhängigkeit zu vermeiden. Er schlägt aber ebenfalls ein Kriterium vor, das Kausalbeziehungen reduktiv charakterisiert. Der von James Woodward vorgeschlagene manipulationistische Ansatz, an dem sich die nachfolgenden Betrachtungen orientieren, ist dagegen ein nicht-reduktiver Ansatz.

Kausalerklärungen in den Neurowissenschaften

Nach diesen allgemeinen Bemerkungen zu Kausalerklärungen möchte ich mich den Besonderheiten von Kausalerklärungen in den Bio- und Neurowissenschaften zuwenden. Ich bin der Ansicht, dass diese sich in mancher Hinsicht von Kausalerklärungen in der Physik unterscheiden und glaube, dass dieser Umstand von Interesse für die Handlungstheorie ist. Für einen besonders wesentlichen Unterschied halte ich, dass neurowissenschaftliche Erklärungen sehr selektiv Aspekte herausgreifen, die in einer Erklärung betont werden. Zwar kann auch bei physikalischen Erklärungen grundsätzlich zwischen Ursachen, die benannt werden und Hintergrundbedingungen unterschieden werden. Für die Physik scheint mir aber die Annahme typisch zu sein, dass die Hintergrundbedingungen grundsätzlich genau spezifiziert werden könnten. In den Neurowissenschaften erscheint es mir dagegen fraglich, ob eine umfassende Charakterisierung der Hintergrundbedingungen möglich oder wünschenswert wäre. Dies hängt mit der großen Komplexität der Phänomene zusammen, die Gegenstand neurowissenschaftlicher Untersuchungen sind und auf die ich bereits im ersten Teil dieser Arbeit hingewiesen habe. Damit neurowissenschaftliche Erklärungen trotz der großen Komplexität der zu erklärenden Phänomene beherrschbar bleiben, müssen sie sehr selektiv auf relevante Faktoren verweisen.

---

72 Vgl. (Psillos 2002, S.8).

Als Ausgangspunkt für eine Auseinandersetzung mit Kausalerklärungen in den Neurowissenschaften erscheint der manipulationistische Ansatz zu Kausalerklärungen von James Woodward besonders geeignet.[73] Bevor ich besonders relevante Aspekte des Ansatzes vorstellen und diskutieren möchte, sei diese Einschätzung kurz begründet. Zum einen kann ein von Woodwards Überlegungen ausgehender Ansatz metaphysische Festlegungen zum Wesen der Kausalität weitgehend vermeiden. Das ist insofern ein wesentlicher Vorteil, als jede Festlegung Anlass zu berechtigten Widersprüchen wäre und die Relevanz der folgenden Überlegungen zur Handlungstheorie schmälern könnte. Zudem spielt das explizite Nachdenken über das Wesen der Kausalität in den empirischen Wissenschaften keine große Rolle. Da für die Betrachtungen zum Verständnis von Kausalerklärungen die Praxis der Neurowissenschaften zugrunde gelegt werden soll, erscheint es ratsam, einen ähnlich pragmatischen Zugang zu wählen. Es sollen Besonderheiten neurowissenschaftlicher Erklärungen aufgezeigt werden, die sich in der wissenschaftlichen Praxis niederschlagen und unabhängig von einer metaphysischen Position sind. Zum anderen gelingt es Woodwards Ansatz in besonderer Weise, der Logik neurowissenschaftlicher Experimente gerecht zu werden. Die Kriterien, die eine Kausalbeziehung seiner Ansicht nach auszeichnen, ähneln stark den Anforderungen, die an neurowissenschaftliche Studien zu stellen sind. Besonders wesentlich erscheint mir zudem, dass Woodwards Ansatz gut verständlich macht, warum für die neurowissenschaftliche Erklärung eines Phänomens sehr selektiv für die Erklärung relevante Faktoren herausgestellt werden und wodurch sich diese Faktoren auszeichnen.

Kausalerklärungen und Manipulationen

James Woodwards manipulationistischer Ansatz der Kausalerklärung unterscheidet sich in wesentlicher Hinsicht von andern Ansätzen, die ebenfalls diesen Namen tragen oder mit ihm in Verbindung gebracht werden können. Einige Vorbemerkungen, die ihn in der Diskussion um Kausalerklärungen verorten und Missverständnissen vorbeugen, erscheinen daher angezeigt. Der Kerngedanke manipulationistischer Ansätze ist, dass Ursachen geeignete Mittel sind, um ihre Wirkungen herbeizuführen. Wer die Wirkung herbeiführen möchte und die Ursache kennt und herbeiführen kann, dem steht ein Mittel zur Herbeiführung der Wirkung zur Verfügung. Umgekehrt kann das Eintreten einer Wirkung verhindert werden, indem das Eintreten der fraglichen Ursachen verhindert wird. Die Ursache einer bestimmten Wirkung zeichnet sich gerade dadurch aus, dass das Eintreten dieser Wirkung durch Manipulation der Ursache beeinflusst werden kann. Mit Blick auf die zuvor

---

[73] Vgl. (Woodward 2003; Woodward 2000; Woodward 2010; Woodward 2008).

skizzierten Konzeptionen der Kausalität ist die nahe Verwandtschaft zu kontrafaktischen Ansätzen unverkennbar.[74] Moderne manipulationistische Ansätze können daher auch als Weiterentwicklung kontrafaktischer Ansätze verstanden werden. Neben dieser Gemeinsamkeit gibt es aber einen sehr wesentlichen Unterschied zwischen verschiedenen manipulationistischen Ansätzen. Während Woodward eine nicht-reduktive Analyse kausaler Konzepte anstrebt,[75] sind andere Ansätze als Bemühung zu verstehen, den Kausalitätsbegriff auf den Handlungsbegriff zu reduzieren. Georg Hendrik von Wright hat vorgeschlagen,[76] dass Kausalbeziehungen von dem Konzept der menschlichen Handlung abhängen.[77] Wenn wir durch eine Handlung die Ursache herbeiführen können, um die Wirkung zu erzielen, dann gehen wir davon aus, dass eine Kausalbeziehung besteht. Von Wright zufolge ist die Selbstwahrnehmung als Akteur dabei grundlegender als die Annahme von Kausalbeziehungen. Nur weil wir uns als Handelnde erleben, entwickeln wir die Vorstellung, dass Ursachen ihre Wirkungen verursachen – ähnlich wie wir unsere Handlungen verursachen. In mancher Hinsicht geht dieser Vorschlag in die entgegen gesetzte Richtung typischer kausaler Ansätze in der Handlungstheorie. Bei diesem Ansatz soll nicht ausgehend vom Verständnis von Kausalerklärungen etwas über Handlungserklärungen gesagt werden. Stattdessen wird das Verständnis von Kausalbeziehungen – und Erklärungen, die sich darauf beruhen – an das als grundlegender angesehene Konzept der Handlung geknüpft. Eine Gemeinsamkeit kann aber darin gesehen werden, dass ein enger Zusammenhang zwischen Kausalerklärungen und Handlungserklärungen hergestellt wird. Obwohl ich von Wrights Ansatz und davon ausgehende zeitgenössische Versionen[78] für attraktiv halte, haben sie mit verschiedenen Schwierigkeiten zu kämpfen. Insbesondere erscheint es unangemessen anthropozentrisch zu sein, das Verständnis von Kausalbeziehungen an Manipulationen menschlicher Akteure zu knüpfen. Zwar muss nicht gefordert werden, dass alle Ursachen tatsächlich in menschlichem Interesse manipuliert werden, um als Ursachen verstanden werden zu können. Schon die Möglichkeit einer Manipulation durch einen Akteur kann dafür genügen.[79] In manchen Fällen nehmen wir aber auch Ursache-Wirkungsbeziehungen an, wenn es keinem menschlichen Akteur offen steht, auf die Ursache einzuwirken. Beispielsweise hat der Mond einen kausalen

---

[74] Um das Beispiel von vorher aufzugreifen: Ich hätte verhindern können, dass das Buch nass wird, wenn ich durch größere Umsicht das Umstoßen des Wasserglases vermieden hätte.

[75] Einen ähnlichen Ansatz wie Woodward vertritt Judea Pearl (Pearl 2000; Pearl 1995).

[76] Zumindest kann er so verstanden werden.

[77] Vgl. (G. H. von Wright 1971, insbesondere S.117).

[78] Vgl. (Menzies & Price 1993).

[79] Vgl. (Menzies & Price 1993, S.198).

Einfluss auf Ebbe und Flut obwohl kein menschlicher Akteur den Mond verschieben kann, um Ebbe und Flut zu verändern.

INTERVENTIONEN

Woodwards manipulationistischer Ansatz vermeidet bei der Klärung des Begriffs einer Kausalbeziehung den Rückgriff auf das Konzept einer (freien) Handlung.[80] Stattdessen spielt der Begriff der Intervention eine entscheidende Rolle.[81] Durch Interventionen kann Einfluss auf Ursachen genommen werden. Ursachen werden als Variablen verstanden, die mehrere Werte einnehmen können. Eine Intervention verändert den Wert dieser Variable. Wenn eine Intervention auf die Variable möglich ist, durch die das Auftreten einer Wirkung hervorgerufen oder verhindert wird, ist diese Variable als Ursache der Wirkung anzusehen. An eine Intervention sind bestimmte Anforderungen zu stellen, insbesondere darf durch die Intervention kein unmittelbarer Einfluss auf die Wirkung selbst ausgeübt werden. (Auch die Wirkung ist als eine Variable anzusehen und deren Wert darf durch die Intervention nicht unmittelbar verändert werden.) Weiterhin muss ausgeschlossen werden, dass die Intervention einen Einfluss auf andere Ursachen derselben Wirkung hat. Woodwards Ansatz ist nicht-reduktiv, weil er zugesteht, dass eine Intervention eine Kausalbeziehung voraussetzt. Die Intervention nimmt Einfluss auf die Ursache und dieser Einfluss ist kausal. Zudem ist kein menschlicher Akteur nötig, der die Intervention durchführt. Auch ein kausaler Prozess, der völlig unabhängig von menschlichen Akteuren abläuft, kann eine Intervention darstellen. Der Begriff der Kausalität kann und soll nicht auf nicht-kausale Konzepte zurückgeführt werden – weder auf Regularitäten noch auf menschliche Handlungen. Dennoch ist er nicht in einem uninteressanten Sinne zirkulär, weil verschiedene kausale Begriffe miteinander in Beziehung gesetzt werden.[82] Interventionen setzen Kausalbeziehungen voraus und unser Verständnis von Kausalbeziehungen erfordert das Konzept der Intervention.

INTERVENTIONEN UND DIE LOGIK EXPERIMENTELLER STUDIEN

Aus philosophischer Sicht mag das unbefriedigend oder zu wenig ambitioniert erscheinen. Ich bin aber davon überzeugt, dass dieser Ansatz die experimentelle Praxis der Bio- und Neurowissenschaften in besonders angemessener Weise erfasst. Wenn wir durch experimentelle Studien untersuchen wollen, ob U eine Ursache von W ist, werden wir verschiedene Situationen miteinander vergleichen, die sich möglichst stark ähneln. Im Idealfall sind all

---

[80] Vgl. (Woodward 2003, Kapitel 1).
[81] Vgl. (Woodward 2003, Kapitel 3; Pearl 2000)
[82] Vgl. (Woodward 2003, Kapitel 1).

diese Situation völlig identisch, nur U nimmt unterschiedliche Werte an. (U liegt vor oder nicht vor, ist stark oder schwach ausgeprägt oder ähnliches.) Die Herausforderung beim Design guter experimenteller Studien besteht gerade darin, möglichst standardisierte Ausgangsbedingungen zu schaffen, die zudem eine möglichst gezielte Veränderung der zu testenden Variable erlauben. Wenn unter diesen standardisierten Ausgangsbedingungen die Wirkung W zuverlässig auftritt, wenn U einen bestimmten Wert annimmt, aber zuverlässig ausbleibt, wenn sie einen anderen Wert annimmt, dann können wir davon ausgehen, dass U eine Ursache von W ist oder sein kann. Für die experimentelle Studie ist es wesentlich, dass der Wert von U gezielt verändert werden kann. Weiterhin ist es für die Schlussfolgerungen aus der Studie wesentlich, dass die Methoden, mit denen Einfluss auf U genommen wird, keine unmittelbare Veränderung von W mit sich bringen. Auch ein Einfluss auf andere Ursachen von W muss nach Möglichkeit ausgeschlossen werden. Bei experimentellen Studien spielen die Kontrollexperimente, die diese Möglichkeiten auszuschließen versuchen, daher eine entscheidende Rolle. Dass U W verursacht, schließen wir erst, wenn W durch eine Veränderung von U zuverlässig herbeigeführt werden kann, wenn W nicht auch ohne die Veränderung von U aufgetreten wäre und wenn die notwendigen Kontrollexperimente überzeugend sind.

Wenn W durch eine Intervention auf U herbeigeführt werden kann, ist U als Ursache von W anzusehen. Dabei ist es nicht entscheidend, dass menschliche Akteure die Intervention vornehmen.[83] Es kann Fälle geben, in denen Wissenschaftler außer Stande sind, U direkt zu verändern. Typischerweise suchen sie in solchen Fällen nach Situationen, die einen Unterschied in U aufweisen, sich sonst aber möglichst stark ähneln und beobachten, ob W auftritt oder nicht. In einem solchen Fall dient ein kausaler Prozess als Intervention auf U, der selbst nicht der experimentellen Kontrolle der Wissenschaftler unterliegt. Das ist nicht entscheidend, weil trotzdem gefolgert werden kann, dass U als Ursache von W anzusehen ist. Natürlich werden in vielen Fällen Ursache-Wirkungs-Beziehungen angenommen, ohne dass kontrollierte experimentelle Studien mit geeigneten Interventionen durchgeführt worden wären. Die Annahme, dass U W verursacht, beinhaltet aber die Hypothese, dass eine geeignete Intervention auf U einen Einfluss auf W haben könnte. Wenn wir annehmen, dass die Masse des Mondes und seine Entfernung zur Erde einen kausalen Einfluss auf Ebbe und Flut haben, sollten wir davon ausgehen, dass eine Intervention auf den Mond Ebbe und Flut verändern würde. Ein Meteorit, der mit dem Mond kollidiert und dessen Masse oder Entfernung zur Erde verändert, könnte eine solche Intervention darstellen. Er hätte seinerseits keinerlei anhaltenden Einfluss auf

[83] Vgl. (Woodward 2003, Kapitel 3).

Ebbe und Flut, würde aber zu anhaltenden Veränderungen dieses Phänomens führen, indem er einen Einfluss auf den Mond ausübt. An diesem Beispiel lässt sich betonen, dass Woodwards Ansatz zwar bei der wissenschaftlichen Vorgehensweise bei der Untersuchung von Kausalbeziehungen ansetzt (also ihrer Epistemologie), diese aber nicht mit der Metaphysik der Kausalbeziehung gleichsetzt. Der kausale Einfluss des Mondes auf Ebbe und Flut besteht völlig unabhängig davon, ob jemals eine geeignete Intervention auf den Mond stattfindet. Sie ist auch völlig unabhängig davon, ob wir eine entsprechende Ursache-Wirkungs-Beziehung annehmen und uns eine geeignete Intervention vorstellen können. Wenn wir aber annehmen, dass eine Ursache-Wirkungs-Beziehung besteht, gehen wir auch davon aus, dass es eine geeignete Intervention geben könnte.

Die Praxis experimenteller Studien ist also sehr gut mit dem Vorschlag vereinbar, dass das Verständnis von Ursache-Wirkungs-Beziehungen eng an die Vorstellung einer Intervention geknüpft ist. Der Verweis auf die wissenschaftliche Praxis macht auch deutlich, dass dieser Vorschlag nicht in einem uninteressanten Sinne zirkulär ist. Natürlich ist jede Intervention ein kausaler Prozess. Für die Untersuchung der Beziehung zwischen U und W werden kausale Einflüsse auf U ausgenützt, die der Intervention zugrunde liegen. Jede experimentelle Studie, die eine mögliche kausale Beziehung untersucht, setzt das Bestehen einer Vielzahl von anderen Kausalbeziehungen voraus. Das ist selbstverständlich und unvermeidbar. Es ist aber auch kein großes Problem. Jede der Kausalbeziehungen, die in einer experimentellen Studie vorausgesetzt werden, kann ihrerseits durch experimentelle Studien untersucht werden. Sobald wir uns überzeugt haben, dass eine Kausalbeziehung zwischen U und W besteht, können wir diesen Zusammenhang in anderen Studien ausnützen. Wenn wir die Wirkungen von W untersuchen wollen, kann die Kausalbeziehung zwischen U und W möglicherweise die Grundlage für geeignete Interventionen auf W sein. Aus philosophischer Perspektive könnte man schnell auf die Idee kommen, dass wir von irgendwelchen Kausalbeziehungen ausgehen müssen, die Grundlagen für die ersten experimentellen Studien sind und von denen wir uns auf anderem Weg überzeugt haben. Diese Vorstellung scheint mir aber mit der wissenschaftlichen Praxis wenig zu tun zu haben. Es gibt keine ersten Ursache-Wirkungs-Beziehungen, die unzweifelhaft etabliert werden könnten und als Fundament für daran anknüpfende experimentelle Studien dienen würden. Weiterhin ist zwar richtig, dass die Schlussfolgerungen einer experimentellen Studie dadurch in Zweifel gezogen werden können, dass eine oder mehrere ihrer Grundannahmen in Frage gestellt werden. Natürlich stellen empirisch arbeitende Wissenschaftler ständig die Annahmen und Schlussfolgerungen konkreter experimenteller Studien in Frage. Daraus folgt aber nicht, dass keine sinnvollen experimentellen Studien möglich sind.[84] Die skizzierten Besonderheiten der experimentellen Praxis verdeutlichen lediglich, dass jede experimentelle Studie in einem Kontext anderer experimenteller Studien zu sehen ist. Kein Experiment steht für sich allein. Dieser Kontext ist bei der Interpretation von Experimenten von großer Bedeutung und dessen umfassende Kenntnis zeichnet Experten gegenüber Laien aus. Die Schlussfolgerungen, die aus einem Experiment gezogen werden können, hängen sehr wesentlich von diesem Kontext ab. Ich habe bereits betont, dass mit diesem Aspekt der wissenschaftlichen Praxis große Herausforderungen für die Kommunikation wissenschaftlicher Erkenntnisse verbunden sind. Es ist alles andere als leicht, die Schlussfolgerungen, die ein Fachwissenschaftler aus einer Studie zieht, einer interessierten Öffentlichkeit verständlich zu machen.

Ich habe betont, dass Woodwards Verständnis von Kausalbeziehungen der Praxis der Bio- und Neurowissenschaften in besonderer Weise gerecht wird. Die Logik experimenteller Studien wird durch das Konzept der Intervention angemessen erfasst. Über die Metaphysik von Kausalbeziehungen müssen dabei keine wesentlichen Annahmen gemacht werden. Der Fokus liegt auf dem Verständnis von Kausalbeziehungen und den Annahmen, die wir machen, wenn wir etwas als Ursache einer bestimmten Wirkung ansehen.

Ich habe bereits darauf hingewiesen, dass Kausalerklärungen – wie andere Erklärungen auch – Antworten auf bestimmte Fragen sind und einen Fragenden und einen Antwortenden voraussetzten. Während beispielsweise Wesley Salmon und Bas van Fraassen betont haben, dass wissenschaftliche Erklärungen Fragen auf bestimmte "Warum-Fragen" sind,[85] spezifiziert Woodward die Art der Fragen noch genauer. Eine wissenschaftliche Erklärung zeichnet sich, seinem Ansatz zufolge, dadurch aus, dass sie eine Antwort auf eine „Was-wäre-wenn-es-etwas-anders-gewesen-wäre-Frage" liefert.[86] Indem eine Kausalerklärung auf eine Kausalbeziehung verweist, liefert sie eine Antwort auf eine solche Frage. Wenn U die Ursache von W ist, gilt Folgendes. Wenn U etwas anders gewesen wäre (wenn U beispielsweise nicht oder später aufgetreten wäre), dann wäre W anders gewesen (dann wäre W nicht aufgetreten). Während jede Kausalerklärung demnach als

---

84 Es ist umgekehrt: Erst dadurch, dass in jedem konkreten Fall viele Annahmen unhinterfragt bleiben, wird sinnvoller Zweifel möglich (Wittgenstein 2006, §341ff). Dabei zeichnet sich die wissenschaftliche Praxis üblicherweise dadurch aus, dass sich die Aspekte, die in Zweifel gezogen werden, im Verlauf der Zeit ändern (Wittgenstein 2006, §94ff). Andere Annahmen sind möglicherweise so zentral, dass sie überhaupt nicht (Wittgenstein 2006, §220ff) oder nur im Zuge eines Paradigmenwechsels (Kuhn 1970) angezweifelt werden.

85 Vgl. (Fraassen 1980, Kapitel 5; Wesley C. Salmon 1998).

86 Vgl. (Woodward 2003, S.11).

Antwort auf eine "Was-wäre-wenn-es-etwas-anders-gewesen-wäre-Frage" verstanden werden kann, zeichnen sich gute wissenschaftliche Erklärungen dadurch aus, dass sie eine Vielzahl solcher Fragen beantworten, die miteinander verknüpft sind.

WAS-WÄRE-WENN-ERKLÄRUNGEN

Wissenschaftliche Erklärungen können also als Antworten auf "Was-wäre-wenn-es-etwas-anders-gewesen-wäre-Fragen" verstanden werden und ich möchte sie daher auch als „Was-wäre-wenn-Erklärungen" bezeichnen. Gleichzeitig sind nicht alle Antworten auf derartige Fragen wissenschaftliche Erklärungen. Das hängt insbesondere damit zusammen, dass wissenschaftlichen Erklärungen auf Kausalbeziehungen verweisen, die durch detaillierte experimentelle Studien spezifiziert worden sind. Sie setzten ein Netz kausaler Beziehungen voraus, das aufgrund einer Vielzahl sich wechselseitig stützender experimenteller Studien als gegeben angenommen werden kann. Neben der experimentellen Methodik, die maßgeblich für die Suche nach „Was-wäre-wenn-Erklärungen" in den empirischen Wissenschaften ist, zeichnen sich auch die Fragen selbst durch bestimmte Eigenschaften aus. Bei der wissenschaftlichen Erklärung eines Phänomens steht die Beantwortung derjenigen "Was-wäre-wenn-es-etwas-anders-gewesen-wäre-Fragen" im Vordergrund, die für das Phänomen allgemein als besonders relevant angesehen werden. Auch die Erklärung eines Einzelereignisses kann möglicherweise auf Kausalbeziehungen verweisen. Die Erklärung von Einzelereignissen ist aber nicht das wesentliche Anliegen der empirischen Naturwissenschaften.[87] Es geht immer um eine bestimmte Art von Ereignissen, die sich durch bestimmte Gemeinsamkeiten auszeichnen. Wissenschaftliche Kausalerklärungen verweisen deshalb auf Kausalbeziehungen, die durch eine gewisse Allgemeinheit gekennzeichnet sind.

STABILITÄT

James Woodward zufolge lässt sich dieser Allgemeinheitsanspruch wissenschaftlicher Kausalerklärungen dadurch charakterisieren, dass sie auf stabile (oder invariante) Kausalbeziehungen verweisen.[88] Das Konzept der Stabilität

---

87 Das liegt nicht nur daran, dass das wissenschaftliche Interesse üblicherweise nicht Einzelereignissen gilt. Einzelereignisse können auch offensichtlich nicht durch systematische experimentelle Studien untersucht werden. Ich gehe davon aus, dass die Annahme einer Kausalbeziehung immer kontrafaktische Implikationen hat – auch bei der Erklärung von Einzelereignissen. Die Annahmen zu Kausalbeziehungen, die bei der Erklärung von Einzelereignissen gemacht werden, sind aber grundsätzlich nicht testbar. Eine mögliche Ausnahme sind einmalige Konstellationen von Faktoren, zu denen kausaler Rolle wir einzeln gut etablierte (und einzeln testbare) Annahmen machen können.

88 Vgl. (Woodward 2003, Kapitel 6; Woodward 2010; Woodward 2000).

(oder Invarianz) einer Kausalbeziehung wird für die folgenden Überlegungen eine wichtige Rolle spielen. Ähnliches gilt für das Konzept der Spezifität, auf das ich im Anschluss eingehen werde. Es sei vorausgeschickt, dass mir beide Konzepte wesentlich erscheinen, um Besonderheiten von Erklärungen in den Bio- und Neurowissenschaften angemessen zu erfassen. Die Frage, ob und inwieweit diese Konzepte notwendig oder hinreichend sind, um Kausalbeziehungen oder Kausalerklärungen allgemein zu charakterisieren, möchte ich weitgehend ausklammern. Wenn ich auf Besonderheiten der Bio- und Neurowissenschaften Hinweise und versuche, sie unter Rückgriff auf Überlegungen von Woodward genauer zu erfassen, dann möchte ich möglichst wenig über Kausalbeziehungen oder Kausalerklärungen im Allgemeinen sagen. Ich werde zu zeigen versuchen, dass diese Konzepte auch für den Vergleich mit Handlungserklärungen sehr hilfreich sind. Ob sie für das Verständnis von Erklärungen allgemein (oder Kausalerklärungen allgemein) relevant sind, kann offenbleiben.

Die skizzierten Überlegungen Woodwards zur Bedeutung von Interventionen für das Verständnis von Kausalbeziehungen und die Lesart von Kausalerklärungen als „Was-wäre-wenn-Erklärungen“ sind als Minimalkonzeption gedacht. Es gibt eine Vielzahl von Möglichkeiten, die Details auszuarbeiten. Woodward selbst hat detaillierte Vorschläge gemacht und Judea Pearl hat einen ähnlichen, ebenfalls sehr weitgehend ausgearbeiteten Vorschlag gemacht.[89] Ich gehe aber davon aus, dass auch völlig andere Ansätze zum Kausalitätsverständnis mit der Bedeutung von Interventionen vereinbar sind und wissenschaftliche Erklärungen als „Was-wäre-wenn-Erklärungen“ auffassen können. Alles andere wäre insofern überraschend, als beide Konzeptionen recht unmittelbar die Vorgehensweise der Wissenschaftler aufgreifen. Auch die Konzeptionen der Stabilität und Spezifität können sicherlich anders gefasst werden, als ich es im Folgenden versuchen werde. Ich gehe aber davon aus, dass beide Begriffe auf Aspekte der wissenschaftlichen Praxis aufmerksam machen, denen jeder Ansatz des kausalen Erklärens in den Bio- und Neurowissenschaften Rechnung tragen muss.

Die Kausalbeziehungen, auf die Kausalerklärungen in den Neurowissenschaften verweisen, haben einen gewissen Anspruch auf Allgemeinheit. Sie sind in einem bestimmten Bereich stabil. Stabilität heißt dabei, dass sie bei bestimmten Interventionen weiterhin bestehen.[90] Wenn wir die Kausalbeziehung zwischen der Ursache U und der Wirkung W so verstehen, dass Interventionen auf U ein geeignetes Mittel sind oder wären, um W hervorzubringen oder zu verhindern, dann setzt das Konzept einer Intervention voraus, dass manche Kausalbeziehungen unabhängig von der Intervention

[89] Vgl. (Pearl 2000).

[90] Vgl. (Woodward 2003, Kapitel 6; Woodward 2010; Woodward 2000).

bestehen. Beispielsweise könnte U die Wirkung W nur haben, wenn die Hintergrundbedingung H gegeben ist. In der experimentellen Studie zur Klärung der Beziehung zwischen U und W wird H nicht verändert. H kann kausal relevant sein für W und die Kausalbeziehung besteht trotz aller durchgeführten Interventionen auf U. Anderenfalls wäre die Intervention auf U gleichzeitig eine Intervention auf H und dies würde die Interpretation der Resultate nachhaltig erschweren. Wir können daher sagen, dass die Kausalbeziehung zwischen H und W stabil über die Interventionen auf U ist.[91] Die Stabilität einer Kausalbeziehung ist umso größer, je zahlreicher die Interventionen sind, unter denen sie weiterhin bestehen bleibt. Typischerweise sind die Kausalbeziehungen, auf die Kausalerklärungen in den Bio- und Neurowissenschaften verweisen, über eine Vielzahl von Interventionen stabil. Anderenfalls wäre die Bedeutung reproduzierbarer experimenteller Studien unter kontrollierten Bedingungen schwerlich nachvollziehbar. Gleichzeitig zeichnen sich Kausalerklärungen in den Bio- und Neurowissenschaften durch Verweis auf Kausalbeziehungen aus, die nicht über *alle* möglichen Interventionen stabil sind. Wir können durchaus davon ausgehen, dass eine Kausalbeziehung zwischen U und W in einem biologischen System besteht, auch wenn sie unter manchen Interventionen zusammenbricht. Beispielsweise könnte die Aktivität einer bestimmten Gruppe von Neuronen in einem bestimmten Zusammenhang mit Vorgängen in einer Gruppe von Sinneszellen stehen. Der Verweis auf Vorgänge in den Sinneszellen ist genau dann Teil einer Kausalerklärung der neuronalen Aktivität, wenn er Antworten auf relevante "Was-wäre-wenn-es-etwas-anders-gewesen-wäre-Fragen" liefert. (Was wäre, wenn diese Vorgänge in den Sinneszellen nicht abgelaufen wären? Die Nervenzellen wären nicht aktiviert worden.) Die Kausalbeziehung muss dabei über verschiedene Interventionen stabil sein, um genauer charakterisiert werden zu können und um wissenschaftliches Interesse zu wecken. Sie muss unabhängig von verschiedenen Eingriffen in die Funktion der Sinneszellen sein und sie muss in verschiedenen Individuen der untersuchten Spezies unter verschiedenen Bedingungen gelten. Interessanterweise muss sie aber nicht unter allen Bedingungen gelten. Einige Eingriffe in die Funktion der Sinneszellen könnten gleichzeitig die Funktion der Nervenzellen beeinträchtigen – beispielsweise die Erwärmung des untersuchten Organismus auf 200°C. Unter derartigen Eingriffen würde die Kausalbeziehung zwischen Sinneszellen und Nervenzellen zusammenbrechen. Es muss daher davon ausgegangen werden, dass die fragliche Kausalbeziehung unter einer Reihe von Bedingungen besteht, nicht aber unter allen. Üblicherweise gelten biowissenschaftliche Kausalbeziehungen nur für einen bestimmten physiologischen Bereich.

---

[91] Vgl. (Woodward 2010).

MANIPULATION UND KONTROLLE

Mit Blick auf die kausale Handlungstheorie erscheint mir der letzte Aspekt von besonderer Bedeutung zu sein. Erklärungen in den Neurowissenschaften verweisen auf Kausalbeziehungen, die unter bestimmten Bedingungen stabil sind, aber nicht universell gelten. Im folgenden Kapitel möchte ich diese Eigenschaft durch einen Vergleich mit Erklärungen in der Physik diskutieren. Zuvor möchte ich kurz das Konzept der Spezifität einführen, das ebenfalls im Hinblick auf die Handlungstheorie wesentlich ist und auch im folgenden Kapitel aufgegriffen werden wird. Auch in meiner Darstellung der Spezifität, die Kausalerklärungen in den Bio- und Neurowissenschaften auszeichnet, folge ich weitgehend Woodwards Überlegungen[92]. Vorausschicken möchte ich, dass Woodward (ebenso wie Craver[93]) betont, dass Manipulation und Kontrolle als wesentliche Ziele der Bio- und Neurowissenschaften anzusehen sind.[94] Eine gute wissenschaftliche Erklärung ermöglicht Manipulation und Kontrolle, indem sie Faktoren benennt, die geeignete Stellschrauben für Manipulationen sind. Diese Eigenschaft von Kausalerklärungen wird schon durch deren Verständnis als „Was-wäre-wenn-Erklärungen" hervorgehoben. Indem eine Erklärung alternative Ereignisverläufe nahelegt und deren Folgen benennt, werden Möglichkeiten zur Einflussnahme und Kontrolle deutlich. Eine Erklärung kann verschiedene Faktoren hervorheben, um auf Manipulationsmöglichkeiten hinzuweisen. In der bereits erwähnten Erklärung „der Kurzschluss hat das Feuer verursacht" wird auf die Möglichkeit hingewiesen, dass Feuer durch das Unterbinden des Kurzschlusses zu verhindern. Die Verfügbarkeit von Sauerstoff ist eher als eine Hintergrundbedingung als eine Ursache des Feuers anzusehen, weil ein kausaler Einfluss auf das Auftreten des Feuers zwar gegeben ist, der Verweis auf diesen kausalen Zusammenhang jedoch üblicherweise keine naheliegenden Möglichkeiten zu Manipulation und Kontrolle eröffnet.

SPEZIFIZITÄT

Eine spezifische Erklärung greift Aspekte heraus, die sich besonders gut im Sinne von Manipulation und Kontrolle einsetzten können und die die Interessen des Fragenden aufgreifen. Der Verweis auf den Kurzschluss ist in diesem Sinne eine spezifischere Erklärung des Brandes als der Verweis auf den Sauerstoff. Von besonderem Interesse in kausalen Erklärungen sind also Faktoren, die vergleichsweise einfach verändert werden können, um Einfluss auf den Verlauf der Ereignisse zu nehmen. Zusätzlich ist es von

---

92 Vgl. insbesondere (Woodward 2010).

93 Vgl. (Craver 2007, S.1)

94 Dies wird bereits durch den Titel „Making Things Happen" seines Buchs von 2003 betont (Woodward 2003).

großem Interesse, wenn zwischen einer Ursache und ihrer Wirkung ein systematischer Zusammenhang besteht, der für Manipulationen ausgenutzt werden kann. Um diesen Aspekt zu verdeutlichen verwendet Woodward das Beispiel eines Radios,[95] das ich leicht verändert wiedergeben werde. Wenn wir eine Erklärung dafür suchen, wie ein Radio funktioniert, kann die Antwort auf eine Vielzahl von Aspekten eines Radios verweisen. In einer alltagssprachlichen Erklärung der Funktionsweise eines Radios würden wir vermutlich unter anderem auf den An/Aus-Schalter und das Wahlrad für den Sender hinweisen. Wenn wir unseren Lieblingssender einstellen wollen, also die Funktionsweise des Radios in unserem Sinne beeinflussen wollen, sind beide Aspekte von besonderer Bedeutung.[96] Wir müssen das Radio einschalten und unseren Lieblingssender auswählen. In diesem Fall ist aber der Verweis auf das Wahlrad für den Sender ein besonders spezifischer Hinweis für die Ausübung von Kontrolle über die Funktionsweise des Radios, weil durch einen einfachen Zusammenhang eine Vielzahl von "Was-wäre-wenn-es-etwas-anders-gewesen-wäre-Fragen" auf einen Schlag beantwortet werden. Der Hinweis „immer wenn wir das Wahlrad ein kleines bisschen weiterdrehen, wird ein anderer Sender ausgewählt" erlaubt eine Vielzahl interessanter Manipulationen. Er erlaubt Kontrolle über den Sender, den das Radio empfängt. Der An/Aus-Schalter weist natürlich auch auf eine wichtige Kontrollfunktion hin. Wenn der Schalter auf „Aus" steht, können wir überhaupt keinen Sender hören. Diese Kontrollfunktion ist aber nicht sonderlich spezifisch. Der Zusammenhang zwischen der Position des Senderwahlrads und dem empfangenen Sender weist auf besonders spezifische Kontrollmöglichkeiten hin, weil ein systematischer Zusammenhang zwischen ersterem und letzterem besteht, den wir ausnützen können.[97]

Ein biologisches Beispiel

Ein Beispiel für einen besonders spezifischen Zusammenhang, der in biowissenschaftlichen Erklärungen von Bedeutung ist, ist der Zusammenhang zwischen DNA-Sequenzen und der Abfolge von Aminosäuren in Proteinen.[98] Obwohl neben DNA-Molekülen eine große Zahl anderer zellulärer Faktoren an der Synthese neuer Proteine beteiligt ist, haben DNA-Moleküle

---

95 Vgl. (Woodward 2010).

96 Beide Hinweise greifen die Interessen des Fragenden besser auf als ein Verweis auf Transistoren im Inneren des Radios.

97 Ein Elektrotechniker würde selbstverständlich über eine wesentlich umfassendere Erklärung der Funktionsweise eines Radios verfügen. Er könnte eine viel größere Zahl an "Was-wäre-wenn-es-etwas-anders-gewesen-wäre-Fragen" stellen und beantworten. Doch auch eine solche umfassendere Erklärung würde spezifische und weniger spezifische Aspekte benennen.

98 Vgl. (Woodward 2010).

eine besondere Funktion in Erklärungen der Abfolge von Aminosäuren in Proteinen. Das hängt damit zusammen, dass viele der anderen beteiligten Moleküle für die Synthese neuer Proteine zwar nötig sind, aber keine vergleichbar spezifischen Manipulationsmöglichkeiten eröffnen wie DNA-Moleküle. Ohne Ribosomen findet keine Synthese neuer Proteine statt. In diesem Sinne ähnelt die Funktion von Ribosomen dem An-/Aus-Schalter eines Radios. Die DNA-Sequenz ähnelt dem Senderwahlrad. Wird die DNA-Sequenz verändert, verändert sich die Abfolge der Aminosäuren in neu synthetisierten Proteinen. Es besteht ein systematischer Zusammenhang, der sehr gut für Manipulationen und Kontrolle ausgenutzt werden kann. Wer diesen Zusammenhang kennt, kann Proteine mit allen möglichen Aminosäureabfolgen herstellen. Der Verweis auf die DNA-Sequenz ist deshalb eine viel spezifischere Erklärung für die bestimmte Abfolge von Aminosäuren in einem bestimmten Protein als der Verweis auf die Funktion von Ribosomen. Dennoch haben natürlich Ribosomen ebenso wie DNA-Moleküle eine kausale Rolle bei der Synthese neuer Proteine. Es gibt auch noch eine große Zahl weiterer Faktoren, die kausal an diesem Prozess beteiligt sind. Die spezifischen Kontrollmöglichkeiten, die ein Verweis auf die DNA-Sequenz ermöglicht, ist eine zusätzliche Eigenschaft, die ihn für Erklärungen besonders interessant macht.

ZUSAMMENFASSUNG

Neurowissenschaftliche Erklärungen werden zumeist als Kausalerklärungen verstanden und in Kausalerklärungen wird auf Kausalbeziehungen verwiesen.[99] Nach einigen einführenden Bemerkungen zu Kausalerklärungen habe ich darauf hingewiesen, dass diejenigen kausalen Zusammenhänge, die in den Neurowissenschaften von Interesse sind, durch einen gewissen Grad an Allgemeinheit gekennzeichnet sind. Sie sind über einen weiten Bereich an physiologischen Bedingungen stabil, aber sie gelten nicht universal. Zudem sind an die kausalen Zusammenhänge, die für eine Erklärung als besonders relevant angesehen werden, zusätzliche Anforderungen zu stellen. Die Kausalzusammenhänge in den Neurowissenschaften sind üblicherweise so komplex, dass eine Auswahl nötig ist. Ebenso wie bei alltagssprachlichen Erklärungen werden dazu bestimmte Faktoren mit kausalem Einfluss betont, während andere als Hintergrundbedingungen aufgefasst werden. Der Verweis auf ausgewählte kausale Zusammenhänge hebt zudem oft spezifi-

[99] Wer der Auffassung ist, dass Erklärungen in den Neurowissenschaften nicht zu den Kausalerklärungen zu zählen sind, kann das, was ich als Verweis auf Kausalbeziehungen bezeichnet habe, als eine bestimmte Art der Gesetzmäßigkeit verstehen. Die Gesetzmäßigkeiten, von denen in neurowissenschaftlichen Erklärungen die Rede sind, zeichnen sich durch Stabilität und Spezifität aus. Ob angenommen wird, dass sie auf Kausalbeziehungen verweisen, ist für meine Überlegungen letztlich unerheblich.

sche Möglichkeiten zu Manipulation und Kontrolle hervor. Während alle Kausalerklärungen auf Kausalbeziehungen verweisen, erfahren daher manche Kausalbeziehungen besondere Aufmerksamkeit. Inwieweit dies als eine Besonderheit von Kausalerklärungen in den Neurowissenschaften anzusehen ist, soll im folgenden Kapitel durch einen Vergleich mit Kausalerklärungen in der Physik diskutiert werden.

8 HIRNE UND NATURGESETZE

EINLEITUNG

In diesem Kapitel möchte ich die Kausalbeziehungen, die für die Neurowissenschaften wesentlich sind, mit Kausalbeziehungen in der Physik vergleichen. Mit Blick auf die Überlegungen zur Handlungstheorie ist das deshalb wichtig, weil ich die These vertrete, dass die Vorstellungen von Kausalerklärungen zu stark durch das Beispiel der Physik beeinflusst sind. In der Handlungstheorie spielt oft ein Verständnis von Kausalerklärungen eine Rolle, das eher Kausalerklärungen in der Physik gerecht wird, als Kausalerklärungen im Allgemeinen. Bevor ich versuchen möchte, diese Fehlentwicklung zu korrigieren, möchte ich auf die Unterschiede zwischen Kausalerklärungen in Physik und Neurowissenschaften aufmerksam machen. Zunächst möchte ich den Begriff des Naturgesetztes diskutieren, der in der Physik eine wichtige Rolle spielt.

Die Kausalbeziehungen, auf die neurowissenschaftliche Kausalerklärungen verweisen, zeichnen sich dadurch aus, dass sie in einem bestimmten physiologischen Bereich stabil sind. Auch die kausalen Zusammenhänge, die in der Physik von Bedeutung sind, können als stabile kausale Zusammenhänge aufgefasst werden. Sie gelten sogar als so stabil, dass kausale Zusammenhänge in der Physik durch Naturgesetze charakterisiert werden. Naturgesetze zeichnen sich durch universale Gültigkeit aus. Sie haben einen Geltungsanspruch, der nicht auf die Vorgänge an bestimmten Orten zu bestimmten Zeiten beschränkt ist. Das Konzept des Naturgesetzes ist für das Verständnis von Kausalbeziehungen in der Physik sehr wesentlich. Auch für das Verständnis von Kausalerklärungen in der Physik sind sie daher entscheidend. Wie im folgenden Kapitel näher diskutiert wird, weisen einflussreiche Konzeptionen der wissenschaftlichen Erklärung den Naturgesetzen eine sehr grundlegende Rolle zu. In verkürzter Form lassen sich traditionelle Ansätze der wissenschaftlichen Erklärung durch folgende zwei Thesen charakterisieren: (i) eine wissenschaftliche Erklärung nimmt Bezug auf Naturgesetze und (ii) die Summe der Naturgesetze erfasst alle kausalen Zusammenhänge. Ich werde zu zeigen versuchen, dass ein Verständnis von Kausalerklärungen, das an beiden Thesen festhält, der Praxis der Neurowissenschaften nicht gerecht wird. Ich werde daher vorschlagen, diese Thesen zu modifizieren. Dadurch eröffnen sich interessante Perspektiven für die Handlungstheorie. Voraussetzung für diese Überlegungen sind die folgenden Bemerkungen zu Naturgesetzen.

Naturgesetze in den Biowissenschaften

Die große Bedeutung, die den Naturgesetzen in traditionellen Ansätzen der wissenschaftlichen Erklärung beigemessen wird,[100] weckt die Erwartung, dass alle Naturwissenschaften nach Naturgesetzen suchen und in ihren Erklärungen auf Naturgesetze verweisen. In der Praxis der Bio- und Neurowissenschaften spielen Naturgesetze aber eine bestenfalls untergeordnete Rolle. Es erscheint zumindest fraglich, dass die Suche nach Naturgesetzen eine wesentliche Motivation darstellt und dass Erklärungen den Verweis auf Naturgesetze erfordern. Vielleicht fällt auch in der täglichen Praxis von Physikern der Begriff „Naturgesetz" nicht so häufig, wie es die wissenschaftstheoretischen Konzeptionen vermuten lassen. Es erscheint mir aber nicht unplausibel, dass wesentliche Aspekte der physikalischen Praxis als Suche nach Naturgesetzen beschrieben werden können. Auch können sicherlich viele physikalische Erklärungen als Erklärungen verstanden werden, die auf Naturgesetze verweisen – selbst wenn Physiker dies nicht immer explizit betonen. Zwar wird auch in der Physik und der Philosophie der Physik diskutiert, was ein Naturgesetz eigentlich auszeichnet. Einige Aspekte dieser Diskussion werde ich weiter unten kurz aufgreifen. Wenn es aber überhaupt unstrittige Beispiele für Naturgesetze gibt, dann sind es sicherlich Beispiele aus der Physik. In den Bio- und Neurowissenschaften ist es aber fraglich, ob es gesetzesartige Zusammenhänge gibt, die als Naturgesetze bezeichnet werden können. Obwohl vorgeschlagen worden ist,[101] die Evolutionstheorie als eine Art biologisches Naturgesetz anzusehen, scheint die Mehrheit der Autoren in der Philosophie der Biologie der Vorstellung biologischer Naturgesetze eher skeptisch gegenüber zu stehen.[102] Allein die Tatsache, dass es eine ernsthafte Diskussion zu diesem Thema gibt, verdeutlicht Unterschiede zwischen den kausalen Gesetzmäßigkeiten, auf die Erklärungen in der Biologie oder der Physik verweisen. Typische biowissenschaftliche Erklärungen lassen sich nicht ohne weiteres so verstehen, als nähmen sie Bezug auf biowissenschaftliche Naturgesetze. Ebenso wenig nehmen typische biowissenschaftliche Erklärungen Bezug auf physikalische Naturgesetze. Der Verweis auf das Hookesche Gesetz (das die elastische Verformung bestimmter Festkörper beschreibt und oft als Beispiel für ein Naturgesetz dient), die Gravitationskraft, Strömungsgleichungen oder ähnliches kommt in biowissenschaftlichen Erklärungen normalerweise nicht vor.

Die untergeordnete Bedeutung von Naturgesetzen in den Bio- und Neurowissenschaften stellt eine Herausforderung für die Annahme dar, dass die Suche nach Naturgesetzen eine wesentliche Motivation der Naturwissen-

---

[100] Vgl. (Hempel & Oppenheim 1948; Hempel 1970).
[101] Vgl. (Rosenberg 2006).
[102] Vgl. beispielsweise (Machamer u. a. 2000, S.7).

schaften ist und wissenschaftliche Erklärungen den Verweis auf Naturgesetze erfordern. Natürlich könnte bestritten werden, dass die Bio- und Neurowissenschaften als reife Naturwissenschaften anzusehen sind. Die genannten Besonderheiten können als Symptome eines Nachholbedarfes in strenger Wissenschaftlichkeit verstanden werden. Dieser Vorschlag erscheint mir angesichts der beeindruckenden Fortschritte der Bio- und Neurowissenschaften nicht übermäßig attraktiv. Ich gehe stattdessen davon aus, dass sich Erklärungen in diesen Wissenschaftsbereichen in mancher Hinsicht von Kausalerklärungen in der Physik unterscheiden. Ich bin aber davon überzeugt, dass es sich eher um graduelle als um grundsätzliche Unterschiede handelt. Das liegt zum einen daran, dass die kausalen Zusammenhänge in den Biowissenschaften zwar keine Naturgesetze sind, aber mit diesen Gemeinsamkeiten haben. Zum anderen liegt das daran, dass auch in der Physik das Konzept des Naturgesetzes als eine Idealvorstellung verstanden werden sollte, die zwar sehr nützlich ist, aber letztlich unerreichbar bleibt. Beide Aspekte möchte ich nacheinander diskutieren.

Stabile Gesetzmäßigkeiten

Im letzten Kapitel habe ich betont, dass die Kausalbeziehungen, auf die in neurowissenschaftlichen Erklärungen verwiesen wird, als stabile Kausalbeziehungen zu verstehen sind. Die Kausalbeziehungen, die dem Phänomen des Aktionspotentials zugrunde liegen, gelten nicht nur an bestimmten Tagen und an bestimmten Orten. Auch gelten sie unter einer Vielzahl von experimentellen Interventionen. Dieser Umstand wird nicht nur in vielen experimentellen Studien ausgenützt, er war auch Voraussetzung für diejenigen Experimente, die uns ein besseres Verständnis von Aktionspotentialen ermöglicht haben.[103] Deshalb handelt es sich bei diesen kausalen Zusammenhängen um stabile kausale Zusammenhänge. Auf der anderen Seite gelten sie nicht unter allen Umständen. Bei außergewöhnlichen Salzkonzentrationen, pH-Werten, zu hohem Druck oder in toten Nervenzellen brechen die kausalen Zusammenhänge zusammen, die dem Phänomen des Aktionspotentials zugrunde liegen. Sie sind stabil über viele Interventionen, aber nicht über alle. Kaum jemand würde es deshalb als ein Naturgesetz ansehen, dass Nervenzellen unter bestimmten Umständen Aktionspotentiale feuern. Dennoch ist es natürlich eine wichtige Einsicht, dass Nervenzellen unter bestimmten Umständen Aktionspotentiale feuern. Ein Verständnis der stabilen kausalen Zusammenhänge, die dabei eine Rolle spielen, ist ein wichtiger Fortschritt und neurowissenschaftliche Erklärungen können auf diese kausalen Zusammenhänge Bezug nehmen.

---

[103] Carl Craver liefert eine umfassende wissenschaftstheoretische Diskussion dieses Beispiels (Craver 2008).

Wenn wissenschaftliche Erklärungen als Antworten auf „Was-wäre-wenn-es-etwas-anders-gewesen-wäre-Fragen" verstanden werden, ist leicht verständlich, warum die neurowissenschaftlichen Einsichten eine Erklärung für das Phänomen des Aktionspotentials liefern. Sie weisen auf relevante „Was-wäre-wenn-es-etwas-anders-gewesen-wäre-Fragen" hin und geben präzise Antworten. (Was wäre wenn die Natriumkanäle geschlossen blieben? Was wäre wenn die extrazelluläre Kaliumkonzentration höher wäre?) Die Fragen und Antworten stehen dabei in einem systematischen Zusammenhang und ergeben erst gemeinsam die kausalen Zusammenhänge umfassend wieder, durch die Aktionspotentiale gekennzeichnet sind. Wir sind überzeugt, dass es sich um eine gute neurowissenschaftliche Erklärung handelt, weil wir davon ausgehen, dass wir alle (oder fast alle) relevanten „Was-wäre-wenn-es-etwas-anders-gewesen-wäre-Fragen" zu Aktionspotentialen gut beantworten können.[104] Diese Zuversicht wird nicht dadurch getrübt, dass die fraglichen kausalen Zusammenhänge nicht universell gelten. Die Frage, welche Auswirkungen auf Aktionspotentiale das Erhitzen von Nervenzellen auf über 400°C hat, ist nicht besonders relevant. Die kausalen Zusammenhänge, die für das Auftreten von Aktionspotentialen wesentlich sind, bestehen unter diesen Umständen nicht. Die Ionenkänale und wässrigen Lösungen, die in neurowissenschaftlichen Erklärungen von Aktionspotentialen eine Rolle spielen, bestehen unter diesen Umständen ebenfalls nicht oder jedenfalls nicht in gleicher Weise. In dem physiologischen Bereich, in dem Aktionspotentiale auftreten, können wir aber von stabilen kausalen Zusammenhängen ausgehen. Der Verweis auf diese stabilen Zusammenhänge kann für neurowissenschaftliche Erklärungen in vieler Hinsicht ähnliche Funktionen haben wie der Verweis auf Naturgesetze in der Physik.[105]

Bevor ich diese These zu untermauern versuche, möchte ich betonen, dass das Konzept des Naturgesetzes auch in der Physik nicht ganz unproblematisch ist. Wenn sich herausstellt, dass mit diesem Konzept erhebliche Probleme verknüpft sind, wächst vielleicht die Bereitschaft, alternative Vorschläge ernst zu nehmen. Ich gehe davon aus, dass die Vielzahl von Problemen, die mit dem Konzept des Naturgesetzes verknüpft sind, tatsächlich zu einem wachsenden wissenschaftstheoretischen Interesse an Alternativen

---

[104] Die Hodgkin-Huxley Formel ermöglicht dies in sehr sparsamer und eleganter Weise und verdeutlicht dadurch die Vorzüge eines mathematischen Modells – auch wenn wir in den Neurowissenschaften oft über weniger überzeugende mathematische Modelle verfügen als in der Physik.

[105] Trotz der ungewöhnlich großen Ähnlichkeit zwischen der neurowissenschaftlichen Erklärung des Aktionspotentials durch Hodgkin und Huxley und typischen physikalischen Erklärungen betont Carl Craver – in meinen Augen auf überzeugende Weise – dass auch dieses Paradebeispiel neurowissenschaftlichen Erklärens besonders angemessen als eine mechanistische Erklärung verstanden werden kann (Craver 2008).

geführt hat.[106] Dennoch möchte ich in keiner Weise unterstellen, dass die Vorstellung von Naturgesetzen aufgegeben werden sollte. Sie erscheint mir lediglich in der Physik von größerer Bedeutung zu sein, als in anderen naturwissenschaftlichen Disziplinen. Zudem stellt sie auch in der Physik eine letztlich unerreichbare Idealvorstellung dar.

PROBLEME DES NATURGESETZBEGRIFFS

Naturgesetze zeichnen sich dadurch aus, dass sie allgemeingültig sind und ihr Geltungsbereich weder räumliche noch zeitliche Einschränkungen aufweist.[107] Diese Eigenschaften reichen aber offensichtlich nicht aus, um Naturgesetze zu charakterisieren. Viele andere Verallgemeinerungen genügen diesen Kriterien, ohne dass sie als Naturgesetze gelten können. Beispielsweise ist es eine wahre Verallgemeinerung, dass es keine Goldkugeln mit einem Durchmesser von mehr als 100 Metern gibt.[108] Vermutlich gilt diese Aussage auch ohne zeitliche oder räumliche Beschränkung. Dennoch kann sie sicherlich nicht als Naturgesetz zählen. In einem bestimmten Sinne ist diese Verallgemeinerung nur zufällig wahr. Es wäre zwar ein sehr teures Unterfangen, aber prinzipiell ist es natürlich möglich, eine Goldkugel mit einem größeren Durchmesser herzustellen. Wir können die Verallgemeinerung leicht abändern und davon ausgehen, dass es keine Goldkugeln mit einem Durchmesser von mehr als 10 Kilometern geben kann, weil es vielleicht nicht genügend Gold für eine derartig große Goldkugel gibt. In diesem Fall wäre sichergestellt, dass niemand eine solche Kugel herstellen könnte und Gegenbeispiele für die Verallgemeinerung sind auszuschließen. Trotzdem ist auch diese Variante sicherlich kein Naturgesetz. Ihre allgemeine Gültigkeit hängt von dem zufälligen Umstand ab, dass es nicht beliebig viel Gold gibt. Interessanterweise hat aber eine sehr ähnliche Verallgemeinerung wesentlich bessere Aussichten, als Naturgesetz zu zählen: Es gibt keine Urankugeln mit einem Durchmesser von mehr als 100 Metern. Der Unterschied liegt darin, dass auch bei unbegrenzter Verfügbarkeit von Uran jeder Versuch scheitern müsste, eine solche Kugel herzustellen. Die kritische Masse von Uran würde erheblich überschritten. Jeder Versuch, eine solche Urankugel zu erzeugen, muss daher scheitern (und hätte katastrophale Konsequenzen).

Dieser Unterschied ist intuitiv relativ klar. Es ist aber überaus schwierig, hinreichende und notwendige Bedingungen zu formulieren, die klarstellen würden, wann eine wahre Verallgemeinerung als Naturgesetz zählen kann.

---

106 Vielfach wird das Projekt einer allgemeinen Wissenschaftstheorie sogar als gescheitert angesehen und der Übergang zu bereichsspezifischen Theorien einzelner Wissenschaftsdisziplinen ist die Konsequenz.

107 Es besteht keine Einigkeit, was genau ein Naturgesetz kennzeichnet. Die genannten Annahmen scheinen mir eine Art Minimalkonsens darzustellen.

108 Das Beispiel stammt von Bas van Fraassen (Fraassen 1989).

In der Wissenschaftstheorie ist dieser Umstand Gegenstand anhaltender Diskussionen.[109] Das ist in zweierlei Hinsicht ein großes Problem. Zum einen spielen Naturgesetze eine wichtige Rolle für wissenschaftliche Erklärungen. Diese Rolle können zufällig wahre Verallgemeinerungen nicht spielen und deshalb erfordert jeder Versuch, ein Verständnis von wissenschaftlichen Erklärungen an den Begriff des Naturgesetzes zu knüpfen, eine Abgrenzung zwischen zufällig wahren Verallgemeinerungen und Naturgesetzen. Zum anderen gehen wir davon aus, dass Naturgesetze die kausalen Zusammenhänge der Welt widerspiegeln. Zufällig wahren Verallgemeinerungen gelingt das nicht (oder nicht in gleicher Weise).

Durch die Schwierigkeiten, Naturgesetze von zufällig wahren Verallgemeinerungen abzugrenzen, wird der Begriff des Naturgesetzes natürlich nicht wertlos. Die Schwierigkeiten machen aber deutlich, dass dieser Begriff kein unproblematischer Ausgangspunkt für eine Konzeption des kausalen Erklärens ist. Ein besonders vielversprechender Ansatz zur Klärung des Begriffes des Naturgesetzes gesteht zu, dass es kein Kriterium gibt, um ein einzelnes Naturgesetz von einer einzelnen, zufällig wahren Verallgemeinerung zu unterscheiden. Die Summe der Naturgesetze ergibt aber ein Netz aus Naturgesetzen, die sich gegenseitig stützen und ergänzen. Deshalb ist es durchaus möglich zu erkennen, dass eine bestimmte Verallgemeinerung Teil eines solchen Netzes aus Naturgesetzen ist und eine andere nicht. Dieser Ansatz geht auf Überlegungen von John Stuart Mill, Frank Ramsey und David Lewis zurück[110] und wird auch als Mill-Ramsey-Lewis-Ansatz der Naturgesetze bezeichnet. Etwas vereinfacht sind die Naturgesetze demzufolge die Axiome eines idealen deduktiven Systems, das die kausalen Zusammenhänge der Welt in möglichst einfacher und zuverlässiger Weise erfasst. Zufällig wahre Verallgemeinerungen können dagegen nicht als Axiome eines derartigen deduktiven Systems dienen. Dieser Vorschlag ist bemerkenswert und erscheint sehr vielversprechend. Er macht aber auch besonders deutlich, dass es keine unproblematische Liste von Kriterien gibt, die ein einzelnes Naturgesetz kennzeichnen würden.

Naturgesetze und universelle Gültigkeit

Naturgesetze verweisen auf universal gültige – also besonders stabile – kausale Zusammenhänge. Es ist aber alles andere als leicht, zu entscheiden, ob ein besonders stabiler kausaler Zusammenhang Gegenstand eines Naturgesetzes sein kann oder nicht. Nancy Cartwright hat darauf hingewiesen, dass Naturgesetze nicht universal gültig sind, wenn sie für sich genommen be-

---

109 Einen guten Überblick vermittelt (Psillos 2002, Kapitel 5-7).

110 Vgl. (Mill 1850; Ramsey 1990; D. Lewis 1986).

trachtet werden.[111] Wir betrachten es als einen naturgesetzartigen Zusammenhang, dass Wasser bei 100°C kocht. Dies gilt aber nur dann, wenn der Atmosphärendruck nicht besonders hoch oder niedrig ist und in dem Wasser kein Salz gelöst ist. Auch ist die Anziehung zwischen zwei Körpern nur dann durch die Gravitationsgleichungen richtig beschrieben, wenn sie keine elektrischen Ladungen tragen. Cartwright folgert, dass Naturgesetze immer nur *ceteris paribus* gelten, also nur, wenn die richtigen Umstände gegeben sind.[112] Dieser Lesart zufolge unterscheiden sie sich nicht sehr grundlegend von den stabilen kausalen Zusammenhängen, die in den Biowissenschaften von Bedeutung sind. Natürlich ist die Erwiderung naheliegend, dass uns nur die Summe der Naturgesetze immer zu richtigen Vorhersagen verhilft. Zwar liefern in vielen Fällen die Gravitationsgleichungen oder die Gesetzmäßigkeiten der elektrostatischen Wechselwirkung für sich genommen falsche Ergebnisse. Zusammengenommen (und gemeinsam mit den übrigen Naturgesetzen) sind sie aber zuverlässig. Auch der Siedepunkt jeder Wasserprobe wird durch die Summe der Naturgesetze zuverlässig erfasst. Jedes Naturgesetz für sich wird daher den kausalen Zusammenhängen in der Welt nicht gerecht. Es könnte durch viele Beobachtungen widerlegt werden. Erst gemeinsam erfassen die Naturgesetze die kausalen Zusammenhänge in der Welt.

Im letzten Kapitel habe ich betont, dass Kausalerklärungen in den Bio- und Neurowissenschaften auf Kausalbeziehungen verweisen, die stabil und spezifisch sind. Auch die Kausalbeziehungen, die in der Physik eine Rolle spielen, sind stabil. Sie zeichnen sich sogar durch universelle Gültigkeit aus – allerdings nur, wenn alle Naturgesetze gleichzeitig betrachtet werden. Unter dieser wichtigen Voraussetzung können die Kausalbeziehungen der Physik als maximal stabile Kausalbeziehungen verstanden werden. Die Kausalbeziehungen, für die sich Biologen und Neurowissenschaftler interessieren, sind nicht ganz so stabil wie physikalische Kausalbeziehungen.[113] Die zweite Eigenschaft von Kausalbeziehungen in den Bio- und Neurowissenschaften, die ich im letzten Kapitel diskutiert habe, ist deren Spezifität. Auch in dieser Hinsicht ist ein Vergleich mit Kausalbeziehungen in der Physik aufschlussreich. Physikalische Kausalerklärungen sind üblicherweise stabiler als biowissenschaftliche Kausalerklärungen.[114] Gleichzeitig sind sie aber weniger spezifisch.

---

[111] Vgl. (Cartwright 1983).

[112] Vgl. (Cartwright 1983, Kapitel 1).

[113] Das gilt selbst dann, wenn die Summe der Kausalbeziehungen betrachtet wird, die für die Bio- und Neurowissenschaften von Interesse sind.

[114] Auch wenn ich annehme, dass dies üblicherweise der Fall ist, sei nicht bestritten, dass manche biologische Verallgemeinerung stabiler ist als manche physikalische. Nancy Cartwright führt die Verallgemeinerung „alle Menschen sind sterblich“ als ein biologi-

NATURGESETZE UND SPEZIFITÄT

Da in einer physikalischen Erklärung der Verweis auf ein einzelnes Naturgesetz strenggenommen nicht ausreicht, ist der Verweis auf physikalische Kausalbeziehungen sogar völlig unspezifisch. Wenn ein einzelnes Naturgesetz erwähnt wird, muss die Summe aller Naturgesetze mitgedacht werden. Nur alle Naturgesetze gemeinsam erfassen die Kausalbeziehungen in der gewünschten Weise. Deshalb verweist jede physikalische Erklärung letztlich auf dieselben kausalen Zusammenhänge, denn die Summe der Naturgesetze ist natürlich in allen physikalischen Erklärungen dieselbe. Das ist eine sehr interessante Eigenschaft von physikalischen Erklärungen, von der noch die Rede sein wird. Sie rechtfertigt in mancher Hinsicht den besonderen Status physikalischer Erklärungen. An dieser Stelle möchte ich aber betonen, dass der Verweis auf physikalische Kausalbeziehungen völlig unspezifisch ist, weil jede andere physikalische Erklärung auf dieselben Kausalbeziehungen verweisen würde. Insbesondere verweist ein solcher Hinweis natürlich nicht spezifisch auf Manipulationsmöglichkeiten, an denen der Fragende besonderes Interesse haben könnte, weil mit der Summe der Naturgesetze letztlich alle Manipulationsmöglichkeiten impliziert werden.

Physikalische Erklärungen beantworten besonders viele „Was-wäre-wenn-es-etwas-anders-gewesen-wäre-Fragen“. Schon ein einzelnes Naturgesetz hält sehr viele Antworten auf solche Fragen bereit. Die mathematische Formalisierung, die für Naturgesetze typisch ist, macht das sehr deutlich. Sie enthält Variablen und Konstanten und die Variablen zeichnen sich gerade dadurch aus, dass sie verschiedene Werte annehmen können. Wenn wir für jede Variable in einem Naturgesetz einen Wert einsetzen und die Konstanten kennen, erhalten wir einen Wert, der durch die mathematischen Details der jeweiligen Gleichung gegeben ist. Die mathematische Formalisierung eines Naturgesetzes enthält daher in sehr komprimierter Form präzise Antworten auf sehr viele „Was-wäre-wenn-es-etwas-anders-gewesen-wäre-Fragen“. (Was wäre, wenn ich für diese Variable einen anderen Wert einsetzen würde?) Zudem stellt die mathematische Formel einen Zusammenhang zwischen all diesen Fragen und ihren Antworten her. Physikalische Erklärungen sind daher besonders elegante wissenschaftliche Erklärungen.

Die Summe der Naturgesetze hält natürlich noch wesentlich mehr „Was-wäre-wenn-es-etwas-anders-gewesen-wäre-Fragen“ und Antworten bereit. Jede physikalische Erklärung erfordert daher neben dem Verweis auf die Naturgesetze eine Spezifizierung der Ausgangsbedingungen. Erst Ausgangsbedingungen und Naturgesetze gemeinsam erklären den Einzelfall.

---

sches Beispiel an, das vermutlich stabiler ist, als typische physikalische Naturgesetzte (Cartwright 1983, Kapitel 1). Auch Woodward deutet diese Möglichkeit in einer Fußnote an (Woodward 2010, Fußnote 9).

Dass physikalische Erklärungen die Benennung der Ausgangsbedingungen erfordern, ist natürlich keine neue Entdeckung. Ich möchte aber betonen, dass nur der Verweis auf die Ausgangsbedingungen eine physikalische Erklärung zu einer spezifischen Erklärung macht. Nur weil die Ausgangsbedingungen waren, wie sie waren, ist passiert, was passiert ist. Die Naturgesetze wären auch unter anderen Ausgangsbedingungen dieselben gewesen. Physikalische Erklärungen verdanken ihre Spezifität allein den Ausgangsbedingungen. Der Verweis auf die Naturgesetze ist völlig unspezifisch.

In der Praxis zitiert eine physikalische Erklärung natürlich weder alle Ausgangsbedingungen noch alle Naturgesetze.[115] Auch wer zugesteht, dass für das Verständnis der besonderen Eigenschaften eines Naturgesetzes die Summe aller Naturgesetze betrachtet werden muss, kann betonen, dass in typischen physikalischen Erklärungen nur auf ein oder zwei Naturgesetze verwiesen wird. Indem nur bestimmte Naturgesetze erwähnt werden, wird auf deren besondere Relevanz für die vorliegende Erklärung aufmerksam gemacht. Das ändert aber wenig daran, dass die Kausalbeziehungen, auf die diese Naturgesetze verweisen, universal gelten.

Biowissenschaftliche Gesetzmäßigkeiten

Die Kausalbeziehungen, die in biowissenschaftlichen Erklärungen eine Rolle spielen, brechen unter bestimmten Umständen zusammen. Sie sind nicht unter allen Umständen stabil und können daher nicht als Naturgesetze gelten. Dafür sind sie aber spezifischer als naturgesetzliche Zusammenhänge – gerade weil sie nicht unter allen Umständen gelten. Der Verweis auf die kausalen Zusammenhänge, die für das Phänomen des Aktionspotentials wesentlich sind, ist in einem wichtigen Sinne ein spezifischer Verweis. Er ist nur in bestimmten Kontexten sinnvoll und hebt dadurch hervor, dass ein bestimmter Kontext gegeben ist. Der Verweis auf die Eigenschaften von Natriumkanälen ist völlig ungeeignet, um das Verhalten von Galaxien zu erklären. Wenn er Teil einer wissenschaftlichen Erklärung ist, enthält er daher auch den Hinweis, dass es sich um ein Phänomen handelt, für das Natriumkanäle relevant sind. Da das nicht für alle Phänomene gilt, ist das ein spezifischer Hinweis. Auch in bio- und neurowissenschaftlichen Erklärungen werden die Ausgangsbedingungen charakterisiert. Allerdings muss der Verweis auf die Ausgangsbedingungen die Anforderungen der Spezifität nicht alleine erfüllen. Wer das Auftreten und die Besonderheiten eines bestimmten Aktionspotentials damit erklärt, dass die extrazellulären Natriumkonzentration einen bestimmte Wert hatte, braucht bestimmte andere Dinge nicht zu spezifizieren. Dass die Temperatur beispielsweise innerhalb eines

[115] Eine gute Einführung und anschauliche Beispiele für typische physikalische Erklärungen liefert (Tipler & Mosca 2009).

physiologischen Bereiches lag, ist selbstverständlich – auch wenn der genaue Wert innerhalb dieses Bereiches eine Rolle spielen kann. Wenn die Temperatur aber bei 400°C liegt, kann der Verweis auf die kausalen Zusammenhänge, die Aktionspotentialen zugrunde liegen, kein Bestandteil einer guten Erklärung sein, weil diese Zusammenhänge unter diesen Umständen nicht gelten. Deshalb schließt schon der Verweis auf die kausalen Zusammenhänge aus, dass die Temperatur bei oder über 400°C liegt.

In biowissenschaftlichen Erklärungen müssen die Ausgangsbedingungen nicht so genau charakterisiert werden, wie in physikalischen Erklärungen.[116] Das liegt daran, dass die stabilen kausalen Zusammenhänge, auf die Bezug genommen wird, bereits spezifisch für das zu erklärende Phänomen sind. Eine biowissenschaftliche Erklärung verdankt daher ihre Spezifität sowohl den Ausgangsbedingungen als auch den stabilen Kausalbeziehungen, auf die verwiesen wird. Dabei ist zu betonen, dass die Unterschiede zwischen den Kausalbeziehungen in den Biowissenschaften und der Physik eher gradueller als grundsätzlicher Art sind. Auch die kausalen Zusammenhänge in der Physik können als stabile Kausalbeziehungen mit eingeschränkter Gültigkeit verstanden werden – wie Nancy Cartwrights Ausführungen unterstreichen. In diesem Fall können sie nicht länger als universell gültige Naturgesetze verstanden werden und die Unterschiede zu Gesetzmäßigkeiten in den Biowissenschaften verschwimmen. Umgekehrt könnte man vielleicht versuchen, die Summe aller kausalen Gesetzmäßigkeiten in den Biowissenschaften mit einer Präzisierung derjenigen Systeme zu versehen, für die sie jeweils gelten. Der Geltungsbereich dieses biowissenschaftlichen Rundumschlages wäre dann nicht eingeschränkt – auch wenn er nicht zu allen Phänomenen etwas zu sagen hätte. Beide Möglichkeiten erscheinen etwas konstruiert. Es ist naheliegender zu betonen, dass sowohl biowissenschaftliche als auch physikalische Erklärungen sowohl auf stabile Kausalbeziehungen verweisen als auch spezifisch sind. Dabei bedienen sich physikalische Kausalerklärungen stabilerer Kausalbeziehungen und spezifischerer Ausgangsbedingungen als biowissenschaftliche Kausalerklärungen. Die Kausalbeziehungen, auf die letztere verweisen, sind weniger stabil. Dafür sind sie spezifischer als physikalische Kausalbeziehungen und erfordern daher eine weniger präzise Formulierung der Ausgangsbedingungen.

---

[116] In der Praxis zeigt sich das daran, dass es im Unterschied zur Beschreibung von Ausgangsbedingungen in der Physik üblicherweise keine Variablen gibt, denen genaue Werte zugewiesen werden (wie beispielsweise die Länge *l* eines Pendels, für die ein konkreter Wert eingesetzt wird). Stattdessen wird betont, dass es sich um einen bestimmten Organismus („die Signaltransduktion bei *Escherischia coli*"), einen bestimmten physiologischen Zustand („der Parasympatikus ist aktiviert") oder eine Abweichung von einem Normalzustand („der Insulinspiegel ist erhöht") handelt.

Oft ist es als ein entscheidender Vorteil anzusehen, wenn die Ausgangsbedingungen weniger genau spezifiziert werden müssen. Das wird besonders deutlich, wenn wir die Vorstellung ernst nehmen, dass gute wissenschaftliche Erklärungen auch geeignete Faktoren für Manipulation und Kontrolle benennen. Wenn die Ausgangsbedingungen sehr genau spezifiziert werden, wird zwar eine sehr spezifische Erklärung möglich. Es können möglicherweise sehr viele „Was-wäre-wenn-es-etwas-anders-gewesen-wäre-Fragen" bezüglich der speziellen Ausgangssituation gestellt und beantwortet werden. Die Erklärung ist aber von vergleichsweise geringem allgemeinen Wert, wenn diese Ausgangsbedingungen nur sehr selten oder fast nie auftreten. Physikalische Erklärungen stellen eine Besonderheit dar, weil sie strikt zwischen den Naturgesetzen, die universal gelten und den Ausgangsbedingungen, die den Spezialfall kennzeichnen, unterscheiden. Die Kausalbedingungen sind stabil und die Ausgangsbedingungen spezifisch. In biowissenschaftlichen Kausalerklärungen ist diese Trennung weniger offensichtlich. Sowohl die Kausalbeziehungen als auch die Ausgangsbedingungen, die in der Erklärung Erwähnung finden, sind gleichzeitig stabil und spezifisch. Die Erfordernisse der Stabilität und Spezifität einer Kausalerklärung können in unterschiedlicher Weise erfüllt werden. Physikalische Kausalerklärungen stellen eine Extremposition bei der Erfüllung dieser Anforderungen dar.[117] Sie sind als eine Idealvorstellung einer Erklärung zu verstehen, die Stabilität und Spezifität in besonderer Weise voneinander trennt.

Ideale und reale physikalische Erklärungen

Tatsächliche physikalische Erklärungen können dieses Ideal natürlich nicht erreichen. Sie ähneln biowissenschaftlichen Erklärungen daher in vielfältiger Weise. Das hat mehrere Gründe. Zum einen verfügen wir natürlich nicht über ideale physikalische Naturgesetze. Schwerer wiegt aber vielleicht, dass auch bei physikalischen Erklärungen pragmatische Erwägungen eine wesentliche Rolle spielen. Wie bereits betont, verweisen physikalische Erklärungen üblicherweise nur auf einige wenige Naturgesetze, die im vorliegenden Kontext besonders relevant sind. Das ist als ein Zugeständnis an die pragmatischen Anforderungen der Kontexte zu sehen, in denen Erklärungen vorgebracht werden. Es wird die Aufmerksamkeit auf bestimmte kausa-

[117] Der Verweis auf Gottes Wille stellt in mancher Hinsicht die entgegen gesetzte Extremposition dar. Gottes Wille ist extrem spezifisch, weil passiert ist, was passiert ist, weil er genau das wollte. Diese Auffassung hat aber den Nachteil, dass eine solche Erklärung zwar völlig spezifisch ist, aber nicht sehr stabil. Wir wissen nicht, was Gott als nächstes will, selbst wenn wir annehmen, dass alles Kraft seines Willens geschieht. Stabile Erklärungen (und Vorhersagen) würden erst möglich, wenn wir zuverlässige Annahmen zu Gottes Willen machen könnten. Die Annahme, dass Gott gut ist und sich dies in seinem Wollen niederschlägt, ist ein (verbreiteter aber nicht unproblematischer) Versuch in dieser Hinsicht.

le Zusammenhänge gelenkt, während andere vorausgesetzt werden. Auch physikalische Erklärungen erfordern einen Fragenden und einen Antwortenden und beide teilen stillschweigend viele Annahmen, die nicht explizit in der Erklärung auftauchen. Das ist selbstverständlich und weicht dennoch von dem theoretischen Ideal einer physikalischen Erklärung ab.[118]

Besonders offensichtlich wird das, wenn man bedenkt, dass auch die Ausgangsbedingungen in der Praxis nur sehr selektiv spezifiziert werden. Es werden einige Faktoren benannt, die angesichts derjenigen kausalen Zusammenhänge von Bedeutung sind, die durch die genannten Naturgesetze herausgegriffen werden. Da eine ideale physikalische Erklärung auf die Summe aller Naturgesetze verweist, müsste sie auch die Ausgangsbedingungen in idealer Weise spezifizieren, um eine spezifische Erklärung zu sein. Aus pragmatischen Gründen ist das natürlich vollkommen ausgeschlossen. Zwar gehen wir im Prinzip davon aus, dass sich jeder Zustand des Universums irgendwie mit Hilfe physikalischen Vokabulars von jedem anderen Zustand des Universums unterscheiden ließe. Allein der Versuch, einen derartigen Zustand genau zu charakterisieren, wäre allerdings ziemlich absurd. Es ist daher ein hoffnungsloses Unterfangen, eine ideale physikalische Erklärung in der Praxis anzustreben. Zudem wäre eine solche Erklärung in pragmatischer Hinsicht auch völlig uninteressant. Sie würde lediglich für einen einzigen Zustand des Universums gelten.

Physikalische Kausalerklärungen sind keine idealen Erklärungen in diesem Sinne – obwohl in der philosophischen Literatur mitunter entsprechende Vorstellungen einer physikalischen Erklärung verwendet werden. Peter van Inwagens Argument des Inkompatibilismus scheint beispielsweise ideale physikalische Erklärungen vorauszusetzen.[119] Tatsächliche Erklärungen in der Physik sind eher wie das folgende Beispiel. Das Verhalten eines physikalischen Pendels kann durch bestimmte physikalische Gesetzmäßigkeiten charakterisiert und erklärt werden. Diese stellen unter anderem einen systematischen Zusammenhang zwischen der Länge des Pendels und der Schwingungsdauer her. Dieser Zusammenhang ist in genau dem Sinne spezifisch, wie es im vorigen Kapitel für biowissenschaftliche Erklärungen diskutiert wurde. Vor allem weist er zum Zwecke der Manipulation und der Kontrolle auf die richtigen „Was-wäre-wenn-es-etwas-anders-gewesen-wäre-Fragen“ hin. Wenn uns eine bestimmte Schwingungsdauer wichtig ist, erfahren wir die geeignete Pendellänge. In der idealen Erklärung geht genau die-

---

[118] Wie bereits betont, hat diese Praxis neben der pragmatischen Dimension auch einen grundlegenderen Aspekt. Es können nicht alle Kausalerklärungen gleichzeitig hinterfragt werden und deshalb erfordert jede physikalische Erklärung unhinterfragte Annahmen. Der Fragende und der Antwortende führen daher nicht nur aus pragmatischen Gründen wesentliche Teile der Erklärung nicht explizit aus.

[119] Vgl. (van Inwagen 2000).

ser Aspekt verloren. Wir können nicht länger selektiv auf die kausalen Zusammenhänge verweisen, die mit Blick auf physikalische Pendel besonders relevant sind, sondern müssen viele weitere Faktoren mit einbeziehen. Durch die Einbeziehung weiterer kausaler Zusammenhänge genügt aber auch der Hinweis nicht mehr, dass wir es mit einem physikalischen Pendel zu tun haben. Wenn wir unter anderem auf die physikalischen Gesetzmäßigkeiten elektromagnetischer Wechselwirkungen verwiesen haben, müssen wir betonen, dass das Pendel kein Magnet ist und nicht elektrostatisch aufgeladen ist. Durch die ausführlichere Formulierung der Ausgangsbedingungen wird zwar die Erklärung wieder spezifisch für die konkrete Situation. Wie deutlich geworden sein dürfte, ist dies aber nicht die Spezifität, die uns im Hinblick auf Manipulation und Kontrolle am Herzen liegt. Wir wollen nicht nur, dass die Erklärung spezifisch auf die Situation passt, um die es geht. Wir wollen vor allem auf Dinge hingewiesen werden, an denen wir ein spezifisches Interesse haben.

Eine Erklärung muss nicht in irgendeinem Sinne spezifisch sein, sondern sie muss die Interessen des Fragenden in spezifischer Weise beantworten. Wenn der Fragende aus irgendeinem Grund an den speziellen Zufälligkeiten eines Einzelfalles interessiert ist, dann müssen die Ausgangsbedingungen möglichst genau charakterisiert werden. Das könnte bei den Untersuchungen zu den Ursachen eines Flugzeugabsturzes der Fall sein. In den empirischen Naturwissenschaften geht es aber zumeist weniger um die Details der Ausgangsbedingungen. Stattdessen stehen die kausalen Zusammenhänge im Vordergrund. Eine Antwort ist dann angemessen, wenn sie den Hintergrundannahmen des Fragenden gerecht wird. In einem biowissenschaftlichen oder medizinischen Kontext interessieren wir uns häufig für Aspekte einer Situation, die zum Zwecke von Manipulation und Kontrolle eingesetzt werden können. Eine angemessene Erklärung muss das berücksichtigen und der Verweis auf besonders spezifische Zusammenhänge ist dazu besonders geeignet.

Zusammenfassung

In biowissenschaftlichen Erklärungen spielen Verweise auf Naturgesetze eine viel geringere Rolle als in physikalischen Erklärungen. Deshalb verdient der Begriff des Naturgesetzes besondere Aufmerksamkeit, wenn es um Gemeinsamkeiten und Unterschiede zwischen physikalischen und biowissenschaftlichen Erklärungen geht. Ich gehe davon aus, dass schon in der Physik Naturgesetze als eine idealisierte Zielvorstellung zu verstehen sind, die letztlich unerreichbar bleibt. Sie benennen universell gültige Gesetzmäßigkeiten, die aufgrund ihres allgemeinen Geltungsbereiches völlig unspezifisch sind. Physikalische Erklärungen werden erst durch die detaillierte Angabe der Ausgangsbedingungen zu einer spezifischen Erklärung des fraglichen Phänomens. In biowissenschaftlichen Kontexten können die Ausgangsbedingungen meist nicht derartig exakt benannt werden. Dies ist auch nicht erforderlich, weil die Gesetzmäßigkeiten, auf die verwiesen wird, nicht universell gelten. Biowissenschaftliche Gesetzmäßigkeiten gelten nur für bestimmte biologische Systeme unter bestimmten physiologischen Bedingungen. Sie haben einen eingeschränkten Geltungsbereich und sind dadurch spezifisch für bestimmte Phänomene. Aus diesen Gründen unterscheiden sich biowissenschaftliche Gesetzmäßigkeiten von Naturgesetzen. Weil aber auch in der Physik Naturgesetze eine letztlich nicht erreichbare Idealvorstellung sind, ist dieser Unterschied eher gradueller als grundsätzlicher Art. Das gilt insbesondere dann, wenn konkrete Erklärungen betrachtet werden, die den pragmatischen Anforderungen des wissenschaftlichen Alltags genügen müssen.

9 HIRNE UND MECHANISMEN

EINLEITUNG

Einflussreiche Konzeptionen wissenschaftlichen Erklärens stellen einen engen Zusammenhang zwischen Naturgesetzen und wissenschaftlichen Erklärungen her. Da Verweise auf Naturgesetze in bio- und neurowissenschaftlichen Erklärungen keine große Rolle spielen, muss dieser Zusammenhang für ein angemessenes Verständnis biowissenschaftlicher Erklärungen kritisch hinterfragt werden. Ich werde zunächst die Überlegungen skizzieren, die für die Annahme eines engen Zusammenhangs zwischen Naturgesetzen und wissenschaftlichen Erklärungen sprechen. Anschließend möchte ich auf einige Probleme hinweisen, die sich aus dieser Annahme ergeben. Als interessante Alternative zu einem klassischen Verständnis wissenschaftlichen Erklärens werde ich neue mechanistische Konzeptionen vorstellen, die insbesondere die Praxis des Erklärens in den Bio- und Neurowissenschaften angemessen erfassen. Dabei werde ich betonen, dass mechanistische Erklärungen Zusammenhänge zwischen Kausalerklärungen herstellen, die auf verschiedenen Erklärungsebenen liegen. Die Implikationen dieses Gedankens werde ich im dritten Teil dieser Arbeit diskutieren.

WISSENSCHAFTLICHE ERKLÄRUNGEN

Kausalerklärungen nehmen Bezug auf Kausalbeziehungen. Deshalb besteht ein enger Zusammenhang zwischen dem Verständnis kausaler Erklärungen und dem Verständnis von Kausalbeziehungen. Da ein Verständnis von Kausalbeziehungen häufig mit dem Konzept des Naturgesetzes verknüpft wird, besteht auch ein enger Zusammenhang zwischen Kausalerklärungen und Naturgesetzen. Besonders offensichtlich ist dieser Zusammenhang bei dem deduktiv-nomologischen Modell der wissenschaftlichen Erklärung.[120] Obwohl diese Konzeption in der heutigen wissenschaftstheoretischen Diskussion nicht länger als angemessen angesehen wird, werde ich es kurz vorstellen. Das hängt einerseits damit zusammen, dass das deduktiv-nomologische Modell als die Standardkonzeption wissenschaftlichen Erklärens verstanden werden kann.[121] Sie ist die einzige Konzeption, die zumindest zeitweise allgemeine Zustimmung gefunden hat. Weil sie auch außerhalb der Wissenschaftstheorie vergleichsweise bekannt ist, gehe ich zudem davon aus, dass das deduktiv-nomologische Modell die Vorstellungen vieler

---

120 Vgl. (Hempel & Oppenheim 1948; Hempel 1970).

121 Vgl. (Wesley C. Salmon 1990; Psillos 2002).

empirisch arbeitender Wissenschaftler von wissenschaftlichem Erklären maßgeblich beeinflusst hat – wenn sie sich explizite Gedanken zu dieser Tätigkeit machen. In den Bio- und Neurowissenschaften entsprechen diese expliziten Vorstellungen allerdings häufig nicht der wissenschaftlichen Praxis, die wesentlich durch implizite Annahmen geprägt ist. Zum anderen ist das deduktiv-nomologische Modell von Interesse, weil auch viele neuere Ansätze einen Zusammenhang zwischen Naturgesetzen und wissenschaftlicher Erklärung sehen und in dieser Hinsicht als Weiterentwicklungen dieses Modells angesehen werden können. Der Praxis der Bio- und Neurowissenschaften werden aber neue mechanistische Konzeptionen der wissenschaftlichen Erklärung meiner Ansicht nach eher gerecht.[122] Wesentliche Aspekte dieser neuen Ansätze, die in den vergangenen Jahren zunehmende Aufmerksamkeit auf sich gezogen haben, möchte ich vorstellen und dem deduktiv-nomologischen Modell gegenüberstellen. Dabei wird der Schwerpunkt auf denjenigen Aspekten liegen, die mit Blick auf die Handlungstheorie von besonderem Interesse sind.[123] Auch die Unterschiede neuerer Ansätze zur klassischen Konzeption wissenschaftlicher Erklärungen, die die Bedeutung von Naturgesetzen betonen, sind für die Handlungstheorie relevant.

DAS DEDUKTIV-NOMOLOGISCHE MODELL

Das deduktiv-nomologische Modell geht wesentlich auf Arbeiten Carl Hempels zurück.[124] Die grundlegende Annahme ist, dass wissenschaftliche Erklärungen Argumente sind, bei denen mindestens eine Prämisse ein naturgesetzartiger Zusammenhang ist. Angesichts des naturgesetzartigen Zusammenhanges und weiterer Prämissen, die die Ausgangsbedingungen charakterisieren, kann das Eintreten eines Ereignisses gefolgert werden. Das Ereignis wird dadurch erklärt, dass verständlich gemacht wird, dass es zu erwarten war.[125] Aus dem Impulserhaltungssatz, der Geschwindigkeit und Richtung einer Billardkugel und den Positionen der andern Billardkugeln ergeben sich die zu erwartenden Kollisionen. Deren Eintreten wird dadurch

---

122 Vgl. (Machamer u. a. 2000; Craver 2007; Darden 2006; Bechtel 2007; Glennan 1996; Glennan 2010).

123 Auch mit dieser Einschränkung bleibt die Auswahl der diskutierten Literatur sehr selektiv. Die Ansichten William Bechtels werde ich trotz ihrer Relevanz nicht diskutieren (Bechtel 2007; Bechtel & Richardson 1993; Bechtel & Abrahamsen 2005).

124 Vgl. (Hempel & Oppenheim 1948; Hempel 1970).

125 Die engen Parallelen, die insbesondere Carl Hempel zwischen Vorhersagen und Erklärungen sieht (Hempel 1970), halte ich für fragwürdig. Hempels Sicht ist aber angesichts der starken Fokussierung auf die Physik verständlich. In der Physik scheinen tragfähige Vorhersagen tatsächlich als wesentlicher Maßstab für gute Erklärungen zu fungieren. In der Biologie haben wir dagegen mitunter keinerlei Schwierigkeiten, die Phänomene vorherzusagen, für die wir nach einer Erklärung suchen.

erklärt – auch wenn die Erklärung im Unterschied zur Vorhersage erst nach Eintreffen des fraglichen Ereignisses vorgebracht wird. Dabei ist es wichtig, dass mindestens eine Prämisse einen naturgesetzartigen Zusammenhang benennt. Dadurch unterscheiden sich wissenschaftliche Erklärungen von anderen Argumenten. Aus den Prämissen, dass alle Männer im Raum Väter sind und ich mich im Raum befinde, kann zwar gefolgert werden, dass ich mindestens ein Kind habe. An diesem Argument ist nichts auszusetzen, es kann aber nicht als Erklärung dafür dienen, dass ich Vater bin. Das hängt damit zusammen, dass es natürlich nicht als Naturgesetz gelten kann, dass alle Männer in diesem Raum Väter sind. Der deduktiv-nomologische Ansatz erfordert daher – wie bereits betont – eine zuverlässige Unterscheidung zwischen Naturgesetzen und zufällig wahren Verallgemeinerungen.[126]

HERAUSFORDERUNGEN FÜR DAS DEDUKTIV-NOMOLOGISCHE MODELL
Eine wesentliche Schwierigkeit des deduktiv-nomologischen Modells ist, dass Ursache-Wirkungs-Beziehungen eine Asymmetrie aufweisen, die Argumente nicht angemessen wiedergeben können. Das typische Beispiel[127] ist eine Fahnenstange, die einen Schatten wirft.[128] Die Länge des Schattens kann mit Verweisen auf Gesetzmäßigkeiten der Optik, den Sonnenstand und die Länge der Fahnenstange erklärt werden. Ebenso leicht lässt sich ein Argument finden, dass ausgehend von den Gesetzmäßigkeiten der Optik, dem Sonnenstand und der Länge des Schattens einen Rückschluss auf die Länge der Fahnenstange erlaubt. In beiden Fällen handelt es sich um wissenschaftliche Erklärungen im Sinne des deduktiv-nomologischen Modells. Während wir aber die erste Erklärung problemlos akzeptieren würden, kommt uns die zweite sehr komisch vor. Sicherlich ist der Verweis auf die Länge des Schattens ungeeignet, die Länge der Fahnenstange zu erklären.

---

126 Ich sehe es als Vorteil meiner Position an, dass diese Unterscheidung als weniger zentral angesehen werden kann. Ich möchte aber nicht leugnen, dass durch die Annahme, dass stabile (aber nicht universell gültige) Gesetzmäßigkeiten an die Stelle von Naturgesetzen treten können, neue Probleme entstehen. Diese Annahme erfordert nämlich, dass stabile Kausalzusammenhänge zuverlässig charakterisiert werden können. Es erscheint aber nicht grundsätzlich ausgeschossen, dass das gelingen könnte und Woodwards Überlegungen sind ein vielversprechender Ausgangspunkt.

127 Andere Beispiele, die Probleme des deduktiv-nomologischen Modells verdeutlichen, sind die folgenden Erklärungen: a) Dieses verhexte Salz hat sich in Wasser aufgelöst, weil verhextes Salz wasserlöslich ist und b) Herr Jones wird nicht schwanger, weil er Anti-Baby-Pillen schluckt. Dabei ist es offensichtlich irrelevant, dass das Salz verhext ist und Jones die Pille schluckt. Vgl. (Wesley C. Salmon 1998; Wesley C. Salmon 1990; Fraassen 1980; Woodward 2003; Craver 2007).

128 Vgl. (Wesley C. Salmon 1998; Wesley C. Salmon 1990; Fraassen 1980; Woodward 2003; Craver 2007).

Weitere Schwierigkeiten ergeben sich für den deduktiv-nomologischen Ansatz daraus, dass viele Ereignisse nicht mit absoluter Sicherheit vorhergesagt werden können und Erklärungen daher auf probabilistische Zusammenhänge verweisen. Die schnelle Genesung von einer hartnäckigen Infektion kann dadurch erklärt werden, dass der Patient Antibiotika geschluckt hat. Aus der Tatsache, dass der Patient Antibiotika geschluckt hat, folgt aber nicht, dass er genesen wird.[129] Hempel hat eine Erweiterung des deduktiv-nomologischen Modells vorgeschlagen, den induktiv-statistischen Ansatz der wissenschaftlichen Erklärung.[130] Dieser versucht auch Erklärungen gerecht zu werden, die auf probabilistische Zusammenhänge verweisen. Es bleiben aber wesentliche Schwierigkeiten bestehen. Dem induktiv-statistischen Ansatz nach können Ereignisse nämlich nur dann erklärt werden, wenn die Wahrscheinlichkeit ihres Eintretens mindestens 50% betragen hat. Das hängt damit zusammen, dass Hempel an der Vorstellung festhält, dass Erklärungen eng mit Vorhersagen zusammenhängen. Nur weil verständlich wird, dass das Eintreten eines Ereignisses erwartbar war, kann es als erklärt gelten. Hempels Kriterium erscheint aber zu streng zu sein. Wenn der Patient eine schwere Erkrankung hat, kann es sein, dass die Medikamente, die er schluckt, nur geringe Aussichten auf Erfolg versprechen. Vielleicht helfen sie bei dieser Art von Erkrankung nur in 10% der Fälle. Trotzdem erklärt die Einnahme der Medikamente die überraschende Genesung des Patienten, wenn sie wirken.

Das Modell der statistischen Relevanz

Wesley Salmon hat ein Modell der wissenschaftlichen Erklärung vorgeschlagen, das dies verständlich macht.[131] Die Einnahme des Medikamentes erklärt die Genesung des Patienten genau dann, wenn die Wahrscheinlichkeit der Genesung durch die Einnahme der Medikamente erhöht wird. Das Modell betont, dass in einer Erklärung nur auf Faktoren verwiesen werden darf, die für das Eintreten des Ereignisses statistisch relevant waren. Das Modell der statistischen Relevanz, das diesem Aspekt seinen Namen verdankt, ist als ein Fortschritt gegenüber Hempels induktiv-statistischem Ansatz anzusehen. Im Unterschied zu Hempel misst Salmon den Naturgesetzen in seinem Ansatz keine entscheidende Rolle bei. Auch seine nachfolgenden Überlegungen, die zu Modifikationen und neuen Ansätzen geführt haben,[132] können als Alternative zum deduktiv-nomologischen Modell verstanden werden. Salmon hat sein Modell der statistischen Relevant aufgegeben, weil er überzeugt war,

[129] Vgl. (Wesley Charles Salmon 1971; Craver 2007).
[130] Vgl. (Hempel 1970).
[131] Vgl. (Wesley Charles Salmon 1971).
[132] Vgl. (Wesley C. Salmon 1984; Wesley C. Salmon 1998).

dass der Verweis auf statistische Relevanz allein nicht ausreicht. Das hängt unter anderem damit zusammen, dass auch dann ein statistischer Zusammenhang zwischen zwei Phänomen bestehen kann, wenn keine direkte Ursache-Wirkungs-Beziehung besteht. Wenn eine Ursache zwei Wirkungen hat, von denen eine früher als die andere eintritt, dann besteht ein statistischer Zusammenhang zwischen dem Auftreten der ersten und der zweiten Wirkung. Das klassische Beispiel ist das Barometer, dessen Fallen einen kommenden Sturm ankündigt. Die Tatsache, dass das Barometer fällt, erhöht die Wahrscheinlichkeit, dass ein Sturm kommt. Allerdings erklärt das Fallen des Barometers den Sturm nicht. Veränderungen im Atmosphärendruck sind die gemeinsame Ursache für das Fallen des Barometers und das Auftreten des Sturmes.

Salmon hat daher zu zeigen versucht, dass eine Erklärung auf einen kausalen Prozess Bezug nimmt, der Ursache und Wirkung verbindet. Dieser Gedanke liegt seinem kausal-mechanischen Ansatz der wissenschaftlichen Erklärung zugrunde,[133] den ich bereits im Zusammenhang mit Kausalbeziehungen kurz erwähnt habe. In späteren Schriften hat Salmon die Hoffnung zum Ausdruck gebracht, dass sich die Vorzüge des kausal-mechanischen Ansatzes mit seinem früheren Modell der statistischen Relevanz kombinieren lassen würden.[134] Ich gehe davon aus, dass die neuen Ansätze der mechanistischen Erklärung, auf die ich gleich eingehen werde, tatsächlich in mancher Hinsicht die Vorteile dieser beiden einflussreichen Konzeptionen verbinden.

Vorher möchte ich jedoch noch kurz eine andere Einsicht Salmons betonen, die mit Blick auf das deduktiv-nomologische Modell wichtig ist. Während Hempel davon ausgegangen ist, dass wissenschaftliche Erklärungen die Struktur eines Arguments haben, betont Salmon, dass Erklärungen im Allgemeinen keine Argumente sind. Besonders deutlich wird das dadurch, dass die Aspekte, auf die eine Erklärung Bezug nimmt, relevant für das zu erklärende Phänomen sein müssen. Erklärungen haben daher eine pragmatische Dimension und hängen vom Kontext ab. Beides gilt für Argumente nicht. Betrachten wir ein Argument mit den folgenden Prämissen: (i) Die Pendelgesetze besagen, dass ein Pendel mit der Länge *l* die Schwingungsdauer *t* hat. (ii) Dieses Pendel hat die Länge *l*. (iii) Die Erde ist rund. Es folgt, dass dieses Pendel die Schwingungsdauer *t* hat. Auch können wir den Verweis auf die Pendelgesetze gemeinsam mit dem Verweis auf die Länge des Pendels als Erklärung der Schwingungsdauer verstehen. Der Hinweis, dass die Erde rund ist, ist aber völlig irrelevant. Das schadet dem Argument nicht. Irrelevante Prämissen machen aus einem gültigen Argument kein ungültiges.

---

133 Vgl. (Wesley C. Salmon 1984).
134 Vgl. (Wesley C. Salmon 1997, S.476).

Irrelevante Hinweise können aber aus einer guten Erklärung eine schlechte Erklärung machen. Dies deutet darauf hin, dass Erklärungen nicht als Argumente verstanden werden sollten und verdeutlicht, dass an Erklärungen andere Maßstäbe anzulegen sind, als an Argumente.[135] In jedem Fall hat das deduktiv-nomologische Modell Schwierigkeiten, den pragmatischen Aspekten des Erklärens gerecht zu werden.

Erklärungen in den Bio- und Neurowissenschaften

Diese knappen Bemerkungen sind sicherlich nicht geeignet, die Diskussion um wissenschaftliche Erklärungen angemessen wiederzugeben.[136] Das ist auch nicht das Ziel. Das deduktiv-nomologische Modell dient als Ausgangspunkt, weil es in besonders offensichtlicher Weise einen Zusammenhang zwischen Naturgesetzen und wissenschaftlichen Erklärungen herstellt. Trotz der Schwierigkeiten, mit denen dieser und ähnliche Ansätze konfrontiert sind, möchte ich diesen engen Zusammenhang nicht grundsätzlich in Frage stellen. Ich möchte auch nicht unterstellen, dass sich die Probleme des deduktiv-nomologischen Modells nicht durch geeignete Weiterentwicklungen überwinden lassen. Ich halte es aber für unwahrscheinlich, dass ein Verständnis der Praxis des wissenschaftlichen Erklärens in den Bio- und Neurowissenschaften besonders gut erfassen würde. In der Physik sind die Aussichten dafür möglicherweise besser. In der Praxis der Bio- und Neurowissenschaften spielen Verweise auf gesetzesartige Zusammenhänge, die als Naturgesetze verstanden werden können, aber eine untergeordnete Rolle. Eine Konzeption, die jede Form des kausalen Erklärens an Naturgesetze knüpft, stellt dies vor eine Herausforderung. Sie müsste verständlich machen, warum Naturgesetze in der biowissenschaftlichen Praxis nicht die Rolle zukommt, die ihnen die theoretischen Überlegungen zuweisen. Neben der bereits angedeuteten Möglichkeit, die Bio- und Neurowissenschaften einfach als noch unterentwickelte naturwissenschaftliche Disziplinen anzusehen, fällt in diesem Zusammenhang eine zweite Möglichkeit ins Auge. Eine Konzeption, die den Verweis auf Naturgesetze als wichtiges Charakteristikum von Kausalerklärungen ansieht, könnte auch zu zeigen versuchen, dass biowissenschaftliche Kausalerklärungen nur scheinbar ohne Verweis auf Naturgesetze auskommen. Die in der biowissenschaftlichen Praxis üblichen Erklärungen könnten als verkürzte Redeweise verstanden werden, die lediglich als Platzhalter für eine ausführliche Erklärung zu verstehen sind. Diese ausführliche Erklärung würde den Verweis auf Naturgesetze enthalten. Es könnte vorgeschlagen werden, dass Biologen und Neurowissen-

---

[135] Die Anforderungen, die an eine gute Erklärung zu stellen sind, sind wesentlich vielschichtiger. Es reicht nicht aus, dass die Erklärung gültig ist.

[136] Einen guten Überblick vermitteln (Wesley C. Salmon 1990; Psillos 2002).

schaftler eine derartige ausführliche Erklärung als Ideal vor Augen haben, aus epistemischen und pragmatischen Gründen aber typischerweise nicht ausführen.[137]

Ich halte es aber für eine attraktivere Alternative, neue Konzeptionen der wissenschaftlichen Erklärung ernst zu nehmen, die der Praxis der Bio- und Neurowissenschaften in besonderer Weise gerecht zu werden versprechen. Diese neuen Konzeptionen können als neue mechanistische Konzeptionen der wissenschaftlichen Erklärung bezeichnet werden und werden seit einigen Jahren in der Philosophie der Biologie und der Philosophie der Neurowissenschaften verstärkt diskutiert. (Auch in anderen Teilbereichen der Wissenschaftstheorie, beispielsweise der Theorie der Medizin[138], haben mechanistische Erklärungen großes Interesse geweckt. Zwar werden sich meine Betrachtungen im Wesentlichen auf die Bio- und Neurowissenschaften beschränken, es sei aber betont, dass ähnliche Überlegungen in anderen Disziplinen relevant sind und diskutiert werden.) Ich kann und werde diese neuen Entwicklungen[139] nicht umfassend wiedergeben. Auch möchte ich nicht behaupten, dass sie als Modell für Kausalerklärungen allgemein geeignet sind. Für die Bio- und Neurowissenschaften erscheinen sie mir besonders angemessen und der Handlungstheorie können sie interessante Impulse verleihen. Wenn ich die These vertrete, dass sich das Verständnis von Kausalerklärungen in der Vergangenheit zu stark am Beispiel der Physik orientiert hat, möchte ich nicht vorschlagen, dass es sich in Zukunft zu stark am Beispiel der Neurowissenschaften orientieren sollte. Stattdessen gehe ich davon aus, dass Kausalerklärungen weniger homogen sind als häufig angenommen. Allerdings halte ich, wie bereits betont, mit Blick auf die Handlungstheorie Kausalerklärungen in den Neurowissenschaften für besonders relevant.

Mechanismen

Ein frühes Verständnis mechanistischer Erklärungen ist durch Überlegungen von René Descartes geprägt. Erst in den vergangenen Jahren sind dessen überholte Vorstellungen von mechanischen Interaktionen zwischen Korpuskeln durch zeitgenössische Konzeptionen ersetzt worden. Die neuen mechanistischen Ansätze führen Überlegungen zusammen, die in den vergangenen Kapiteln im Zusammenhang mit Kausalbeziehungen und kausalem Erklären eingeführt worden sind. Zunächst wurden mechanistische

---

[137] Gegen diese spricht, dass Biologen demzufolge grundsätzlich in der Lage sein müssten, die eigentliche Erklärung auf Nachfrage anzugeben. Anderenfalls würden sie einen Platzhalter für eine letztlich nicht verfügbare Erklärung verwenden.

[138] Vgl. (Schaffner 1993; Thagard 1998; Thagard 2000; Campaner 2011).

[139] Meine Ausführungen orientieren sich wesentlich an Überlegungen von Carl Craver (Craver 2007; Craver 2002; Craver 2008; Machamer u. a. 2000).

Erklärungen als Ergänzung zu Regularitätstheorien der Kausalität vorgeschlagen.[140] In jüngerer Vergangenheit werden sie aber eher als Ausgangspunkt für Überlegungen zu Kausalität, Naturgesetzten, wissenschaftlicher Erklärung, Reduktionismus und wissenschaftlichem Fortschritt gesehen.[141] Diese Verschiebung spiegelt die zunehmende Eigenständigkeit der Philosophie der Bio- und Neurowissenschaften wieder und zeigt, dass verstärkt nach Alternativen zu den klassischen Vorstellungen gesucht wird, die am Beispiel der Physik entwickelt worden sind. Peter Machamer, Lindley Darden und Carl Craver betonen ausdrücklich, dass Naturgesetze in den Biowissenschaften keine entscheidende Rolle zukommt.[142] Sie sehen mechanistische Ansätze der wissenschaftlichen Erklärung daher auch als Alternative zu Weiterentwicklungen des deduktiv-nomologischen Modells. Das Verständnis von Kausalbeziehungen, das in mechanistischen Erklärungen zum Ausdruck gebracht wird, steht dem manipulationistischen Kausalitätsverständnis von James Woodward (zumindest in der hier dargestellten Minimalversion) wesentlich näher als Regularitätstheorien der Kausalität. Nachdem ich die Grundzüge des mechanistischen Ansatzes skizziert habe, möchte ich kurz diskutieren, inwieweit dieser Ansatz wichtige Einsichten andere Modelle der wissenschaftlichen Erklärung aufgreift.[143] Die Implikationen des mechanistischen Modells im Hinblick auf den Reduktionismus werde ich zurückstellen und später diskutieren.

Mechanistische Erklärungen führen das Auftreten und die Eigenschaften eines Phänomens auf die spezifische Organisation verschiedener Komponenten mit bestimmten Aktivitäten zurück.[144] Die besondere Art der Interaktion der Komponenten bringt das Phänomen hervor. Dabei können weder die Komponenten auf ihre Aktivitäten reduziert werden, noch umgekehrt.[145] Diese ontologische Eigenständigkeit ist als Besonderheit anzusehen, obwohl es in der wissenschaftstheoretischen Diskussion selbstverständlich wichtige Vorläufer gibt. Eine mechanistische Erklärung versucht einerseits, das Auftreten des Phänomens unter bestimmten Umständen verständlich zu machen. Andererseits sollen die besonderen Charakteristika, die das Phänomen auszeichnen, erklärt werden. Dazu zählt bei einer mecha-

---

[140] Vgl. (Glennan 1996).

[141] Vgl. (Machamer u. a. 2000, S.1).

[142] Vgl. (Machamer u. a. 2000, S.7).

[143] Neben dem im Folgenden diskutierten Aspekten greift der neue mechanistische Ansatz der wissenschaftlichen Erklärung in meinen Augen auch wichtige Einsichten von Konzeptionen wissenschaftlichen Erklärens auf, die eine Vereinheitlichung unserer Annahmen als Ziel ansehen (Friedman 1974; Kitcher 1989). Diese Ansätze habe ich bislang nicht erwähnt, ich hoffe aber, dass im Verlauf der Diskussion deutlich wird, inwieweit mechanistische Erklärungen zu einer Vereinheitlichung von Erklärungen beitragen können.

[144] Vgl. (Craver 2007, Kapitel 4).

[145] Vgl. (Craver 2007, Kapitel 6).

nistischen Erklärung des Phänomens des Aktionspotentials beispielsweise der zeitliche Ablauf der Spannungsänderungen über die Zellmembran. Zu den Komponenten, auf die eine mechanistische Erklärung verweist, gehören in diesem Fall Ionen und Ionenkanäle. Ionen tragen eine elektrische Ladung und ihre Verteilung trägt daher zum Membranpotential bei. Zu den Aktivitäten von Ionenkanälen zählt, dass sie sich öffnen und schließen und dadurch eine Angleichung der intra- und extrazellulären Ionenkonzentrationen ermöglichen oder verhindern. Ausgehend von bestimmten Startbedingungen, die für den Eintritt des Phänomens gegeben sein müssen, laufen Interaktionen zwischen den Komponenten ab, die durch ihre Aktivitäten gegeben sind. Ein Mechanismus benennt neben den Komponenten und ihren Aktivitäten auch die speziellen Anforderungen an ihre Organisation, die Voraussetzungen für ihre Interaktion sind.

KONSTITUTION

Der Mechanismus bringt das zu erklärende Phänomen hervor. Die Komponenten, ihre Aktivitäten und die Art ihrer Interaktion sind konstitutiv für das Phänomen.[146] Sie sind nicht als Teile des Phänomens zu verstehen, sondern liegen auf verschiedenen Erklärungsebenen (im folgenden Kapitel werde ich die Vorstellung übereinanderliegender Erklärungsebenen eingehend diskutieren).[147] Die Ionenkanäle, Ionen und Zellmembranen, die in einer Erklärung des Phänomens des Aktionspotentials vorkommen, sind keine Teile von Aktionspotentialen. Stattdessen sind sie Teile des Mechanismus, der diesem Phänomen zugrunde liegt. Die Interaktionen zwischen den Komponenten eines Mechanismus sind kausale Relationen. Ionenkanäle verursachen den Fluss von Ionen über die Zellmembran. Die Bemerkungen zu einem manipulationistischen Kausalitätsverständnis können auf das Verständnis der kausalen Beziehungen zwischen den Komponenten eines Mechanismus übertragen werden (sicherlich sind aber auch andere Ansätze der Kausalität grundsätzlich mit mechanistischen Konzeptionen vereinbar). Eine Ursache-Wirkungs-Beziehung zwischen zwei Komponenten können wir dann annehmen, wenn eine Manipulation der ersten Komponente (oder ihrer Aktivität) Einfluss auf die zweite nimmt. Wenn die kausalen Zusammenhänge, die einen Mechanismus auszeichnen, gestört werden, findet das zu erklärende Phänomen nicht oder nicht in gleicher Weise statt. Dieser Umstand kennzeichnet die Konstitutionsbeziehung, die zwischen den Komponenten des Mechanismus und dem zu erklärenden Phänomen be-

146 Vgl. (Craver 2007, Kapitel 4).

147 Für verschiedene, übereinander liegende Erklärungsebenen ist (insbesondere in der Theorie der Medizin, Campaner 2011; Thagard 1998; Thagard 2000) auch der Begriff ‚Multi-Level-System' gebräuchlich.

steht.[148] Wenn wir beispielsweise durch eine geeignete Manipulation verhindern, dass sich die Natriumkanäle öffnen, ergeben sich charakteristische Änderungen am Phänomen des Aktionspotentials. Gerade weil das so ist, sind Natriumkanäle eine wichtige Komponente einer mechanistischen Erklärung von Aktionspotentialen und ihre Fähigkeit, einen geöffneten oder geschlossen Zustand einzunehmen, charakterisiert eine wichtige Aktivität (Ionenkanäle öffnen oder schließen sich). Eine gute mechanistische Erklärung ermöglicht ein Verständnis für eine Vielzahl derartiger Manipulationen. Indem sie benennt, welche Komponenten auf welche Art beeinflusst werden können, um Einfluss auf das Phänomen zu nehmen, ermöglicht sie ein Verständnis des Phänomens.

Durch die Aufklärung eines Mechanismus verändert sich daher zumeist auch die Sicht auf das Phänomen, das es zu erklären gilt. Ursprünglich wurde das Phänomen des Aktionspotentials vielleicht als charakteristische Veränderungen des Membranpotentials von Nervenzellaxonen angesehen, die durch einen bestimmten zeitlichen Verlauf gekennzeichnet sind. Bei der Suche nach einer Erklärung dieses Phänomens haben Wissenschaftler verschiedene experimentelle Manipulationen durchgeführt, die in besonderer Weise Einfluss auf Aktionspotentiale nehmen. Manipulationen der extrazellulären Natriumkonzentration oder der Natriumkanäle gehören beispielsweise dazu. Durch solche experimentellen Beobachtungen wird nahegelegt, dass Natriumionen und Natriumkanäle mögliche Komponenten des Mechanismus sind, der Aktionspotentialen zugrunde liegt. Zudem verändert sich durch diese Entdeckung aber das Phänomen, das es zu erklären gilt. Wenn sich herausstellt, dass die Zugabe bestimmter Substanzen das Auftreten von Aktionspotentialen in denjenigen experimentellen Systemen verhindert, die zu deren Untersuchung verwendet werden, dann erfordert dieser Umstand eine Erklärung. Er wird zu einem Teil des zu erklärenden Phänomens. Das Phänomen des Aktionspotentials wird nicht nur durch die zeitlichen Aspekte der Spannungsveränderungen über Zellmembrane charakterisiert, sondern auch durch diejenigen Umstände unter denen es auftritt – oder eben nicht auftritt. Wir möchten verstehen, warum es gerade unter diesen, nicht aber unter anderen Umständen auftritt. Die Entdeckung, dass die fraglichen Substanzen Natriumkanäle verschließen, könnte zum Beispiel eine solche Erklärung sein. Sie macht verständlich, wie die Manipulation (das Zugeben der fraglichen Substanzen) auf den Mechanismus einwirkt, weil sie eine Komponente und deren Aktivität beeinflusst. Gleichzeitig werden durch ein Verständnis dieser Zusammenhänge auch Natriumkanäle (und ihre Aktivität) näher charakterisiert.

---

[148] Vgl. (Craver 2007, Kapitel 4).

Die Aufklärung von Mechanismen

Ein Mechanismus wird durch eine große Zahl von Experimenten aufgeklärt, die derartige Zusammenhänge aufdecken. Der Mechanismus führt das Phänomen auf stabile kausale Zusammenhänge zurück, die unter bestimmten Umständen gelten. Wenn sie gelten, bringen die kausalen Zusammenhänge das Phänomen hervor. Wenn das Phänomen nicht auftritt, liegt an irgendeiner Stelle eine Veränderung in den Komponenten des Mechanismus vor, in deren Aktivitäten oder die spezifische Art ihrer Interaktion. Auch diese Eingriffe sind kausal zu verstehen. Eine mechanistische Erklärung macht aber nur verständlich, warum ein Phänomen unter Umständen nicht auftritt, die den normalen Umständen ziemlich ähneln.

Die Erklärung des Aktionspotentials macht also verständlich, warum nach Zugabe der diskutierten Substanz kein Aktionspotential auftritt, obwohl weitgehend physiologische Bedingungen[149] vorliegen: Die Natriumkanäle können sich nicht öffnen. Wenn völlig unphysiologische Bedingungen gelten, erfordert es keine Erklärung, dass kein Aktionspotential auftritt. Es ist eben Charakteristikum des zu erklärenden Phänomens, dass Aktionspotentiale in Nervenzellen auftreten und nicht in Steinen oder Sternen. Die stabilen kausalen Zusammenhänge, die Aktionspotentialen zugrunde liegen, kommen in Nervenzellen vor, nicht aber in Steinen oder Sternen.

Carl Craver charakterisiert das wissenschaftliche Vorgehen bei der Aufklärung von Mechanismen in sehr angemessener Weise.[150] Er betont die Bedeutung von Experimenten, bei denen das zu erklärende Phänomen verstärkt oder abgeschwächt wird (top-down experiments) und die Auswirkungen auf die Komponenten des Mechanismus untersucht werden. Komplementäre Experimente untersuchen die Auswirkungen von Manipulationen der Komponenten, indem sie die Konsequenzen für das fragliche Phänomen untersuchen (bottom-up experiments). Craver zeigt in eindrucksvoller Weise, dass seine mechanistische Konzeption der wissenschaftlichen Erklärung die experimentelle Praxis der Bio- und Neurowissenschaften sehr gut widerspiegelt. In fachwissenschaftlichen Publikationen aus diesen Gebieten sind Verweise auf Mechanismen allgegenwärtig. Die neuere Diskussion um mechanistische Ansätze der wissenschaftlichen Erklärung hat erst in den vergangenen Jahren eine zunehmende Dynamik entwickelt.[151] Weiterentwicklungen sind daher zu erhoffen und zu erwarten. Für Kausalerklärungen

---

149 Als physiologische Bedingungen wird die Summe der Hintergrundbedingungen bezeichnet, die eine bio- oder neurowissenschaftliche Erklärung als gegeben voraussetzt ohne dass davon ausgegangen werden sollte, dass diese exakt spezifiziert werden könnten.

150 Vgl. (Craver 2007, Kapitel 4).

151 Es sei erneut darauf hingewiesen, dass sich diese Entwicklung nicht auf die Bio- und Neurowissenschaften beschränken, die bei meiner Diskussion im Vordergrund stehen. Vgl. beispielsweise (Darden 2006; Thagard 2000).

in den Bio- und Neurowissenschaften erscheint mir der Ansatz aber in jedem Fall sehr vielversprechend zu sein. Jeder Versuch, die Erklärungen von Biowissenschaftlern in irgendeiner Weise umzuinterpretieren, die Naturgesetzen zu ihrem traditionellen Auftritt verhilft, erschiene dagegen ziemlich künstlich.

Besonderheiten biowissenschaftlicher Erklärungen

Die nachfolgenden Überlegungen für die Handlungstheorie sind nicht auf die Details bestimmter mechanistischer Konzeptionen angewiesen. Sie beruhen auf Eigenschaften von Kausalerklärungen in den Bio- und Neurowissenschaften, die die Diskussion um mechanistische Erklärungen besonders deutlich hervorgehoben hat und der diese Ansätze in besonderer Weise gerecht werden. Aber auch von völlig anderen Ansätzen wäre zu fordern, dass sie diesen Besonderheiten biowissenschaftlicher Erklärungen Rechnung tragen. Zu diesen Besonderheiten gehört, dass biowissenschaftliche Erklärungen oft Zusammenhänge zwischen verschiedenen Erklärungsebenen herstellen. Gerade in den Neurowissenschaften gibt es eine Vielzahl von Erklärungsebenen, die von molekularen Zusammenhängen bis zum Verhalten und der Wahrnehmung von Organismen reichen. Die Zusammenhänge zwischen verschiedenen Erklärungsebenen werden durch Mechanismen hergestellt. Auf diese Eigenschaft werde ich später mit Blick auf die Diskussion um den Reduktionismus näher eingehen. Es sei vorausgeschickt, dass diese Zusammenhänge nicht-reduktiv verstanden werden können. An dieser Stelle möchte ich zuvor kurz betonen, dass ich mechanistische Ansätze für geeignet halte, verschiedene attraktive Aspekte konkurrierender Ansätze zu wissenschaftlichen Erklärungen zu vereinen. Mechanismen haben in mancher Hinsicht Ähnlichkeiten mit Wesley Salmons Vorstellung von kausalen Prozessen – die seinem kausal-mechanischen Ansatz zugrunde liegt.[152] Gleichzeitig können aber auch wesentliche Einsichten seines früheren Modells der statistischen Relevanz aufgegriffen werden.[153] Die Komponenten eines Mechanismus und ihre Aktivitäten sind für das Auftreten des Phänomens relevant, das der Mechanismus erklärt. Wenn eine Komponente fehlt oder wird eine Aktivität blockiert wird, dann tritt das Phänomen nicht auf oder die Wahrscheinlichkeit seines Auftretens ist geringer. Anderenfalls könnte die Komponente nicht Teil des Mechanismus sein, der das Phänomen erklärt.

Die Diskussion um mechanistische Ansätze der wissenschaftlichen Erklärungen geht von Überlegungen in der Philosophie der Biologie und der Philosophie der Neurowissenschaften aus. Auch wenn es mir speziell um

---

152 Vgl. (Wesley C. Salmon 1984).

153 Vgl. (Wesley Charles Salmon 1971).

die Praxis der Neurowissenschaften geht, möchte ich betonen, dass der mechanistische Ansatz einflussreiche Konzeptionen weiterführt, die von allgemeinem Interesse in der Wissenschaftstheorie sind. Die Impulse für die Handlungstheorie, die sich aus der Berücksichtigung der neurowissenschaftlichen Praxis ergeben, fußen daher nicht auf Details einer abseitigen Spezialdiskussion von geringer allgemeiner Relevanz.

ZUSAMMENFASSUNG

Ich halte neuere mechanistische Konzeptionen wissenschaftlichen Erklärens für gut geeignet, den Besonderheiten bio- und neurowissenschaftlicher Erklärungen gerecht zu werden. Zu diesen Besonderheiten gehört, dass Verweise auf Naturgesetze keine entscheidende Rolle spielen. Stattdessen geht es um stabile Gesetzmäßigkeiten mit eingeschränktem Geltungsbereich. Weiterhin zeichnen sich biowissenschaftliche Erklärungen dadurch aus, dass Zusammenhänge zwischen sehr unterschiedlichen Vorgängen hergestellt werden (beispielsweise zwischen dem Öffnen von Ionenkanälen und dem Verhalten einer Maus). Dies gelingt dadurch, dass durch die Angabe eines Mechanismus ein Zusammenhang zwischen dem Phänomen auf der einen und den Komponenten des Mechanismus auf der anderen Seite hergestellt wird. Beide liegen auf unterschiedlichen Erklärungsebenen. Im folgenden Kapitel möchte ich auf die Vorstellung verschiedener Erklärungsebenen näher eingehen. Sie ist wesentlich für den Versuch, Einsichten zu dem Zusammenspiel verschiedener biowissenschaftlicher Erklärungen auf das Zusammenspiel zwischen neurowissenschaftlichen Erklärungen und Handlungserklärungen zu übertragen.

Teil III
Zusammenhänge zwischen Erklärungen

10 ERKLÄRUNGSEBENEN

EINLEITUNG

Erklärungen von Handlungen sind etwas anderes als Erklärungen von Hirnen. Das hängt einerseits damit zusammen, dass Handlungen etwas völlig anderes sind als Hirne. Andererseits unterscheiden sich die Kontexte, in denen wir nach Handlungserklärungen fragen, zumeist deutlich von den Kontexten, in denen nach neurowissenschaftlichen Erklärungen gesucht wird. Einige Besonderheiten von Handlungserklärungen, die ich hervorheben wollte, waren Gegenstand des ersten Teils dieser Arbeit. Im zweiten Teil habe ich mich mit Besonderheiten von neurowissenschaftlichen Erklärungen auseinandergesetzt und Unterschiede zu physikalischen Erklärungen aufgezeigt. Der eigentliche Schwerpunkt meines Interesses sind die Zusammenhänge, die zwischen diesen verschiedenen Arten von Erklärungen bestehen. In diesem und den folgenden Kapiteln soll eine Position skizziert werden, die verständlich macht, (i) warum derartige Zusammenhänge bestehen, (ii) wie sie verstanden werden können (iii) wie wir sie erkennen können und (iv) warum wir an ihnen interessiert sind. Im letzten Teil möchte ich dann die Implikationen dieser im Allgemeinen skizzierten Position für verschiedene Probleme der Handlungstheorie aufzeigen.

Wesentliche Denkanstöße für meine Überlegungen zum Zusammenhang zwischen Handlungserklärungen und neurowissenschaftlichen Erklärungen verdanke ich den Vertretern des im letzten Kapitel vorgestellten neuen mechanistischen Verständnisses der wissenschaftlichen Erklärung. Ich möchte zeigen, dass die Vorstellung von mechanistischen Erklärungen über den Bereich der Neurowissenschaften hinaus angewendet werden kann. In diesem Kapitel möchte ich diskutieren, was genau eigentlich miteinander in Zusammenhang gesetzt werden soll. Ich werde vorschlagen, dass wir uns eine neurowissenschaftliche Erklärungsebene vorstellen können, die die Summe der einzelnen neurowissenschaftlichen Erklärungen umfasst. Anschließend möchte ich diskutieren, wie diese neurowissenschaftliche Erklärungsebene mit einer ähnlich abstrakten Erklärungsebene der Handlungserklärungen in Zusammenhang gebracht werden kann. Voraussetzung sind klärende Bemerkungen zu Erklärungsebenen. Dabei wird zunächst von kleinen, später von großen Erklärungsebenen die Rede sein.

Erklärungsebenen

Die Vorstellung von verschiedenen Erklärungsebenen ist weit verbreitet. Es gibt aber unterschiedliche Versuche zu klären, wodurch sich eine Erklärungsebene auszeichnet und von anderen abgrenzen lässt. Einem naheliegenden Vorschlag zufolge sind Erklärungsebenen dadurch charakterisiert, dass sie auf Entitäten einer ähnlichen Größe verweisen. Demzufolge gibt es beispielsweise Erklärungsebenen der Nukleartellchen, der Moleküle, der Zellen, der Lebewesen, der Staaten und der Galaxien. Diese Vorstellung legt ein hierarchisches Bild von übereinanderliegenden Erklärungsebenen nahe. Kausalbeziehungen, so die Annahme, bestünden überwiegend zwischen Entitäten ähnlicher Größe. Moleküle stehen in Kausalbeziehungen mit anderen Molekülen, nicht aber mit Planeten. Planeten wiederum stehen in Kausalbeziehungen mit Monden und Meteoriten, nicht aber mit Ameisen. Das klingt einleuchtend. Allerdings sind die Abgrenzungen nicht besonders einfach. Wenn ein Apfel vom Baum fällt, scheint durchaus eine Kausalbeziehung zwischen dem Apfel und einem Planeten zu bestehen – obwohl die Größe beider Entitäten recht unterschiedlich ist. Auch macht die hierarchische Ordnung der Erklärungsebenen Probleme. Sind Staaten auf derselben Erklärungsebene einzuordnen wie Gebirge, wenn sie eine ähnliche Größe haben? Das klingt sonderbar. Carl Craver diskutiert diesen und weitere Vorschläge, Erklärungsebenen voneinander abzugrenzen.[154] Seine Schlussfolgerung ist, dass die Vorstellung von verschiedenen Erklärungsebenen wichtig und plausibel ist. Bestehende Vorschläge hält er aber ungeeignet, Erklärungsebenen voneinander abzugrenzen und die Zusammenhänge zwischen ihnen zu charakterisieren.

Ebenen eines Mechanismus

Cravers Vorschlag zum Verständnis von Erklärungsebenen nimmt auf sein Verständnis von Mechanismen Bezug: Erklärungsebenen versteht er als Ebenen eines Mechanismus. Ein Mechanismus stellt einen Zusammenhang zwischen einem Phänomen und den Komponenten des Mechanismus her. Dabei liegen das Phänomen und die Komponenten auf unterschiedlichen Erklärungsebenen. Beispielsweise liegen das Öffnen von Natriumkanälen, die Angleichung intra- und extrazellulärer Natriumkanäle und ähnliche Vorgänge auf einer anderen Erklärungsebene als Aktionspotentiale. Dieser Vorschlag hat weitreichende Konsequenzen: Bei jeder mechanistischen Erklärung ist zwischen der Erklärungsebene des Phänomens und der Erklärungsebene der Komponenten zu unterscheiden. Wesentlich ist, dass innerhalb jeder der beiden Erklärungsebenen andere Beziehungen zwischen verschie-

---

154 Vgl. (Craver 2007, Kapitel 5).

denen Entitäten bestehen als zwischen Entitäten auf verschiedenen Erklärungsebenen.

KAUSALBEZIEHUNGEN INNERHALB EINER ERKLÄRUNGSEBENE

Innerhalb einer Erklärungsebene bestehen kausale Zusammenhänge. Für die Vorstellung der kausalen Interaktion zwischen den Komponenten eines Mechanismus ist die Annahme einer unmittelbaren Einwirkung wesentlich. In dieser Hinsicht werden Wesley Salmons Überlegungen zu kausalen Prozessen aufgegriffen[155] – obwohl offen bleiben kann, wie die Details eines kausalen Prozesses spezifiziert werden. In unserem Beispiel besteht eine kausale Beziehung zwischen Ionenkanälen und Ionen.[156] Diese Beziehung unterscheidet sich wesentlich von der zwischen Ionenkanälen und Aktionspotentialen. Ionenkanäle wirken weder kausal auf Aktionspotentiale ein noch umgekehrt. Eine kausale Interaktion ist nicht möglich, weil beide Entitäten auf unterschiedlichen Erklärungsebenen liegen. Die Komponenten eines Mechanismus können kausal aufeinander einwirken. Zwischen den Komponenten und dem Phänomen, das durch den Mechanismus erklärt wird, bestehen aber keine Kausalbeziehungen.

KONSTITUTIVE BEZIEHUNGEN ZWISCHEN ERKLÄRUNGSEBENEN

Zwischen den Erklärungsebenen besteht ein anderer Zusammenhang: Die Komponenten des Mechanismus, ihre Aktivitäten und wechselseitigen Interaktionen sind konstitutiv für das Phänomen. Der Mechanismus, der Aktionspotentialen zugrunde liegt, verursacht Aktionspotentiale nicht. Die kausalen Wechselwirkungen zwischen Ionen und Ionenkanälen liegen dem Auftreten des Aktionspotentials zu Grunde – ohne es kausal hervorzurufen. Der Hinweis auf die zeitlichen Zusammenhänge zwischen dem Auftreten des Phänomens und den kausalen Wechselwirkungen zwischen den Komponenten ist vielleicht geeignet, dies zu verdeutlichen. Das Aktionspotential tritt nicht erst auf, wenn die kausalen Wechselwirkungen zwischen den Komponenten des Mechanismus abgelaufen sind, sondern läuft parallel dazu ab.

Dass die beiden Erklärungsebenen in einer wichtigen Hinsicht eigenständig sind, lässt sich daran erkennen, dass wir unsere Betrachtungen problemlos auf eine einzige Erklärungsebene begrenzen können. Wir können nach Kausalerklärungen für die Wechselwirkungen zwischen Ionen und Ionenka-

---

155 Vgl. (Wesley C. Salmon 1984).

156 Über die ontologischen Implikationen, die die Annahme einer Kausalbeziehung mit sich bringt, möchte ich möglichst wenig sagen. Ich glaube aber, dass einige Besonderheiten von Kausalerklärungen darauf zurückgehen, dass sie die Annahme beinhalten, auf Kausalbeziehungen zu verweisen. Weiterhin gehe ich davon aus, dass die Beziehung zwischen Ionen und Ionenkanälen üblicherweise als Kausalerklärung verstanden wird.

nälen suchen, ohne uns für Aktionspotentiale zu interessieren. Auch können wir das Auftreten eines Aktionspotentials erklären, ohne auf Ionen zu verweisen: Dass eine bestimmte Nervenzelle zu einem bestimmten Zeitpunkt ein Aktionspotential gefeuert hat, können wir damit erklären, dass kurz zuvor eine präsynaptische Nervenzelle ein Aktionspotential gefeuert hat. Erst durch die mechanistische Erklärung des Phänomens des Aktionspotentials entsteht ein Zusammenhang zwischen den beiden Erklärungsebenen. Die Herstellung eines Zusammenhangs zwischen zwei Erklärungsebenen ist die wesentliche Leistung einer mechanistischen Erklärung.

Ein Netzwerk mechanistischer Erklärungen

Das Konzept des Mechanismus verdeutlicht, was eine Erklärungsebene ist und wie Zusammenhänge zwischen Erklärungsebenen hergestellt werden können. Dabei sind folgende Eigenschaften mechanistischer Erklärungen von zentraler Bedeutung. Erstens verknüpft jeder Mechanismus zwei verschiedene Erklärungsebenen miteinander. Zweitens können dieselben Komponenten in verschiedenen mechanistischen Erklärungen eine Rolle spielen – das heißt, dass zwei Mechanismen eine Erklärungsebene gemeinsam haben können. Drittens kann eine Komponente einer mechanistischen Erklärung das Phänomen einer anderen mechanistischen Erklärung sein.

Aufgrund dieser Eigenschaften mechanistischer Erklärungen entsteht eine Hierarchie von Erklärungsebenen, die der angedeuteten Ordnung anhand der Größe ähnelt. Der Verweis auf Ionenkanäle ist Teil einer Erklärung von Aktionspotentialen und der Verweis auf Aktionspotentiale ist Teil der Erklärung der Signalübertragung zwischen Nervenzellen. Eine große Zahl mechanistischer Erklärungen führt zu einem Netzwerk miteinander verknüpfter Erklärungsebenen. Es gibt keine klar umgrenzte Anzahl von Erklärungsebenen, die anhand einer einfachen Taxonomie geordnet werden können. Dennoch gibt es in einem solchen Netzwerk von Erklärungen eine Vielzahl von kausalen Wechselwirkungen zwischen verschiedenen Komponenten und es gibt eine Vielzahl von Konstitutionsbeziehungen.

Mechanistische Erklärungen in den Neurowissenschaften

Carl Craver hat richtig erkannt, dass neurowissenschaftliche Erklärungen sich dadurch auszeichnen, dass sie auf sehr unterschiedliche Entitäten Bezug nehmen und nach Beziehungen zwischen diesen Entitäten suchen. Es ist alles andere als unüblich, dass in einer neurowissenschaftlichen Fachpublikation ein Zusammenhang zwischen molekularen Wechselwirkungen und dem Verhalten oder der Wahrnehmung eines Lebewesens hergestellt wird. Ein besonders eindrückliches Beispiel, das Craver intensiv diskutiert, ist die neurowissenschaftliche Forschung zu Lernen und Gedächtnis.[157] Mäuse können sich beispielsweise wichtige Aspekte ihrer Umgebung merken. Sie lernen dadurch, gezielt in dieser Umgebung zu navigieren. Neurowissenschaftliche Erklärungen dieses Phänomens stellen Zusammenhänge zu neuronaler Aktivität in bestimmten Hirnregionen her und zu den molekularen Vorgängen in bestimmten Nervenzellen. Dadurch gelingt es, sehr unterschiedliche Erklärungsebenen miteinander zu verknüpfen. Die molekularen Vorgänge in bestimmten Nervenzellen oder deren neuronale Aktivität können aber sicherlich nicht kausal auf Mäuse einwirken. Stattdessen sind sie konstitutiv für bestimmte Verhaltensdispositionen von Mäusen. Ich bin davon überzeugt, dass es Cravers Ansatz besonders gut gelingt, die Praxis der Neurowissenschaften zu erfassen. [158]

MECHANISTISCHE ERKLÄRUNGEN JENSEITS DER NEUROWISSENSCHAFTEN

Carl Cravers Überlegungen zu mechanistischen Erklärungen sind insbesondere deshalb interessant, weil sie verdeutlichen, was unter Erklärungsebenen zu verstehen ist und wie diese miteinander in Zusammenhang gebracht werden können. Craver entwickelt seine Position in der Auseinandersetzung mit der Praxis der Neurowissenschaften. Ich beschäftige mich dagegen vorrangig mit dem Zusammenhang zwischen neurowissenschaftlichen Kausalerklärungen und Handlungserklärungen. Es stellt sich daher die Frage, ob Cravers Einsichten über den Bereich der Neurowissenschaften ausgedehnt werden können.

Ich halte es für völlig unproblematisch, den mechanistischen Ansatz der wissenschaftlichen Erklärung auf andere biowissenschaftliche Disziplinen auszudehnen. In anderen biologischen Disziplinen[159] – oder auch der Medizin[160] – gibt es wissenschaftstheoretische Positionen, die mit Cravers Überlegungen gut vereinbar sind. Zudem verwenden nicht nur Wissenschaftstheoretiker den Begriff des Mechanismus. In biowissenschaftlichen Publikationen sind mechanistische Erklärungen allgegenwärtig. Selbst wer das zugesteht, kann bezweifeln, dass Einsichten, die am Beispiel biowissenschaftliche Erklärungen gewonnen worden sind, auf Handlungserklärungen übertragbar sind. Ausgangspunkt dieses Zweifels könnte die Bemerkung sein, dass es sich bei den biowissenschaftlichen Erklärungen um Kausalerklärungen handelt, bei Handlungserklärungen aber möglicherweise nicht.

---

[157] Vgl. (Craver 2007, Kapitel 4; Craver 2002; Craver 2008).
[158] Vgl. auch (Craver 2007, Kapitel 7).
[159] Vgl. beispielsweise (Darden 2006; Krohs & Toepfer 2005).
[160] Vgl. beispielsweise (Campaner 2011; Thagard 1998; Thagard 2000).

„Was-wäre-wenn-Erklärungen“

Zunächst möchte ich in diesem Zusammenhang betonen, dass viele Handlungstheoretiker Handlungserklärungen durchaus als Kausalerklärungen verstehen. Wer dieser Ansicht ist, könnte es für vielversprechend halten, Einsichten zu neurowissenschaftlichen Erklärungen auf Handlungserklärungen zu übertragen. Das gilt insbesondere deshalb, weil kaum jemand die besondere Relevanz der Neurobiologie für die Handlungstheorie leugnen würde. Obwohl ich große Sympathie für kausale Ansätze in der Handlungstheorie habe, möchte ich an dieser Stelle etwas vorsichtiger sein und mich nicht darauf festlegen, dass Handlungserklärungen als Kausalerklärungen verstanden werden sollten. Ich habe Eigenschaften von Handlungserklärungen und von neurowissenschaftlichen Erklärungen, die mir wesentlich erscheinen, im ersten und zweiten Teil dieser Arbeit diskutiert. Dabei habe ich betont, dass Gemeinsamkeiten zwischen beiden Arten von Erklärungen bestehen und vorgeschlagen, dass sie gleichermaßen als „Was-wäre-wenn-Erklärungen“ verstanden werden können. Gleichzeitig gibt es aber auch wichtige Unterschiede zwischen beiden Arten von Erklärungen.

Die wesentliche Einsicht Carl Cravers, dass Mechanismen Zusammenhänge zwischen Erklärungen herstellen können, erfordert nicht, dass es sich um Kausalerklärungen handelt. „Was-wäre-wenn-Erklärungen“ können problemlos die Rolle derjenigen Erklärungen übernehmen, zwischen denen ein Zusammenhang hergestellt wird. Das ist vor allem deshalb möglich, weil Cravers Verständnis von Kausalerklärungen wesentlich durch James Woodwards Vorstellungen geprägt ist – und die Idee der „Was-wäre-wenn-Erklärungen“ ebenfalls auf Woodward zurückgeht.

Ich gehe daher davon aus, dass die Konzeption mechanistischer Erklärungen in den Neurowissenschaften auf den Zusammenhang zwischen neurowissenschaftlichen Kausalerklärungen und Handlungserklärungen ausgedehnt werden kann, weil beide Arten von Erklärungen als „Was-wäre-wenn-Erklärungen“ verstanden werden können und dieses Verständnis von Erklärungen dem Verständnis von Mechanismen sehr angemessen ist. Durch diese Bemerkungen hoffe ich, die Übertragung wesentlicher Einsichten zu Zusammenhängen zwischen Erklärungsebenen auf die Diskussion um neurowissenschaftliche Kausalerklärungen und Handlungserklärungen nachvollziehbar zu machen. Dennoch möchte ich einige Anmerkungen zum Verhältnis von Handlungserklärungen und Kausalerklärungen anschließen.

Ein Spektrum von Erklärungen

Ich habe betont, dass es wesentliche Unterschiede zwischen verschiedenen Kausalerklärungen gibt und insbesondere auf Unterschiede zwischen Kausalerklärungen in den Biowissenschaften und in der Physik hingewiesen. Dabei habe ich die Bedeutung von zwei Eigenschaften von Erklärungen hervorgehoben, die besonders geeignet erscheinen, diese Unterschiede deutlich zu machen: Stabilität und Spezifität. Physikalische Erklärungen erfüllen die Anforderung der Stabilität durch den Verweis auf ausgewählte naturgesetzartige Kausalzusammenhänge. In biowissenschaftlichen Erklärungen spielen dagegen Kausalbeziehungen eine Rolle, die sich zwar durch Stabilität in einem bestimmten physiologischen Bereich auszeichnen, aber keine universelle Gültigkeit haben. Stabilität wird erst dadurch erzielt, dass der Geltungsbereich der Erklärung eingeschränkt wird. Weil die Anforderungen an die Stabilität und Spezifität einer Erklärung auf unterschiedliche Weise erfüllt werden, bilden verschiedene Kausalerklärungen ein Spektrum von Erklärungen. An einem Ende dieses Spektrums liegen physikalische Erklärungen. Das andere Ende des Spektrums ist weniger eindeutig. Es hängt wesentlich von unserem Verständnis von Kausalerklärungen ab. Wer biowissenschaftliche Erklärungen zu den Kausalerklärungen zählt, Handlungserklärungen aber nicht, der wird vielleicht biowissenschaftliche Erklärungen an das andere Ende des Spektrums von Kausalerklärungen setzen. Wer auch Handlungserklärungen zu den Kausalerklärungen zählt, wird Handlungserklärungen an das freie Ende setzen und biowissenschaftliche Erklärungen eher in der Mitte rücken. Ohne ein eindeutiges Kriterium, was eine Kausalbeziehung genau auszeichnet, halte ich diese Frage für eine terminologische Festlegung. Wenn wir den Begriff der Kausalbeziehungen beispielsweise für diejenigen Regularitäten reservieren würden, die gemeinsam ein geschlossenes axiomatisches System ergeben, dann haben wir Kausalbeziehungen auf den Bereich der Physik beschränkt. Ein solches, restriktiveres Verständnis von Kausalerklärungen hätte den Vorteil, dass sichergestellt werden könnte, dass der Bereich der Kausalerklärungen geschlossen wäre. Möglicherweise würde weitverbreiteten Intuitionen Rechnung getragen, wenn der Bereich der Kausalerklärungen als geschlossen angesehen werden könnte. Allerdings würden neurowissenschaftliche Erklärungen nicht mehr zu den Kausalerklärungen zählen. Vermutlich käme es vielen Wissenschaftlern und Wissenschaftstheoretikern etwas sonderbar vor, Erklärungen in den Neurowissenschaften (oder der Zellbiologie, Biochemie oder anderen naturwissenschaftlichen Disziplinen) nicht als Kausalerklärungen zu verstehen. Um die Kontinuitäten zwischen physikalischen und biowissenschaftlichen Erklärungen zu betonen, könnten beide unter dem Begriff der Kausalerklärungen zusammengefasst werden. Wer darüber hinaus die Kontinuitäten zwischen naturwissenschaftlichen Erklärungen und Handlungserklärungen hervorheben möchte, könnte auch die Handlungserklärungen noch zu den Kausalerklärungen zählen.

Ich halte keine dieser möglichen terminologischen Festlegungen für zwingend, kann aber jedem dieser Vorschläge etwas abgewinnen. Da ich aber keinen Vorschlag machen möchte, wodurch genau sich Kausalbeziehungen auszeichnen, möchte ich auch offen lassen, was als Kausalerklärung zählen sollte.[161] Für das Anliegen dieser Arbeit ist mir aber zweierlei wichtig. Einerseits habe ich auf die Unterschiede zwischen verschiedenen naturwissenschaftlichen Erklärungen hingewiesen. Andererseits möchte ich auf Gemeinsamkeiten zwischen Handlungserklärungen und naturwissenschaftlichen Erklärungen aufmerksam machen. Statt des Begriffes der Kausalerklärungen, der ontologische Implikationen hat, die ich gerne vermeiden würde, verwende ich den Begriff der „Was-wäre-wenn-Erklärung". Handlungserklärungen und neurowissenschaftliche Kausalerklärungen sind gleichermaßen „Was-wäre-wenn-Erklärungen". Dennoch bestehen Unterschiede zwischen ihnen. Diese sind aber nicht wesentlich größer als die Unterschiede zwischen verschiedenen naturwissenschaftlichen Erklärungen – beispielsweise in der Physik und in den Neurowissenschaften. „Was-wäre-wenn-Erklärungen" bilden ein Spektrum, das neben naturwissenschaftlichen Erklärungen und Handlungserklärungen noch viele andere Arten von Erklärungen umfasst.

Andere Arten von Erklärungen

Natürlich gibt es Erklärungen, die nicht als „Was-wäre-wenn-Erklärungen" verstanden werden können. Dazu zählen neben den bereits beispielhaft erwähnten Erklärungen (jemand erklärt den Weg zum Bahnhof oder sucht nach einer Erklärung für einen Schicksalsschlag) möglicherweise auch wissenschaftliche Erklärungen. Vielleicht können Beweise in der Mathematik oder Logik nicht als „Was-wäre-wenn-Erklärungen" verstanden werden. Ein Beweis bringt nicht zum Ausdruck, was sein könnte, wenn etwas anders wäre, sondern zeigt, wie etwas ist. Wenn sich solche Arten von Erklärungen nicht in dem skizzierten Spektrum von „Was-wäre-wenn-Erklärungen" verorten lassen, dann möchte ich im Folgenden nichts über sie sagen. Mir geht es nur um bestimmte Erklärungen und den Zusammenhang zwischen ihnen.

Kleine und große Erklärungsebenen

Ich bin der Auffassung, dass uns alle Erklärungen, die als „Was-wäre-wenn-Erklärungen" verstanden werden können, wichtige Einsichten vermitteln können. Wir sollten daher keine dieser Erklärungen aufgeben. Wir sollten

---

[161] Im zweiten Teil dieser Arbeit habe ich unterstellt, dass Erklärungen in den Bio- und Neurowissenschaften als Kausalerklärungen verstanden werden können, weil mir dies dem Verständnis vieler Wissenschaftler zu entsprechen scheint. Letztlich ist es für meine Position aber unerheblich, ob neurowissenschaftliche Erklärungen als Kausalerklärungen gezählt werden. Wesentlich sind die Besonderheiten, die sie auszeichnen und auf die ich hingewiesen habe, nicht die Bezeichnung, die wir verwenden.

uns aber fragen, wie verschiedene „Was-wäre-wenn-Erklärungen" miteinander in Zusammenhang gebracht werden können. Die Position, die ich skizzieren möchte, geht davon aus, dass alle „Was-wäre-wenn-Erklärungen" miteinander in Zusammenhang gebracht werden können und dass diese Zusammenhänge den Zusammenhängen zwischen den beiden Erklärungsebenen eines Mechanismus ähneln.

Dabei ist zu beachten, dass jede mechanistische Erklärung eine konkrete und handfeste wissenschaftliche Erklärung eines eng umgrenzten Phänomens ist. Die Kleinteiligkeit der empirischen Wissenschaften führt dazu, dass jede einzelne mechanistische Erklärung nur einen winzig kleinen und lokalen Zusammenhang herstellt. Dieser Zusammenhang besteht zwischen einem Phänomen und den Komponenten der mechanistischen Erklärung. Beide liegen auf unterschiedlichen Erklärungsebenen. Weil es sehr viele mechanistische Erklärungen und sehr viele Erklärungsebenen gibt, entsteht ein sehr komplexes Netz von Erklärungen. Dies gilt bereits dann, wenn wir die Betrachtung – wie Craver es getan hat – auf die Neurowissenschaften begrenzen. Die Neurowissenschaften umfassen viele verschiedene Erklärungsebenen. Sie werden aber gewissermaßen durch das komplexe Netz an Erklärungen zusammengehalten. Carl Craver verwendet ein sehr anschauliches Bild: Er spricht von der mosaikartigen Einheit der Neurowissenschaften.[162]

Die vielen verschiedenen Erklärungsebenen innerhalb der Neurowissenschaften könnte man als kleine Erklärungsebenen bezeichnen. Durch das Netz mechanistischer Erklärungen entsteht die Einheit der Neurowissenschaften. Als große Erklärungsebene verstehe ich die Summe der neurowissenschaftlichen Erklärungen. Weil all die kleinen Erklärungsebenen neurowissenschaftliche Erklärungsebenen sind, erscheint mir die Zusammenfassung zu einer großen neurowissenschaftlichen Erklärungsebene sinnvoll. Dieser Vorschlag ist vor allem zur sprachlichen Vereinfachung gedacht. Wenn wir uns dem Zusammenhang zwischen neurowissenschaftlichen Erklärungen und Handlungserklärungen zuwenden, ist es hilfreich, von einer neurowissenschaftlichen Erklärungsebene und einer Erklärungsebene der Handlungserklärungen zu sprechen. Dabei handelt es sich um große Ebenen, die jeweils viele kleine Ebenen umfassen und keine scharfen Ränder haben. Weiterhin gibt es natürlich nicht nur diese beiden großen Erklärungsebenen. Wir können im selben Sinne beispielsweise auch von einer physikalischen Erklärungsebene oder einer sozialwissenschaftlichen Erklärungsebene sprechen.

---

162 Der Untertitel seines Buches von 2007 lautet „Mechanisms and the Mosaic Unity of Neuroscience" (Craver 2007).

ZUSAMMENFASSUNG

In diesem Kapitel habe ich versucht, den Begriff der Erklärungsebene näher zu spezifizieren. Die Vorstellung einer Erklärungsebene der Neurobiologie und einer Ebene der Handlungserklärungen wird in den folgenden Kapiteln wesentlich sein, wenn nach Zusammenhängen zwischen diesen Erklärungsebenen gesucht werden soll. Ich habe betont, dass jede dieser beiden großen Erklärungsebenen (und natürlich gibt es neben diesen beiden noch weitere) ihrerseits aus vielen kleinen Erklärungsebenen besteht. Diese kleinen Erklärungsebenen bestehen aus einer Vielzahl miteinander verzahnter „Was-wäre-wenn-Erklärungen". Es gibt ein weites Spektrum an „Was-wäre-wenn-Erklärungen", das sich von physikalischen Erklärungen über neurowissenschaftliche Erklärungen zu Handlungserklärungen erstreckt. Mechanistische Erklärungen stellen Zusammenhänge zwischen Erklärungsebenen her. Jede konkrete mechanistische Erklärung stellt einen Zusammenhang zwischen zwei (kleinen) Erklärungsebenen her: die des Phänomens und die der Komponenten. Die Summe der mechanistischen Erklärungen in den Neurowissenschaften bildet ein komplexes und vielschichtiges Erklärungsnetzwerk, das ich als (große) Erklärungsebene der Neurobiologie bezeichne und mit der Erklärungsebene der Handlungserklärungen in Zusammenhang bringen möchte.

11 ZWEI EXTREMPOSITIONEN

EINLEITUNG

Die Frage nach dem Zusammenhang zwischen neurowissenschaftlichen Erklärungen und Handlungserklärungen ist ein Spezialfall einer allgemeineren philosophischen Diskussion, die sich mit dem Verhältnis zwischen verschiedenen Erklärungen oder Erklärungsebenen auseinandersetzt. In diesem Kapitel möchte ich zwei prominente Extrempositionen darstellen, die diese Diskussion nachhaltig geprägt haben. Diese Positionen sind der Reduktionismus und eine erklärungspluralistische Alternative, die ich als Sprachspielpluralismus bezeichne. Die beiden Ansätze machen sehr unterschiedliche Vorschläge zum Verhältnis der neurowissenschaftlichen Erklärungsebene und der Ebene der Handlungserklärungen. Anhand jeweils eines zeitgenössischen Ansatzes sollen diese Vorschläge verdeutlicht und der im vergangenen Kapitel angedeuteten Position gegenüber gestellt werden. Dies dient der Einordnung meiner Überlegungen in einen breiteren Kontext. Anschließend werde ich zu zeigen versuchen, inwieweit meine durch ein neues mechanistisches Verständnis von Erklärungen inspirierte Position geeignet ist, die Vorteile des Reduktionismus und des Sprachspielpluralismus zu vereinen.

REDUKTIONISMUS

Reduktionistische Konzeptionen des Zusammenhangs zwischen Erklärungen sind sehr einflussreich und haben die Vorstellungen von verschiedenen wissenschaftlichen Tätigkeiten mit geprägt. Der wesentliche Gedanke ist dabei, dass eine wissenschaftliche Theorie auf eine andere reduziert werden kann. Es kann dabei als wichtiges Ziel der Wissenschaften angesehen werden, dass dadurch die Anzahl wissenschaftlicher Theorien verringert werden kann und Theorien entwickelt werden, die eine größere Anzahl von Phänomen in einheitlicher Weise erklären. Eine wissenschaftliche Theorie ist durch eine Vielzahl von Annahmen charakterisiert, die für die Bedeutungen der verwendeten Begriffe wesentlich sind. Wissenschaftliche Erklärungen sind immer in den Begriffen einer bestimmten Theorie formuliert und es wird ein Zusammenhang zwischen verschiedenen Erklärungen hergestellt, wenn eine Theorie auf eine andere reduziert wird. Die klassische Konzeption der Theorienreduktion geht auf Ernest Nagel zurück.[163] Nagel schlägt vor, dass eine wissenschaftliche Theorie mit Hilfe sogenannter Brückenge-

---

[163] Vgl. (Nagel 1961). Ernest Nagels Position ist vielfach weiterentwickelt worden. Vgl. beispielsweise (Schaffner 1967; Schaffner 1993; Hooker 1981).

setze auf eine grundlegendere Theorie zurückgeführt werden kann. Die Erklärungen der zu reduzierenden Theorie können so in Erklärungen einer grundlegenderen Theorie überführt werden. Wesentliche Motivation für dieses Verständnis der Zusammenhänge zwischen verschiedenen Erklärungen ist die Entwicklung der Physik. Die Vorstellung, dass die Erklärungen einer physikalischen Theorie in die einer nachfolgenden physikalischen Theorie überführt werden können, hat eine gewisse Plausibilität. Erklärungen, die auf Keplers Gesetze der Planetenbewegung verweisen, können in Erklärungen überführt werden, denen Newtons Mechanik zugrunde liegt. Die Keplerschen Gesetze sind auf die Newtonsche Mechanik reduziert worden und diese auf Einsteins allgemeine Relativitätstheorie.

SPRACHSPIELPLURALISMUS

Grundlegende Zweifel an diesem Verständnis des wissenschaftlichen Vorgehens hat Thomas Kuhn geweckt.[164] Der Vorstellung eines wissenschaftlichen Wandels, bei dem Theorien auf andere Theorien reduziert werden, stellt er das Bild von wissenschaftlichen Revolutionen entgegen. Im Zuge einer wissenschaftlichen Revolution, so der Grundgedanke, verändern sich die fundamentalen Annahmen, die die Wissenschaftler eines bestimmten Gebiets als selbstverständlich ansehen. Der konzeptionelle Rahmen – das wissenschaftliche Paradigma – wird durch eine Alternative ersetzt. Wissenschaftliche Erklärungen sind immer in den Begriffen eines wissenschaftlichen Paradigmas formuliert und sind auch nur aus der Perspektive dieses Paradigmas verständlich. Eine wissenschaftliche Revolution führt alte Theorien nicht auf neue zurück, sondern ersetzt sie durch neue. Auch alte Erklärungen werden demzufolge nicht auf neue Erklärungen zurückgeführt, sondern durch neue ersetzt. Kuhn betont, dass sich alte und neue Erklärungen zwar bei oberflächlicher Betrachtung ähneln können. Da das Verständnis der Erklärungen aber an das jeweilige Paradigma geknüpft ist, sind neue Erklärungen unvereinbar mit den Erklärungen, die sie ersetzen.

Kuhn betont die Eigenständigkeit verschiedener Begriffssysteme.[165] Er geht davon aus, dass eine alte Erklärung strenggenommen als unverständlich angesehen werden muss, wenn sie von einem neuen Paradigma aus betrachtet wird. Seine Überlegungen stehen daher der radikalen Alternative zum Reduktionismus nahe, dem Sprachspielpluralismus. Der Name dieser Gruppe von Konzeptionen geht auf Wittgensteins Bild des Sprachspiels zurück.[166] Ein solches Sprachspiel zeichnet sich durch Überzeugungen ver-

---

[164] Vgl. (Kuhn 1970); Weiterentwicklungen von Thomas Kuhns Position finden sich beispielweise bei Imre Lakatos (Lakatos 1980).

[165] Vgl. auch (Feyerabend 1975).

[166] Vgl. insbesondere (Wittgenstein 2003).

schiedener Mitglieder einer Sprachgemeinschaft aus, die gemeinsam ein Sprachspiel spielen. Die Begriffe und sprachlichen Regeln, die das Sprachspiel voraussetzt, sind durch den Kontext ihrer Verwendung den Teilnehmern des Sprachspiels gegeben. Eine Äußerung, der im Rahmen eines solchen Sprachspiels eine bestimmte Bedeutung zukommt, kann nicht aus dem Kontext herausgelöst werden. Wird sie in ein anderes Sprachspiel übernommen, verändert sich ihre Bedeutung, weil ein anderes Sprachspiel durch andere Begriffe und andere Regeln des Sprachgebrauches gekennzeichnet ist. Auch lässt sich dieselbe Bedeutung nicht durch eine andere Äußerung in einem anderen Sprachspiel formulieren, weil die genaue Bedeutung einer Äußerung an das Sprachspiel geknüpft ist, in dem sie gemacht wird. Die Grundannahme des Sprachspielpluralismus ist, dass es viele derartige Sprachspiele gibt. Verschiedene wissenschaftliche Erklärungen können Äußerungen (oder Züge) in unterschiedlichen Sprachspielen sein. Es ist weder möglich, eine wissenschaftliche Theorie (ein Sprachspiel) auf eine andere wissenschaftliche Theorie (ein anderes Sprachspiel) zu reduzieren, noch kann eine einzelne Erklärung (ein Zug in einem Sprachspiel) durch eine bedeutungsgleiche neue Erklärung ersetzt werden (durch einen Zug in einem anderen Sprachspiel). Verschiedene Sprachspiele stehen nebeneinander und können einander nicht ersetzen. Zwei Gruppen von Wissenschaftlern könnten zu einer einzigen Gruppe zusammenwachsen, die ein einheitliches Sprachspiel entwickelt. Dieses würde sich aber von den beiden Sprachspielen unterscheiden, dass die beiden Gruppen vor ihrem Zusammenwachsen gespielt haben.

Die skizzierten Ausgangspositionen des Reduktionismus und des Sprachspielpluralismus sind vielfach weiterentwickelt worden. Dabei sind wesentliche Unterschiede erhalten geblieben. Der Kerngedanke reduktionistischer Ansätze ist, dass eine wissenschaftliche Theorie an die Stelle einer anderen treten und sie ersetzen kann. Die Grundthese des Sprachspielpluralismus ist, dass bei dem Übergang von einem Begriffssystem in ein anderes Veränderungen in der Bedeutung von Aussagen unvermeidlich sind. Wenn eine wissenschaftliche Erklärung an die Stelle einer anderen tritt, sagt sie nicht dasselbe in anderen Worten. Sie sagt etwas anderes und die Bedeutung der ursprünglichen Erklärung geht verloren. Viele einflussreiche Konzeptionen der wissenschaftlichen Erklärung stehen entweder dem Reduktionismus oder dem Sprachspielpluralismus nahe.

Reduktionismus und Naturgesetze

Der Reduktionismus ist besonders gut mit einem Verständnis von Kausalbeziehungen vereinbar, das die Bedeutung der Naturgesetze betont. Wenn davon ausgegangen wird, dass eine wissenschaftliche Theorie auf eine andere reduziert werden kann, ist die Annahme einer fundamentalen Theorie naheliegend, auf die alle anderen wissenschaftlichen Theorien zurückgeführt werden können. Die Kausalbeziehungen, auf die diese fundamentale Theorie verweist, sind die grundlegenden Kausalbeziehungen. Diese werden durch die Naturgesetze erfasst. Alle Naturgesetze können in den Begriffen der fundamentalen wissenschaftlichen Theorie formuliert werden. Zwar können auch Erklärungen in anderen Theorien auf Gesetzmäßigkeiten verweisen. Diese sind aber nicht als Naturgesetze anzusehen. Erst wenn diese Erklärungen gemeinsam mit der Theorie, in der sie formuliert sind, auf die fundamentale Theorie reduziert sind, verweisen die neuen Erklärungen auf Naturgesetze. Vertreter des Sprachspielpluralismus bestreiten dagegen, dass es eine fundamentale Theorie (ein fundamentales Sprachspiel) gibt, in der alle wissenschaftlichen Erkenntnisse formuliert werden können. Sie betonen, dass sich Erklärungen in verschiedenen Wissenschaftsbereichen durch eine Eigenständigkeit auszeichnen, die die Reduktion auf eine fundamentale Theorie unmöglich machen.

Die Diskussion um den Reduktionismus ist auch und gerade mit Blick auf die rasante Entwicklung der Neurowissenschaften geführt worden. Das Vorgehen in den empirischen Wissenschaften ist oft mit dem Grundsatz „teile und herrsche“ beschrieben worden und die Kleinteiligkeit neurowissenschaftlicher Erklärungen ist schwer zu bestreiten. Dies ist als Beleg dafür angeführt worden, dass die Neurowissenschaften einem reduktionistischen Forschungsprogramm verpflichtet seien. Die Fortschritte der Neurowissenschaften sind in diesem Sinne als Erfolge bei der Dekomposition des menschlichen Geistes gesehen worden. Als Endpunkt der eingeschlagenen Richtung wird von vielen eine reduktionistische Erklärung des menschlichen Erlebens angesehen. Eine reduktionistische Sicht der Neurowissenschaften haben beispielsweise Patricia und Paul Churchland vertreten.[167] In der jüngeren Vergangenheit hat John Bickle den reduktionistischen Ansatz mit einem besonders vielversprechenden Vorschlag zum Verständnis der neurowissenschaftlichen Praxis verteidigt.[168] Eine zeitgenössische Variante des Sprachspielpluralismus’ hat dagegen Peter Hacker gemeinsam mit dem Neurobiologen Maxwell Bennett vorgelegt.[169] Da ich zeigen möchte, dass eine von Cravers Überlegungen inspirierte Position als Mittelweg zwischen diesen beiden Extremen verstanden werden kann, möchte ich beide Positionen kurz vorstellen.

---

[167] Vgl. (P. S. Churchland 1989; P. M. Churchland 1996).
[168] Vgl. (Bickle 2003; Bickle 1998; Bickle 2006; Bickle 2007; Bickle 2008).
[169] Vgl. (Bennett & Hacker 2003; Bennett u. a. 2009).

EIN ZEITGENÖSSISCHER REDUKTIONISTISCHER ANSATZ

John Bickles Ansatz ist in mehrerer Hinsicht für die vorliegenden Überlegungen relevant. Zum einen setzt sich Bickle ausdrücklich mit der Praxis und den Erkenntnissen der Neurowissenschaften auseinander. Bei der Diskussion seiner Position nimmt er eingehend auf die neurowissenschaftliche Fachliteratur zu Lernen und Gedächtnis – die auch Craver diskutiert[170] – Bezug.[171] Der Ansatz eignet sich daher besonders gut für eine Gegenüberstellung mit Cravers Position. Zum anderen macht Bickle seine wissenschaftstheoretischen Annahmen explizit. Er verteidigt einen Reduktionismus, den er selbst als schonungslos bezeichnet.[172] Dadurch unterscheidet er sich in erfreulicher Weise von Autoren, die reduktionistische Ansätze vertreten, ohne die dafür nötigen Annahmen ausdrücklich zu formulieren. Bickles Konzeption der Theorienreduktion geht auf das wissenschaftstheoretische Programm des Strukturalismus zurück und vermeidet viele Schwächen früherer reduktionistischer Ansätze.[173] Als grundlegende Erklärungsebene in den Neurowissenschaften sieht Bickle Erklärungen molekularer Zusammenhänge an. Er hält es für das wesentliche Ziel neurowissenschaftlicher Forschung, das Verständnis dieser Zusammenhänge zu erweitern. Dabei komme neurowissenschaftlichen Erklärungen, die sich nicht mit molekularen Zusammenhängen auseinandersetzen, eine heuristische Funktion zu. Sie könnten Hinweise für vielversprechende Forschungsprogramme liefern, die solche Erklärungen in molekulare Erklärungen überführen. Bickle bezieht in seine Überlegungen die Praxis der Neurowissenschaften mit ein und sieht seine These durch die Entwicklung der Neurowissenschaften gestützt. In den vergangenen Jahrzehnten sei eine Hinwendung zu molekularbiologischer Forschung in den Neurowissenschaften zu beobachten, die sich in der Zahl der Fachpublikationen und -vorträge und der Vergabe von Drittmitteln niederschlage.

Bickles Ansatz zeichnet sich auch dadurch aus, dass er eine neue Antwort auf das Problem der multiplen Realisierbarkeit gibt.[174] Die Annahme der multiplen Realisierbarkeit stellt eine große Herausforderung für reduktionistische Positionen dar und verdient daher kurze Aufmerksamkeit.[175] Viele Autoren gehen davon aus, dass biowissenschaftliche Phänomene auf verschiedene Weisen realisiert werden können. Beispielsweise gibt es eine Reihe von biologischen Spezies, die lernfähig sind und ein Langzeitgedächtnis haben. Das Phänomen des Lernens und des Gedächtnisses ist daher in einer

---

170 Vgl. (Craver 2007; Craver 2002).

171 Vgl. (Bickle 2003, Kapitel 5).

172 „A ruthlessly reductive account" ist der Untertitel seines Buches von 2003 (Bickle 2003).

173 Vgl. (Balzer u. a. 1987, Kapitel 5; Sneed 1971; Stegmüller 1976; Suppes 1957).

174 Vgl. (Bickle 2003, Kapitel 4).

175 Vgl. (Putnam 1979; Fodor 1980).

Reihe von biologischen Spezies realisiert. Dabei ist die Annahme naheliegend, dass sich die molekularen Details der Gehirne verschiedener Spezies erheblich voneinander unterscheiden. Wenn das stimmt, ist das Phänomen auf verschiedene Weisen realisierbar. Die Herausforderung für reduktionistische Ansätze besteht darin, dass viele Autoren davon ausgehen, dass eine Erklärung eines solchen Phänomens besonders aussagekräftig sein kann, wenn sie von den Details der jeweiligen Realisierung abstrahiert. Sie kann Besonderheiten des Phänomens betonen, die unabhängig von unterschiedlichen Realisierungen sind. Reduktionistischen Positionen steht diese Antwort nicht offen. Sie gehen davon aus, dass jede Erklärung auf Erklärungen der fundamentalen Erklärungsebene reduziert werden kann und soll. Die Erklärung eines vielfach realisierbaren Phänomens wird dann aber auf die Konjunktion der Erklärungen der verschiedenen Realisierungen reduziert. Dadurch wird sie vergleichsweise unübersichtlich. Kritiker haben betont, dass in den Details der fundamentalen Erklärung diejenigen Zusammenhänge verloren gehen, um die es in der ursprünglichen Erklärung ging.

Bickles interessante Idee besteht darin, dass er nicht versucht, seinen reduktionistischen Ansatz mit dem Phänomen der multiplen Realisierbarkeit in Einklang zu bringen.[176] Stattdessen leugnet er das Phänomen. Er hält es für möglich, dass die molekularen Details biowissenschaftlicher Phänomene wesentlich homogener sind als vielfach angenommen. Er verdeutlicht seine Annahme am Beispiel der neurowissenschaftlichen Literatur zu Lernen und Gedächtnis und sieht sich durch überraschende neurowissenschaftliche Erkenntnisse bestätigt. Zwar gesteht er zu, dass das Phänomen des Lernens und Gedächtnisses in verschiedenen biologischen Spezies zu beobachten ist. Er leugnet auch nicht, dass sich diese Spezies in offensichtlicher Weise voneinander unterscheiden. Erstaunlicherweise seien aber die molekularen Details derjenigen neuronalen Strukturen, die für Lernen und Gedächtnis wesentlich seien, auch bei sehr unterschiedlichen Spezies sehr ähnlich. Zwar sähen Mäuse, Fruchtfliegen und Seehasen recht unterschiedlich aus. Die molekularen Details ihrer Nervensysteme würden aber vielfältige Gemeinsamkeiten aufweisen. Auf der fundamentalen molekularen Erklärungsebene sei das Phänomen des Lernens und des Gedächtnisses daher nicht vielfach realisiert. In der Tat belegt die neurowissenschaftliche Fachliteratur Übereinstimmungen in molekularen Details der genannten Spezies.[177] Mäuse, Fruchtfliegen und Seehasen gehören zu den biologischen Modellsystemen, an denen Neurowissenschaftler die neuronalen Grundlagen von Lernen und Gedächtnis untersuchen. Überraschenderweise spielen für Lernen und Ge-

[176] Vgl. (Bickle 2003, Kapitel 4 und 5).

[177] Vgl. beispielsweise (Squire & Kandel 2008).

dächtnis in allen drei Spezies Moleküle eine Schlüsselrolle, die extreme Ähnlichkeiten aufweisen.

Ich möchte auf allzu neurowissenschaftliche Details verzichten und werde die Diskussion um die multiple Realisierbarkeit mit Blick auf Cravers Ansatz im folgenden Kapitel wieder aufgreifen. Bickles Vorschlag ist aber bemerkenswert, weil der Hinweis auf multiple Realisierbarkeit viele Autoren davon überzeugt hat, dass reduktionistische Ansätze als ungeeignet anzusehen sind. Wenn sich die Annahme der multiplen Realisierbarkeit als falsch herausstellen würde, wären derartige Einwände gegen den Reduktionismus hinfällig. Bickle vertritt daher in mehrerer Hinsicht einen besonders vielversprechenden reduktionistischen Ansatz, der gerade mit Blick auf die Neurowissenschaften sehr relevant ist.

Ein zeitgenössischer sprachspielpluralistischer Ansatz

Eine zeitgenössische und gut ausgearbeitete Alternative vertreten Bennett und Hacker.[178] Sie nehmen die entgegen gesetzte Extremposition ein und vertreten einen konsequenten Sprachspielpluralismus. Die Affinitäten zu Wittgensteins Gedanken sind dabei auch deshalb besonders offensichtlich, weil einer der Autoren – Peter Hacker – ein renommierter Wittgenstein-Exeget ist. Bennett und Hacker stellen sich ausdrücklich gegen jede Form des Reduktionismus. Auch diese Autoren setzen sich gezielt mit den Neurowissenschaften auseinander und widmen der neurowissenschaftlichen Praxis besondere Aufmerksamkeit. Bennett und Hackers wesentlicher Vorwurf ist einfach, aber er wiegt schwer: Neurowissenschaftler würden häufig psychologische Attribute, die nur Personen zugeschrieben werden können, Gehirnen oder deren Teilen zuschreiben.[179] Sie zitieren weitverbreitete Formulierungen aus neurowissenschaftlichen Texten. Demzufolge haben Gehirne Erfahrungen, glauben Dinge, interpretieren Hinweise oder stellen Vermutungen an. Sie suchen nach Antworten, konstruieren Hypothesen und treffen Entscheidungen. Gehirne benutzen und verstehen Symbole. Entsprechende Passagen finden sich tatsächlich in Texten vieler neurowissenschaftlicher Autoren. Bennett und Hacker betonen, dass all dies Personen zukommt, nicht aber Gehirnen. Wir wüssten, was es heißt, dass eine Person nach einer Antwort sucht. Was es heißen solle, dass ein Gehirn nach einer Antwort sucht, sei dagegen ziemlich unklar. Sie stellen die rhetorische Frage, ob diese eigentümlichen Formulierungen durch neue wissenschaftliche Entdeckungen gerechtfertigt seien oder ob sie eher eine Art sprachlicher Innovation darstellen würden.[180] Beides sei nicht der Fall. Stattdessen halten

---

[178] Vgl. (Bennett & Hacker 2003; Bennett u. a. 2009).
[179] Vgl. (Bennett u. a. 2009, S.15ff).
[180] Vgl. (Bennett & Hacker 2003, S.70f).

sie diese Formulierungen für Symptome einer tiefen konzeptionellen Konfusion. Diese Konfusion führen sie auf Überbleibsel eines kartesischen Dualismus zurück. Während René Descartes psychologische Attribute dem Geist zugeschrieben habe, nehme in den heutigen Neurowissenschaften das Gehirn dessen Platz ein.

Den Fehler, den Neurowissenschaftler und Philosophen begehen, wenn sie dem Gehirn Prädikate zuschreiben, die nur dem Menschen als Ganzes zukommen, nennen Bennett und Hacker den mereologischen Fehlschluss.[181] Die Mereologie ist die Logik der Beziehung zwischen Teilen und Ganzen. Wer die Besonderheiten dieser Beziehungen nicht berücksichtigt, dem – so die Autoren – unterlaufen sehr leicht konzeptionelle Fehler. Bennett und Hacker halten es für die Aufgabe der empirischen Wissenschaften, Tatsachen über das Gehirn herauszufinden. Als wesentliche Aufgabe der Philosophie sehen sie dagegen die Klärung konzeptioneller Fragen. Diese umfassten auch den logischen Zusammenhang zwischen verschiedenen Begriffen. Während naturwissenschaftliche Feststellungen richtig oder falsch seien, beschäftige sich die konzeptionelle Analyse mit dem Sinn von Aussagen. Dass eine Aussage sinnvoll ist, sei dabei eine Voraussetzung dafür, dass sie wahr sein kann. Bei der konzeptionellen Klärung der Grenzen des Sinnvollen stehe ein einfacher Maßstab zur Verfügung: die übliche Verwendung der Begriffe in der Sprache.[182] Eine Aussage sei Unsinn, wenn sie mit den Regeln des Sprachgebrauches nicht vereinbar sei. Ein unsinniger Satz sei weder richtig noch falsch. Beispielsweise sei die Behauptung Unsinn, dass sich östlich des Nordpols Bodenschätze finden. Vom Nordpol aus geht es nur nach Süden. Für ebenso unsinnig halten Bennett und Hacker viele Äußerungen von Neurowissenschaftlern.

Auch weil einer der beiden Autoren – Maxwell Bennett – ein prominenter Neurowissenschaftler ist, verdient die sprachphilosophische Kritik Beachtung. Den Herausforderungen, die mit der Einbettung neurowissenschaftlichen Fachwissens in eine philosophische Diskussion verbunden sind, begegnen Bennett und Hacker durch ihre fachübergreifende Kooperation. Auch Bickle nimmt diese Herausforderungen sehr ernst. Er setzt sich intensiv und kenntnisreich mit neurowissenschaftlichen Fachpublikationen auseinander und macht seine wissenschaftstheoretischen Annahmen explizit. Bennett und Hackers Position stellt aus dem folgenden Grund eine radikale Alternative zu Bickles Position dar. Indem die Autoren betonen, dass dem Menschen als Ganzes Eigenschaften zukommen, die seinen Teilen nicht zugeschrieben werden können, stellen sie in Frage, dass diese Eigenschaften durch eine Erklärung auf einer fundamentalen Erklärungsebene im Sinne

181 Vgl. (Bennett u. a. 2009, S.22).

182 Vgl. (Bennett u. a. 2009, S.12).

des Reduktionismus angemessen erfasst werden könnten. Moleküle können nicht lernen und haben kein Gedächtnis. Wer diese Phänomene erklären will, muss den ganzen Menschen im Blick haben. Die Besonderheiten derjenigen Begriffe, mit denen wir ganze Menschen charakterisieren, gehen verloren, wenn wir sie auf Moleküle oder Gehirne anwenden. Dieser Bedeutungsverlust kann nicht durch den Verweis auf die molekularen Details ausgeglichen werden.

Bennett und Hackers Kritik weist darauf hin, dass mit dem Grundsatz „teile und herrsche" das Vorgehen der empirischen Wissenschaften nicht angemessen charakterisiert werden kann. Jedenfalls nicht vollständig. Der Herrscher der kleinen Teile beherrscht nicht automatisch das Ganze. Zwar ist es sicherlich richtig, dass die empirischen Wissenschaften eine Frage zunächst in immer detailliertere Fragen aufspalten. Die kleinteiligen Erkenntnisse müssen aber auch wieder zu einem größeren Bild zusammengesetzt werden. Diese Aufgabe ist alles andere als trivial, weil das Verständnis des Ganzen mehr erfordert, als das Verständnis der Teile. Diese Erkenntnis ist natürlich nicht Sprachphilosophen vorbehalten – auch wenn Bennett und Hacker sie besonders klar artikulieren. Auch in den Biowissenschaften wächst in der jüngeren Vergangenheit das Verständnis dafür, dass die Dekomposition eines Phänomens anschließend eine Synthese erfordert. Das Aufkommen der Systembiologie[183] und der synthetischen Biologie als besonders junger biologischer Disziplinen unterstreicht das eindrücklich.[184]

Zusammenfassung

Reduktionismus und Sprachspielpluralismus stellen zwei prominente Ansätze dar, den Zusammenhang zwischen Handlungserklärungen und naturwissenschaftlichen Kausalerklärungen zu verstehen. Sie haben nicht nur die philosophische Diskussion um den Zusammenhang zwischen Erklärungen im Allgemeinen geprägt, sondern es gibt auch zeitgenössische Positionen, die sich explizit mit neurowissenschaftlichen Kausalerklärungen und Handlungserklärungen beschäftigen. Trotz ihres Einflusses halte ich Reduktionismus und Sprachspielpluralismus für gleichermaßen unbefriedigend. Im folgenden Kapitel möchte ich zeigen, dass es Carl Cravers Überlegungen zu mechanistischen Erklärungen in den Neurowissenschaften in mancher Hinsicht erlauben, die jeweiligen Vorteile des reduktionistischen Ansatzes von Bickle und der sprachspielpluralistischen Position von Bennett und Hacker zu verbinden.

---

183 Im Englischen ist neben dem entsprechenden Begriff „systems biology" auch die Bezeichnung „integrative biology" verbreitet.

184 Einen Überblick vermittelt (Klipp u. a. 2009); im vorliegenden Kontext von besonderem Interesse ist (Noble 2008).

12 EIN MITTELWEG

EINLEITUNG

Ein Mechanismus (im Sinne des diskutierten neuen mechanistischen Verständnisses von Erklärungen) ermöglicht die systematische Korrelation zwischen Vorgängen auf zwei verschiedenen Erklärungsebenen. Dies schließt Vorhersagen über die Vorgänge auf der einen Ebene ein, wenn die relevanten Vorgänge auf der anderen bekannt sind. Daraus folgt aber nicht, dass beide Erklärungsebenen identisch sind oder eine auf die andere reduziert werden kann. Der Reduktionismus ist zurückzuweisen und das gilt auch mit Blick auf den Zusammenhang zwischen Handlungserklärungen und neurophysiologischen Kausalerklärungen. Ein wesentlicher Gedanke wird jedoch beibehalten: Handlungserklärungen und neurophysiologische Erklärungen haben viel miteinander zu tun, weil beide als „Was-wäre-wenn-Erklärungen" verstanden werden können. „Was-wäre-wenn-Erklärungen" verweisen auf Regularitäten, die etwas Interessantes über die Welt zum Ausdruck bringen. Weil sich alle „Was-wäre-wenn-Erklärungen" auf dieselbe Welt beziehen, stehen sie auch untereinander in Zusammenhang. Auch von der sprachspielpluralistischen Alternative übernimmt ein angemessenes Verständnis des Zusammenhanges zwischen Handlungserklärungen und neurophysiologischen Erklärungen wesentliche Einsichten. Eine Position, die sich am neuen mechanistischen Verständnis wissenschaftlicher Erklärungen orientiert, kann den Besonderheiten verschiedener Begriffssysteme Rechnung tragen. Im eigentlichen Wortsinn können viele der Begriffe, die in Handlungserklärungen eine Rolle spielen, in neurowissenschaftlichen Erklärungen nicht verwendet werden.

WICHTIGE EINSICHTEN VON REDUKTIONISMUS UND SPRACHSPIELPLURALISMUS

Sowohl dem Reduktionismus als auch der sprachspielpluralistischen Alternative liegen wichtige Einsichten zugrunde. Gleichzeitig sind beide Positionen durch Überspanntheiten gekennzeichnet, die unplausibel sind. Der Reduktionismus weist Erklärungen, die nicht auf der fundamentalen Erklärungsebene angesiedelt sind, keine überzeugende Rolle zu. Viele Vertreter dieser Denkrichtung gestehen das zu und fordern, dass solche Erklärungen deshalb aufzugeben sind. Das Resultat ist eine Position, die oft eliminativer Materialismus genannt wird, weil sie alle Erklärungen durch Erklärungen auf einer fundamentalen Erklärungsebene ersetzt, die auf kausale Wechselwirkungen zwischen kleinsten Teilen der Materie verweist. Ich halte es für unbefriedigend, alle anderen Erklärungen aufzugeben und glaube, dass dadurch entscheidende Einsichten verloren gehen würden. Da es sich bei dem eliminativen Materialismus aber um eine besonders konsequent reduktionistische Position handelt, ist unklar, wie der Reduktionist die Schlussfolgerungen des eliminativen Materialisten überzeugend vermeiden kann. Unbefriedigend an der sprachspielpluralistischen Position Bennett und Hackers ist, dass die Zusammenhänge zwischen verschiedenen Erklärungen offen bleiben. Auch wenn verschiedene Sprachspiele nach ihren jeweils eigenen Regeln funktionieren, können Zusammenhänge zwischen ihnen bestehen. Es ist unplausibel, dass Erklärungen, die den Menschen als Ganzes betreffen, nichts mit Erklärungen zu tun haben, in denen Teile des menschlichen Körpers eine Rolle spielen. Zwar behaupten Bennett und Hacker das auch nicht. Wie diese Zusammenhänge genau zu verstehen sind, bleibt in ihrem Ansatz aber leider weitgehend ungeklärt. Obwohl ich sowohl Bickles Ansatz als auch die Position Bennett und Hackers für besonders vielversprechende zeitgenössische Konzeptionen halte, weisen beide wichtige Defizite auf. Ich möchte zeigen, dass Überlegungen von Carl Craver geeignet sind, diese Defizite zu beheben. Gleichzeitig kann an wesentlichen Einsichten, die Reduktionismus und Sprachspielpluralismus richtig erkannt haben, festgehalten werden.

VORTEILE REDUKTIONISTISCHER KONZEPTIONEN

Die große Stärke reduktionistischer Konzeptionen ist, dass sie verständlich machen, warum ein Zusammenhang zwischen verschiedenen Erklärungen besteht. Wenn es eine fundamentale Erklärungsebene gibt, auf die alle anderen Erklärungen reduziert werden können, dann stellt diese den Zusammenhang her. Die Kausalbeziehungen auf der fundamentalen Erklärungsebene werden durch die Naturgesetze angemessen und vollständig erfasst. Andere Erklärungen verweisen nicht auf Kausalbeziehungen. Sie lassen sich aber letztlich auf fundamentale Erklärungen reduzieren, denen das gelingt. Zwischen Handlungserklärungen und neurowissenschaftlichen Erklärungen besteht also deshalb ein Zusammenhang, weil beide Arten von Erklärungen auf dieselbe Erklärungsebene reduziert werden können. Es handelt sich lediglich um verschiedene Redeweisen, die jeweils unterschiedliche Arten von Abkürzungen darstellen, die eigentlichen Erklärungen zu formulieren.[185] Alle Ungereimtheiten der Beziehung zwischen Handlungserklärungen und

---

[185] Diese eigentlichen Erklärungen können, dem Reduktionisten zufolge, immer als Kausalerklärungen verstanden werden – in einem sehr engen Sinne von Kausalerklärungen, der die Annahme der Universalität und Geschlossenheit des Bereichs der Kausalerklärungen enthält.

Kausalerklärungen würden verschwinden, sobald wir ein umfassendes Verständnis der fundamentalen Erklärungsebene erreichen würden. Attraktiv an dieser Konzeption ist insbesondere, dass betont werden kann, dass es die wesentliche Aufgabe von Erklärungen ist, die Welt zu erfassen. Alle Erklärungen, denen das gelingt, stehen miteinander in Zusammenhang, weil sie die Kausalbeziehungen derselben Welt erfassen. Erklärungen, denen das nicht gelingt, müssen durch geeignete Erklärungen ersetzt werden.

Die Annahme, dass alle Erklärungen durch den Verweis auf dieselbe Welt zusammengehalten werden, erscheint mir sehr wesentlich und richtig. Sie wird durch berechtigte epistemische Bedenken nicht grundsätzlich in Frage gestellt. Auch wenn wir von der Welt wenig wissen können, müssen wir annehmen, dass es eine Welt oder Wirklichkeit gibt, auf die sich unsere Erklärungen beziehen. (Dabei spielt es keine große Rolle, ob wir diese Annahme als ein Bekenntnis zu einem Realismus in der Wissenschaftstheorie verstehen. Sie erscheint mir auch mit konstruktivistischen oder instrumentalistischen Positionen vereinbar.[186])

Mit dieser Einsicht haben sprachspielpluralistische Ansätze Schwierigkeiten. Wenn betont wird, dass sich jedes Sprachspiel durch eigene Annahmen und Regeln auszeichnet, bleibt unklar, wie ein Zusammenhang zwischen verschiedenen Sprachspielen hergestellt werden kann. Sicherlich ist Bennett und Hacker zuzustimmen, dass es eigentümlich klingt, wenn behauptet wird, dass Gehirne Entscheidungen treffen. Vielleicht ist es auch Unsinn. Dennoch muss in irgendeiner Weise ein Zusammenhang zwischen ganzen Menschen, die Entscheidungen treffen und den Vorgängen in menschlichen Gehirnen hergestellt werden. Handlungserklärungen und Erklärungen der Vorgänge in menschlichen Gehirnen können nicht Züge in Sprachspielen sein, die völlig unabhängig voneinander sind. Es können nicht zwei Erklärungsebenen sein, die nebeneinander stehen und zwischen denen keine Zusammenhänge bestehen.

Vorteile sprachspielpluralistischer Ansätze

Gleichzeitig ist es natürlich die wesentliche Stärke derartiger Ansätze, dass sie die Eigenständigkeit verschiedener Begriffssysteme betonen. Es scheint mir eine wichtige Einsicht zu sein, dass sich die Bedeutung einer Aussage nicht aus dem Kontext lösen lässt, in dem sie gemacht wird. Für die Bedeutung jeder Aussage spielt die Verwendung der Begriffe eine entscheidende Rolle, mit denen sie formuliert wird. Ich halte daher die Annahme für über-

---

[186] Die Annahme einer Wirklichkeit ist mit der Überzeugung vereinbar, dass es keine Wirklichkeit gibt, die unabhängig von uns existiert. Vielleicht konstruieren wir uns diese eine Wirklichkeit selbst oder es ist aus irgendeinem pragmatischen Grund sinnvoll, diese Annahme zu machen.

zeugend, dass es verschiedene Begriffssysteme gibt, zwischen denen keine Übersetzung ohne Bedeutungsverlust und -änderung möglich ist. Der Umstand, dass Erklärungen fast immer sprachlich formuliert werden, erfordert, dass wir die Besonderheiten der Sprache ernst nehmen. Der Reduktionismus setzt voraus, dass es eine fundamentale Erklärungsebene gibt, auf der alles erklärt werden kann. Damit steht er der Behauptung nahe, dass es eine Sprache gibt, in der alles erklärt werden kann. Ich glaube nicht, dass es eine solche Sprache geben kann und der Sprachspielpluralismus macht verständlich, warum das so ist. Verschiedene Sprachspiele können durch die verschiedenen Regeln, die ihnen zugrunde liegen, Gedanken ausdrücken, die in einem einzelnen Sprachspiel nicht alle oder nicht vollständig ausgedrückt werden könnten. Ich kann keinen guten Grund für die Annahme erkennen, dass zufällig alle richtigen Gedanken über die Welt in ein und demselben Sprachspiel ausgedrückt werden können. Dem logischen Positivismus lag die Annahme zugrunde, dass eine ideale Sprache entwickelt werden könnte – und der Versuch kann trotz beeindruckender Bemühungen[187] als umfassend gescheitert gelten. Der Strukturalismus, dem Bickle nahe steht, ist zwar wesentlich vorsichtiger. Dennoch erscheint mir die Annahme einer fundamentalen Erklärungsebene zu erfordern, dass die Erklärungen auf dieser Ebene in irgendeiner Weise formuliert werden können. Der mengentheoretische Apparat, den Strukturalisten verwenden, ist möglicherweise geeignet, Gemeinsamkeiten zwischen verschiedenen Theorien zu erfassen.[188] Auch ist er natürlichen Sprachen sicherlich in mancher Hinsicht überlegen. Doch das gilt offensichtlich auch umgekehrt. Ich halte es für fraglich, dass es irgendeine Möglichkeit gibt, die Zusammenhänge, die durch die Vielzahl der Sprachspiele ausgedrückt werden können, in einem einzigen Repräsentationssystem vollständig zu erfassen.

Der mechanistische Mittelweg

Cravers Ansatz ermöglicht es, die Besonderheiten verschiedener Sprachspiele zu berücksichtigen. Obwohl eine mechanistische Erklärung einen Zusammenhang zwischen (mindestens) zwei Erklärungsebenen herstellt, bleiben die Erklärungsebenen in begrifflicher Hinsicht voneinander unabhängig. Jede Erklärungsebene kann als ein eigenes Sprachspiel verstanden werden. Durch eine mechanistische Erklärung werden die Unterschiede zwischen diesen Sprachspielen nicht in Frage gestellt – auch wenn beide miteinander in Beziehung gesetzt werden. Wenn Neurowissenschaftler einen Zusammenhang zwischen der neuronalen Aktivität in bestimmten Regionen von Mäusegehirnen mit bestimmten Verhaltensdispositionen von Mäusen her-

---

187 Vgl. beispielsweise (Carnap 1999).

188 Vgl. (Balzer u. a. 1987; Stegmüller 1976; Suppes 1957; Sneed 1971).

stellen, heißt das nicht, dass Verweise auf neuronale Aktivitäten und Mäuse Teile desselben Sprachspiels sind. Im Sinne Bennett und Hackers können wir betonen, dass Mäuse Wahrnehmungen haben, aber keine neuronalen Aktivitäten. Neuronale Aktivität kann Nervensystemen zugeschrieben werden, diese haben aber wiederum keine Wahrnehmungen. Indem die begriffliche Eigenständigkeit verschiedener Erklärungsebenen betont wird, können die unplausiblen Konsequenzen des eliminativen Materialismus' vermieden werden. Eine Erklärungsebene kann aufgrund der begrifflichen Eigenständigkeit nicht auf eine andere Erklärungsebene reduziert werden. Jede Erklärungsebene ist durch eine eigene Verwendung der Begriffe und eigene Regeln des Sprachgebrauchs gekennzeichnet. Weil eine Reduktion nicht möglich ist, sind wir gut beraten, an einem Erklärungspluralismus festzuhalten. Die Tatsache, dass bestimmte Zusammenhänge zwischen der neuronalen Aktivität in Mäusegehirnen und den Verhaltensdispositionen von Mäusen bestehen, ist kein guter Grund, nicht länger von Mäusen zu sprechen. Erklärungen, die sich auf Mäuse beziehen, erklären etwas anderes als Erklärungen, die sich auf neuronale Aktivitäten beziehen. Eine mechanistische Erklärung kann einen Zusammenhang zwischen beiden Arten von Erklärungen herstellen. Dadurch wird aber weder die eine, noch die andere, verzichtbar.

„Was-wäre-wenn-Erklärungen" beziehen sich auf die Welt

Obwohl Cravers Ansatz die Zusammenhänge zwischen verschiedenen Erklärungen als nicht-reduktiv versteht, kann er wichtige Einsichten reduktionistischer Ansätze aufgreifen. Mechanistische Erklärungen stellen Zusammenhänge zwischen Erklärungsebenen her und die Erklärungen auf beiden Ebenen können als „Was-wäre-wenn-Erklärungen" verstanden werden. „Was-wäre-wenn-Erklärungen" in den Neurowissenschaften nehmen Bezug auf stabile Gesetzmäßigkeiten, die typischerweise nicht als Naturgesetze verstanden werden können. Trotzdem verweisen alle „Was-wäre-wenn-Erklärungen" auf Regularitäten. Regularitäten bringen Einsichten oder Erwartungen über die Welt zum Ausdruck. Unterschiedliche Regularitäten erfassen unterschiedliche Aspekte der Welt. Neben den verschiedenen „Was-wäre-wenn-Erklärungen" in den Neurowissenschaften gibt es natürlich auch physikalische „Was-wäre-wenn-Erklärungen" und auch diese verweisen auf interessante Aspekte der Welt. Da wir die Annahme machen können, dass sich alle „Was-wäre-wenn-Erklärungen" auf dieselbe Welt beziehen, stehen sie alle miteinander in Zusammenhang. Verschiedene „Was-wäre-wenn-Erklärungen" versuchen, verschiedene Aspekte derselben Welt abzubilden.

Wenn ich unterstelle, dass alle „Was-wäre-wenn-Erklärungen" etwas über die Welt aussagen können, kann das philosophischen Widerspruch provozieren. Natürlich sind die menschlichen Möglichkeiten der Erkenntnisgewinnung begrenzt. Das sei zugestanden und mit diesem Zugeständnis seien ontologische Annahmen über die Welt vermieden. Dennoch glaube ich, dass wir annehmen müssen, dass es eine Welt gibt, die der Maßstab unserer (oder vieler unserer) Erklärungen ist – selbst wenn wir nie wissen, ob eine Erklärung diesem Maßstab gerecht wird. Die Annahmen, dass sich viele unserer Erklärungen auf die Welt beziehen und dass es nur eine Welt gibt, können als pragmatische Voraussetzungen allen Erklärens gelten. Die Schwierigkeiten, die mit dem Versuch verbunden sind, einen hartnäckigen Skeptiker von der Existenz der Welt zu überzeugen, sind altbekannt. Ich glaube aber nicht, dass es außerhalb philosophischer Seminare hartnäckige Skeptiker gibt. Wer nach einer Erklärung fragt, setzt zwangsläufig mehr voraus als er erklärt haben möchte.[189] Wer bezweifelt, dass es eine Welt gibt, auf die sich die gesuchte Erklärung bezieht oder wer die Möglichkeit in Betracht zieht, dass sich jede Erklärung auf eine andere Welt bezieht, der hat wenig Grund, nach einer Erklärung zu fragen (und wird Schwierigkeiten haben, sich überhaupt verständlich zu machen).[190]

Auch wenn alle „Was-wäre-wenn-Erklärungen" Aspekte der Welt erfassen können, gelingt dies natürlich nicht jeder konkreten Erklärung. Schließlich gibt es auch falsche Erklärungen. Wir sollten aber davon ausgehen, dass es auf unterschiedlichen Erklärungsebenen richtige Erklärungen geben kann. Anderenfalls bliebe unverständlich, warum Wissenschaftler auf sehr unterschiedlichen Erklärungsebenen nach Zusammenhängen suchen, die als Antworten auf „Was-wäre-wenn-es-etwas-anders-gewesen-wäre-Fragen" verstanden werden können. Da alle richtigen „Was-wäre-wenn-Erklärungen" dieselbe Welt abbilden, ist die Welt der gemeinsame Maßstab, an dem alle diese Erklärungen gemessen werden. Wir gehen offensichtlich davon aus, dass an „Was-wäre-wenn-Erklärungen" besondere Anforderungen zu stellen sind. Diese gehen darüber hinaus, dass sie den Regeln des Sprachspiels, in dem sie vorgebracht werden, entsprechen. Zu diesen Anforderungen scheint mir zu zählen, dass die Aspekte der Welt, die eine „Was-wäre-wenn-Erklärungen" abzubilden versucht, folgende wichtige Eigenschaft aufweisen: Sie sollten als Aspekte derjenigen Welt aufgefasst werden können, die auch durch andere richtige „Was-wäre-wenn-Erklärungen" abgebildet wird.

Da „Was-wäre-wenn-Erklärungen" auf unterschiedlichen Erklärungsebenen liegen können, können nicht alle Einsichten über Aspekte der Welt, die wir ausdrücken können, in einem einzigen Sprachspiel ausgedrückt werden. Wir sollten daher die Vorstellung aufgeben, dass es eine fundamentale Erklärungsebene gibt, auf der alle richtigen Erklärungen liegen. Wir müssen

[189] Vgl. (Wittgenstein 2006).
[190] Vgl. (Nida-Rümelin 2009).

nicht leugnen, dass es eine physikalische Erklärungsebene gibt, die auf universal gültige kausale Zusammenhänge verweist. Die kausalen Zusammenhänge, auf die physikalische Kausalerklärungen Bezug nehmen, können auch als Naturgesetze verstanden werden. Wir sollten aber die Annahme aufgeben, dass die Summe der Naturgesetze alle interessanten Regelmäßigkeiten in der Welt vollständig erfasst. Wir können und sollten nicht ausschließen, dass auch stabile Regularitäten, die nicht als Naturgesetze gelten können, einen interessanten Aspekt der Welt richtig erfassen können.

Die dargestellte Position lässt sich wie folgt zusammenfassen: Es gibt verschiedene Erklärungsebenen, die nicht aufeinander reduzierbar sind. Wir suchen auf verschieden Erklärungsebenen nach „Was-wäre-wenn-Erklärungen" und sollten nicht davon ausgehen, dass alle richtigen „Was-wäre-wenn-Erklärungen" auf derselben Erklärungsebene liegen. Jede richtige „Was-wäre-wenn-Erklärung" erfasst einen Aspekt der Welt. Weiterhin gibt es nur eine Welt, auf die alle richtigen „Was-wäre-wenn-Erklärungen" Bezug nehmen. Weil auf verschiedenen Erklärungsebenen richtige „Was-wäre-wenn-Erklärungen" zu vermuten sind, vermittelt uns die Summe aller Erklärungsebenen ein besseres Verständnis der Welt als jede Erklärungsebene für sich genommen. Die Welt ist der gemeinsame Maßstab aller „Was-wäre-wenn-Erklärungen". Indem wir davon ausgehen, dass es nur eine Welt gibt, stellen wir Zusammenhänge zwischen verschiedenen Erklärungen her – selbst wenn sie auf unterschiedlichen Erklärungsebenen liegen.

EINE ANALOGIE

Ronald Giere verwendet eine hilfreiche Analogie: ein Haus, das auf verschiedenen Photographien zu sehen ist.[191] Die Fotos sind mit unterschiedlichen Kameras (beispielsweise eine Kamera mit Farbfilm, eine mit einem Schwarz/Weiß-Film, eine Digitalkamera, eine Polaroidkamera, eine Infrarotkamera) aus unterschiedlichen Perspektiven aufgenommen worden (beispielsweise von der Seite, von oben oder von innen). Auf den Photographien ist Unterschiedliches zu sehen. Weil sie aber dasselbe Haus zeigen, bestehen Zusammenhänge zwischen den Bildern.[192] Eine andere Analogie sind die Zusammenhänge, die zwischen dem Stadtplan von Manhattan, einer entsprechenden geographischen Karte und der Übersichtskarte der U-Bahnverbindungen bestehen. Die drei Karten heben unterschiedliche Aspekte hervor und zeigen Unterschiedliches. Da sie aber Darstellungen

---

191 Vgl. (Giere 1999, Kapitel 4).

192 Diese Analogie verdeutlicht, dass es nicht darauf ankommt, dass uns das Haus selbst in irgendeinem unmittelbaren Sinne zugänglich ist. Vielleicht nehmen wir nur an, dass es sich um Bilder desselben Hauses handelt oder wir stellen uns vor, dass es ein Haus gibt, von dem die Bilder unterschiedliche Ansichten zeigen. Die Zusammenhänge zwischen den Bildern entstehen schon durch die Annahme, dass sie Bilder desselben Hauses sind.

derselben Halbinsel sind, bestehen Zusammenhänge zwischen den drei Karten. Dies wird zum Beispiel daran deutlich, dass wir mit Hilfe des U-Bahnplans und der Straßenkarte herausfinden können, unter welchen Straßenzügen eine bestimmte U-Bahnlinie verläuft.

NACHTEILE REDUKTIONISTISCHER ANSÄTZE

Das dargestellte Verständnis von Zusammenhängen zwischen „Was-wäre-wenn-Erklärungen" ist gut mit der Möglichkeit vereinbar, dass ein Phänomen vielfach realisierbar ist. Indem John Bickle vorschlägt, dass – anders als oft angenommen – biologische Phänomene auf molekularer Ebene nicht vielfach realisiert sind, gesteht er implizit ein, dass multiple Realisierbarkeit eine große Herausforderung für reduktionistische Ansätze darstellt.[193] Es ist als Vorteil seiner Position anzusehen, dass er diese Herausforderung ernst nimmt und sie nicht unter den Teppich zu kehren versucht. Seine Bemühungen, die Möglichkeit der multiplen Realisierbarkeit in Frage zu stellen, halte ich aber letztlich nicht für überzeugend. Einerseits erscheint mir fraglich, ob Bickles Diskussion der neurowissenschaftlichen Literatur zu Lernen und Gedächtnis[194] ausgewogen ist. Sicherlich ist ihm zuzustimmen, dass es überraschende Ähnlichkeiten in den molekularen Mechanismen gibt, die Lernen und Gedächtnis in verschiedenen Spezies zugrunde liegen. Diese Übereinstimmungen, auf die Bickle kenntnisreich verweist, haben auch neurowissenschaftliches Interesse geweckt und verdienen Aufmerksamkeit. Gleichzeitig bestehen aber auch Unterschiede in den neuronalen Grundlagen von Lernen und Gedächtnis in verschiedenen Spezies[195] und Bickles Betonung der Übereinstimmungen erscheint daher etwas einseitig. Zum anderen gibt es eine evolutionsbiologische Erklärung für Gemeinsamkeiten zwischen verschiedenen Spezies.[196] Die Abstammung von einem gemeinsamen Vorfahren erklärt, dass sich manche Mechanismen in sehr ähnlicher Weise in verschiedenen Spezies finden. Selbst wenn die molekularen Details der neuronalen Grundlagen von Lernen und Gedächtnis in allen Spezies, in denen diese Phänomene zu beobachten sind, völlig identisch wären, würde nicht folgen, dass Lernen und Gedächtnis nicht vielfach realisierbar sind.

MULTIPLE REALISIERBARKEIT UND MANIPULATIONEN

Allein die Möglichkeit, dass ein Phänomen vielfach realisierbar ist, stellt eine Herausforderung für reduktionistische Ansätze dar. Diese Möglichkeit kann nicht durch die Diskussion eines Beispiels entkräftet werden (selbst wenn

---

193 Vgl. (Bickle 2003, Kapitel 4).
194 Vgl. (Bickle 2003, Kapitel 5).
195 Vgl. (Squire & Kandel 2008).
196 Vgl. (Darwin 1975).

sie an diesem Beispiel überzeugen würde). Vielleicht *könnten* die Phänomene des Lernens und des Gedächtnisses anders realisiert sein. Der Hinweis von James Woodward und Carl Craver,[197] dass die Biowissenschaften ein besonderes Interesse an Manipulation und Kontrolle haben, ist mit Blick auf die multiple Realisierbarkeit von Bedeutung. Aufgrund unsers Interesses an Manipulation und Kontrolle suchen wir oft nach alternativen Möglichkeiten, ein Phänomen zu realisieren. Beispielsweise können wir den physiologischen Mechanismus untersuchen, der dem Phänomen des Herzschlags zugrunde liegt. Wenn wir glauben, diesen Mechanismus hinreichend gut verstanden zu haben, können wir auf die Idee kommen, einige wesentliche Komponenten dieses Mechanismus durch einen Herzschrittmacher oder ein Kunstherz zu ersetzen. An der Möglichkeit dieses Eingriffes sind wir besonders interessiert, weil es viele Menschen gibt, die außerordentlich von Herzschrittmachern profitieren. Auch wesentliche Funktionen anderer Körperteile oder Organe ersetzen wir durch Artefakte. Künstliche Kniegelenke beruhen auf einem Verständnis der kausalen[198] Rolle von natürlichen Kniegelenken für die menschliche Fortbewegung. Die Dialyse beruht auf der Idee, wesentliche Aspekte der kausalen Rolle der Niere für die Reinigung des Blutes durch einen geeigneten technischen Apparat zu realisieren, der dadurch Fehlleistungen der Niere kompensieren kann. Der Vorschlag, die Möglichkeit der multiplen Realisierbarkeit durch Verweis auf molekulare Details in Frage zu stellen, ist deshalb nicht nur in der Sache fragwürdig. Vor allem stellt die multiple Realisierbarkeit den Reduktionisten auch dann vor Herausforderungen, wenn kein biologisches Phänomen vielfach realisiert wäre. Selbst wenn dem Phänomen des Herzschlages bei allen Spezies (die Herzen haben) derselbe molekulare Mechanismus zugrunde läge, könnten wir Herzschrittmacher konstruieren. Von Herzschrittmachern, Kunstherzen und Herz-Lungen-Maschinen wissen wir, dass sie sich in vielerlei Hinsicht von den biologischen Komponenten unterscheiden, an deren Stelle sie treten.

Eine Kausalerklärung, die die Blutzirkulation beim Menschen mit der zyklischen Kontraktion des Herzmuskels erklärt und das Verständnis des physiologischen Mechanismus, der der Kontraktion des Herzmuskels zugrunde liegt, sind aus medizinischer Sicht sehr wertvoll. Wir würden ganz entscheidende Informationen verlieren, wenn wir sie zugunsten einer vermeintlich fundamentaleren Erklärung molekularer Zusammenhänge aufgäben. Diese Informationen sind im Hinblick auf Manipulation und Kontrolle von Interesse und verweisen auf Möglichkeiten der alternativen Realisierung. Zwar können wir auch durch Eingriffe in molekulare Details Menschen mit einer

---

197 Vgl. (Woodward 2003, Titel; Craver 2007, S.1).

198 Wer derartige Erklärungen lieber nicht zu den Kausalerklärungen rechnen möchte, möge an dieser Stelle einen anderen Begriff einsetzen.

Herzrhythmusstörung helfen (einige verbreitete Medikamente blockieren bestimmte Ionenkanäle am Herzmuskel). Wir können aber auch einen Herzschrittmacher verwenden, um die kausale Rolle bestimmter Komponenten angemessen zu ersetzten (und viele Menschen profitieren von dieser Möglichkeit). Wenn wir uns nur für die molekularen Details der Vorgänge in menschlichen Beinen interessieren würden, kämen wir auch nicht auf die Idee, ein kaputtes Kniegelenk durch ein künstliches zu ersetzen.

Manipulationen und mechanistische Erklärungen

Aus den genannten Gründen halte ich Bickles reduktionistische Antwort auf die Herausforderung der multiplen Realisierbarkeit für unbefriedigend. Der mechanistische Ansatz kann dagegen ohne Schwierigkeiten zugestehen, dass ein Phänomen durch verschiedene Mechanismen realisiert werden kann. Der besondere Vorteil ist aber, dass die mechanistische Erklärung auf Komponenten und deren Aktivitäten verweist, die durch weitere mechanistische Erklärungen spezifiziert werden können – aber nicht müssen. Mechanistische Erklärungen ermöglichen es uns, nach einer alternativen Komponente zu suchen, die eine fehlende oder defekte Komponente in adäquater Weise ersetzt. Tatsächlich werden Komponenten eines Mechanismus typischerweise dadurch identifiziert, dass sie durch eine geeignete Manipulation entfernt werden oder ihre Aktivität beeinträchtigt wird. Besonders elegante Experimente ersetzen die entfernte Komponente anschließend durch eine funktionell äquivalente Alternative und verdeutlichen dadurch die kausale Rolle, die die Komponente in dem Mechanismus einnimmt. Dieselben Zusammenhänge, die Wissenschaftler bei der Aufklärung von Mechanismen einsetzen, können wir uns auch zunutze machen, wenn wir ein Phänomen in unserem Sinne beeinflussen wollen.[199]

[199] Die große Bedeutung der multiplen Realisierbarkeit im Hinblick auf Manipulation und Kontrolle ist in der philosophischen Diskussion zumeist nicht angemessen gewürdigt worden. Wenn die Debatte beispielsweise darum kreist, ob dieselben Schmerzen, die beim Menschen (unter anderem) durch Feuern der C-Fasern realisiert werden (vgl. beispielsweise Levine 1983), bei Marsmännchen oder ähnlichen Phantasiegestalten in irgendeiner anderen Weise realisiert werden könnten, dann geht sie an den entscheidenden Aspekten vorbei. Wenn (bestimmte) Schmerzen beim Menschen (unter anderem) durch das Feuern von C-Fasern charakterisiert sind (es ist auch als etwas unglücklich anzusehen, dass in der philosophischen Diskussion das Feuern von C-Fasern oft mit Blick auf das subjektive Schmerzerleben erwähnt wird. Das Feuern der C-Fasern ist wohl eher als eine periphere Voraussetzung für das subjektive Erleben bestimmter Schmerzen anzusehen – nicht als deren Charakteristikum), heißt das einerseits, dass diese Schmerzen immer dann auftreten, wenn die C-Fasern feuern – egal warum sie feuern. Andererseits heißt es, dass die Schmerzen nicht auftreten, wenn die C-Fasern nicht feuern – egal warum sie nicht feuern. Das ist unter anderem deshalb besonders interessant, weil möglicherweise bestimmte Schmerzzustände dadurch eliminiert werden können, dass das Feuern von C-Fasern gezielt und nebenwirkungsfrei unterbunden wird. Ich möchte nicht behaupten,

Der Bedeutung des Phänomens der multiplen Realisierbarkeit für die Praxis der Bio- und Neurowissenschaften trägt Bickle nicht angemessen Rechnung – obwohl er umfassend auf diese Praxis Bezug nimmt. Mir drängt sich bei der Auseinandersetzung mit Bickles Position – aus diesem und aus anderen Gründen[200] – der Eindruck auf, dass Bickle eine interessante wissenschaftstheoretische Position kenntnisreich durch Verweise auf die neurowissenschaftliche Praxis zu stützen versucht. Dabei scheint mir aber die Festlegung auf den Reduktionismus der Auseinandersetzung mit den Neurowissenschaften vorauszugehen. Zwar profitiert Bickles Position von der detaillierten Auseinandersetzung mit der neurowissenschaftlichen Literatur in vielfacher Weise und seinen Lesern ist durch die explizite Formulierung seiner wissenschaftstheoretischen Annahmen sehr geholfen. Ich denke aber, dass die Philosophie der Neurowissenschaften einen unvoreingenommenen Blick auf die wissenschaftliche Praxis erfordert. Ausgehend von der Praxis sollte eine wissenschaftstheoretische Konzeptualisierung und Einordnung erfolgen. Bickle scheint mir den umgekehrten Weg zu gehen. Ich möchte nicht unterstellen, dass er Besonderheiten der neurowissenschaftlichen Praxis, die eine Herausforderung für seine Position darstellen, gezielt unterschlägt. Möglicherweise führt aber seine (Vor-)Festlegung auf den Reduktionismus zu einer selektiven Wahrnehmung der neurowissenschaftlichen Praxis.

NACHTEILE DER SPRACHSPIELPLURALISTISCHEN ALTERNATIVE

Obwohl sich die Position von Bennett und Hacker radikal von Bickles Position unterscheidet, bin ich geneigt, diesen Autoren einen ähnlichen Vorwurf zu machen. Peter Hacker war sicherlich schon vor der Auseinandersetzung mit den Neurowissenschaften auf eine wittgensteinsche Position festgelegt. Diese hat er dann gemeinsam mit Maxwell Bennett ausgearbeitet und das Resultat verdient philosophische und neurowissenschaftliche Aufmerksamkeit. Die Fokussierung auf die Sprache führt aber zu einer wesentlichen Leerstelle in der Position von Bennett und Hacker: Letztlich ist es ein wichtiges Anliegen, Zusammenhänge zwischen Personen und den Vorgängen in

---

dass die neurowissenschaftlichen Interessen an C-Fasern ausschließlich mit Blick auf Manipulation und Kontrolle zu verstehen sind. Weil aber Manipulation und Kontrolle einerseits für ein tieferes Verständnis wesentlich sind und anderseits von großem therapeutischem Nutzen sind, scheinen mir diese Aspekte sehr wichtig zu sein. Sicherlich ist es jedenfalls für die philosophische Diskussion hilfreich, den Kontext neurowissenschaftlicher Erkenntnisse im Zusammenhang mit C-Fasern zu berücksichtigen. Der Verweis auf das Feuern der C-Fasern ist in der neurowissenschaftlichen Literatur nicht primär zur Individuation verschiedener Schmerzzustände gedacht.

[200] Auf die etwas einseitige Diskussion der neurowissenschaftlichen Literatur zu Lernen und Gedächtnis habe ich bereits hingewiesen.

menschlichen Nervensystemen zu finden. Bei allen hilfreichen konzeptionellen Klärungen bleiben die Autoren eine überzeugende Antwort schuldig, wie diese Zusammenhänge hergestellt werden können. Wer Bennett und Hacker ernst nimmt, lernt, wie mereologische Fehlschlüsse vermieden werden können. Wie die Wissenschaftler, die nach den genannten Zusammenhängen suchen, stattdessen vorgehen sollen, lernt der Leser leider nicht. In Bennetts Forschungsarbeiten stehen zelluläre Zusammenhänge im Vordergrund. Dabei ist es vergleichsweise einfach, wissenschaftliche Erkenntnisse in präziser Fachsprache zu formulieren und merelogische Fehlschlüsse zu vermeiden. Bei der Erforschung kognitiver Fähigkeiten ist das offensichtlich schwieriger als bei der Erforschung der Synapse (die Bennetts Spezialgebiet ist). Vielleicht würden Bennett und Hacker mit einem Verweis auf ihr Verständnis von Philosophie[201] auf diesen Vorwurf antworten. Die strikte Trennung zwischen konzeptioneller Analyse – der Domäne der Philosophie – und empirischen Untersuchungen – der Domäne der Neurowissenschaften – ist aber nicht überzeugend.[202] Sie kann nicht konsequent aufrechterhalten werden. Sicherlich sind empirische Befunde in vielen Fällen auf konzeptionelle Klärungen angewiesen. Mitunter gilt das aber auch umgekehrt. Mit der Aufteilung in konzeptionelle und empirische Fragen machen es sich Bennett und Hacker zu leicht.

ZUSAMMENFASSUNG

In diesem Kapitel habe ich einige Vor- und Nachteile des Reduktionismus und des Sprachspielpluralismus aufgegriffen und Bezüge zu einem mechanistischen Verständnis wissenschaftlichen Erklärens hergestellt. Dabei habe ich selektiv Aspekte herausgegriffen, die mir für meine Überlegungen besonders relevant erscheinen und die geeignet sind, die Vorteile meiner Position zu verdeutlichen. Sie sind keinesfalls dazu gedacht, den Reduktionismus und den Sprachspielpluralismus umfassend zu charakterisieren. Da es eine Vielzahl von Positionen gibt, die diesen Ansätzen zuzuordnen sind, würde ein derartiges Unterfangen den Rahmen dieser Arbeit sprengen. Ich habe aber auf jeweils einen zeitgenössischen Vertreter des Reduktionismus und des Sprachspielpluralismus hingewiesen. Die Ansätze von John Bickle auf der einen Seite und Maxwell Bennett und Peter Hacker auf der anderen Seite erscheinen mir besonders vielversprechend und wer nach Alternativen zu meinen Überlegungen sucht, sei auf diese Ansätze verwiesen. Ich habe gezielt Eigenschaften beider Ansätze betont, die mir entweder unplausibel

201 Als wesentliche Aufgabe der Philosophie sehen Bennett und Hacker die Klärung konzeptioneller Fragen an, während sie es für die Aufgabe der empirischen Wissenschaften halten, Tatsachen über das Gehirn herauszufinden.

202 Sie wird von auch Daniel Dennett und John Searle kritisiert (Bennett u. a. 2009).

erscheinen oder die ich beibehalten möchte. Es sei ausdrücklich darauf hingewiesen, dass meine knappe Diskussion weder ausführlich noch unvoreingenommen genug ist, um den genannten Autoren gerecht zu werden. Ich hoffe aber, dass eine Abgrenzung meiner Überlegungen von prominenten Positionen für den Leser hilfreich ist und eine Einordnung in einen größeren Diskussionszusammenhang erleichtert. Zudem habe ich zu verdeutlichen versucht, dass und inwieweit die dargestellte Position geeignet ist, die Vorteile von Sprachspielpluralismus und Reduktionismus zu verbinden und die Überspanntheiten zu vermeiden, die diese Positionen kennzeichnen.

13 KORRELATIONEN ZWISCHEN ERKLÄRUNGEN

EINLEITUNG

Die in den vorigen drei Kapiteln entwickelte Position, die Vorteile des Sprachspielpluralismus und des Reduktionismus verbindet, möchte ich in diesem Kapitel durch die ausführliche Diskussion eines Beispiels weiter ausarbeiten. Das Ziel ist zu verdeutlichen, wie wir nicht-reduktive Zusammenhänge zwischen verschiedenen Erklärungsebenen herstellen können und warum wir an derartigen Zusammenhängen interessiert sind. Der wesentliche Gedanke dabei ist, dass uns dies durch korrelative Studien gelingen kann. Wir können zwei Erklärungen dadurch miteinander in Zusammenhang bringen, dass wir erkennen, dass beide zum gleichen Zeitpunkt am gleichen Ort relevant sind. Dabei ist es kein Problem, wenn die verschiedenen Erklärungen begrifflich voneinander unabhängig sind und auf unterschiedlichen Erklärungsebenen liegen. Wir können Korrelationen zwischen Beobachtungen feststellen, zwischen denen kein begrifflicher oder kausaler Zusammenhang besteht.[203] Die Klärung solcher Zusammenhänge zwischen Erklärungsebenen ist auch dann hilfreich und als wissenschaftlicher Fortschritt anzusehen, wenn dabei keine der beiden Erklärungsebenen auf die andere reduziert werden kann.

EREIGNISSE IHRE BESCHREIBUNGEN

Wesentlich für die Überlegungen dieses Kapitels ist die von Donald Davidson betonte Unterscheidung zwischen Ereignissen und unseren Beschreibungen dieser Ereignisse.[204] Davidson hält Ereignisse für die ontologischen Einheiten, aus denen die Welt besteht. Strenggenommen sehe ich zwar keinen Grund, mich auf Ereignisse als ontologische Einheiten festzulegen (es könnten beispielsweise auch Prozesse sein), aber der Einfachheit halber werde ich im Folgenden von Ereignissen sprechen.[205] Die ontologischen Einheiten, aus denen die Welt besteht, können wir möglicherweise nicht

---

[203] Beispielsweise ist beobachtet worden, dass der Rückgang der Geburtenrate mit dem Rückgang der Anzahl von Storchennestern auf Hausdächern korreliert – ohne dass wir davon ausgehen, dass ein begrifflicher oder unmittelbar kausaler Zusammenhang besteht.

[204] Vgl. (Davidson 1985, S.340; Davidson 1986)

[205] Es sei betont, dass sich meine Ansicht trotz des gemeinsamen Ausgangspunktes wesentlich von Davidsons Position unterscheidet. Eine Diskussion der Unterschiede findet sich im nächsten Kapitel.

erkennen. Wir können aber Annahmen machen und Ereignisse beschreiben. Wenn wir Vorhersagen machen oder Erklärungen vorbringen, dann machen wir uns Vorstellungen oder Bilder von verschiedenen Ereignissen, die wir miteinander in Beziehung setzen. Üblicherweise bringen wir diese Vorstellungen sprachlich zum Ausdruck, aber selbstverständlich kann es auch nonverbale Erklärungen geben (auf diese Möglichkeit werde ich aber nicht weiter eingehen).

Weil wir uns der Sprache bedienen, um Vorstellungen über die Welt zu formulieren, hängt die Art und Weise, wie wir Ereignisse charakterisieren, von unserer Sprache ab. Eine wesentliche Einsicht des Sprachspielpluralismus ist, dass die Bedeutung der Begriffe unserer Sprache durch ihre Verwendung bestimmt ist. Da ich zudem die Vorstellung verschiedener Sprachspiele für hilfreich halte, deren Begriffe sich aufgrund unterschiedlichen Verwendungskontextes voneinander unterscheiden, glaube ich, dass wir die Welt in sehr unterschiedliche Ereignisse aufteilen können. Die Ereignisse, die wir sprachlich charakterisieren können, werden durch die Begriffe, die wir verwenden und den Kontext, in dem wir sie vorbringen, begrenzt.

Ereignisse und Gesetzmäßigkeiten

Eine Erklärung erfordert mehr als die Beschreibung eines Ereignisses. Sie erfordert weitere Beschreibungen von Ereignissen und die Angabe systematischer Beziehungen, die zwischen diesen Ereignissen angenommen werden. Erst wenn wir überzeugt sind, dass das Zusammenwirken von Ereignissen der Art A und Ereignissen der Art B regelmäßig und zuverlässig Ereignisse der Art C hervorbringt, haben wir eine Erklärung für Ereignisse der Art C. Ich habe betont, dass die Gesetzmäßigkeiten, die wir in Erklärungen voraussetzten, Naturgesetzte sein können – aber nicht müssen. In biowissenschaftlichen Erklärungen spielen zumeist Gesetzmäßigkeiten eine Rolle, die unter bestimmten Bedingungen stabil sind, nicht aber unter allen. In jedem Fall brauchen wir aber für eine Erklärung Beschreibungen von Ereignissen und die Annahme, dass zwischen ihnen gesetzesartige Beziehungen bestehen. Die Erklärungen, für die das gilt, habe ich als „Was-wäre-wenn-Erklärungen" bezeichnet und ich gehe davon aus, dass die Welt der gemeinsame Maßstab für unsere Erklärungen ist. Wir müssen nicht unbedingt annehmen, dass es die Ereignisse und die Gesetzmäßigkeiten, die wir in unseren Erklärungen beschreiben, tatsächlich genauso in der Welt gibt. Aber wir gehen davon aus, dass wir mit einer guten Erklärung irgendeinen Aspekt der Welt angemessen erfassen.

„Was-wäre-wenn-Erklärungen" können auf unterschiedlichen Erklärungsebenen liegen. Wenn sie auf verschiedenen Erklärungsebenen liegen, können sie nicht ohne Bedeutungsverlust ineinander übersetzt werden. Das bedeutet, dass die beiden Erklärungen die Welt in unterschiedliche Ereignisse aufteilen. Diese Ereignisse können nicht zur Deckung gebracht werden, weil die Begriffe, mit denen die Ereignisse charakterisiert werden, nicht aufeinander reduziert werden können. Weil sich die Ereignisse, von denen in zwei derartigen Erklärungen die Rede ist, nicht zur Deckung gebracht werden können, sind auch die Gesetzmäßigkeiten, die zwischen ihnen angenommen werden, unterschiedlich.

Ein Beispiel

Der Vorschlag, dass unterschiedliche „Was-wäre-wenn-Erklärungen" die Welt in unterschiedliche Ereignisse aufteilen, zwischen denen unterschiedliche Gesetzmäßigkeiten bestehen, ist für die im letzten Teil dieser Arbeit vorgestellten Überlegungen zur Handlungstheorie zentral. Ich möchte ihn daher durch ein Beispiel verdeutlichen. Als ein Beispiel für eine Handlungserklärung habe ich genannt, dass ich zur Apotheke gehe, um Aspirin zu kaufen, weil ich Kopfschmerzen habe und der Überzeugung bin, dass Aspirin gegen Kopfschmerzen hilft. Der letzte Teil der Handlungserklärung benennt eine Gesetzmäßigkeit: Aspirin hilft gegen Kopfschmerzen. Diese Gesetzmäßigkeit besteht zwischen zwei Arten von Ereignissen, dem Schlucken von Aspirin Tabletten und dem Nachlassen von Kopfschmerzen.

Ich gehe davon aus, dass das Nachlassen von Kopfschmerzen nach dem Schlucken von Aspirin irgendetwas mit der neurophysiologischen Wirkung von Acetylsalicylsäure (dem Wirkstoff von Aspirin) auf menschliche Gehirne zu tun hat. Das Nachlassen von Kopfschmerzen ist aber ein Ereignis (oder eine Art von Ereignissen), das sich nur mit den Begriffen einer Handlungserklärung formulieren lässt. Für dieses Ereignis gibt es keine direkte neurophysiologische Entsprechung. Das hängt mit den Besonderheiten der Begriffe zusammen, die wir in Handlungserklärungen verwenden. Beispielsweise hat der Verweis auf Kopfschmerzen in Handlungserklärungen bestimmte Funktionen. Neben der Neigung, Kopfschmerztabletten zu schlucken, erklärt er vielleicht auch geringere Leistungsfähigkeit und leichtere Reizbarkeit. Es gibt sicherlich keine Möglichkeit, all das, was mit dem Verweis auf Kopfschmerzen ausgedrückt wird, durch den Verweis auf eine klar umgrenzte Art von neurophysiologischen Ereignissen auszudrücken. Die Ereignisse, die wir mit den Begriffen neurowissenschaftlicher Erklärungen charakterisieren können, sind zu verschieden. Zwischen den Ereignissen, die in neurowissenschaftlichen Erklärungen eine Rolle spielen, bestehen auch andere Arten von Gesetzmäßigkeiten. Die Gesetzmäßigkeit, dass Aspirin gegen Kopfschmerzen hilft, kann aus begrifflichen Gründen durch eine neurowissenschaftliche Erklärung nicht zum Ausdruck gebracht werden.

KORRELATIONEN

Wir können das Auftreten verschiedener Ereignisse aber miteinander korrelieren. Für die Beobachtung einer Korrelation macht es nichts, wenn die Ereignisse sehr unterschiedlich sind. Theoretisch können wir problemlos das Nachlassen von Kopfschmerzen mit Vorgängen im Gehirn derjenigen Person korrelieren, deren Kopfschmerzen nachlassen. Eine Korrelation besteht dann, wenn Ereignisse zur selben Zeit beobachtet werden. Neben der zeitlichen Korrelation kann es auch eine interessante Beobachtung sein, dass zwei Ereignisse zuverlässig am selben Ort auftreten.[206] Ein Beispiel könnten molekulare Interaktionen zwischen Acetylsalicylsäure, dem Wirkstoff von Aspirin, und Enzymen der Prostaglandinsynthese sein, die mit dem Nachlassen von Kopfschmerzen korrelieren.[207]

Eine Korrelation ist eine interessante Beobachtung, die aber mit sehr verschiedenen Interpretationen vereinbar ist. A und B können miteinander korrelieren, weil A eine Ursache von B ist. In diesem Fall bestünde eine Kausalbeziehung zwischen A und B. A und B können aber auch eine gemeinsame Ursache haben und zwischen ihnen besteht keine Kausalbeziehung. A und B könnten auch identisch sein oder die Korrelation kann einfach Zufall sein. Es gibt also sehr verschiedene Möglichkeiten, wie Korrelationen zustande kommen können und wir können aus der Beobachtung einer Korrelation daher zunächst nicht auf die genaue Art des bestehenden Zusammenhanges schließen. Wenn bestimmte Handlungserklärungen mit bestimmten neurowissenschaftlichen Kausalerklärungen korrelieren, dann haben wir einen möglicherweise interessanten Zusammenhang entdeckt, der in vielfältiger Weise nützlich sein kann. Wir sollten aber nicht annehmen, dass wir allein dadurch bereits die genaue Art dieses Zusammenhangs bestimmt hätten. Vor allem sollten wir nicht unmittelbar folgern, dass die neurowissenschaftlich beschriebenen Vorgänge das mit dem Vokabular einer Handlungserklärung beschriebene Ereignis kausal verursachen. Die Feststellung einer Korrelation kann aber Ausgangspunkt für weitergehende Untersuchungen sein. Die Beobachtung einer Korrelation ist häufig Ausgangspunkt von empirischen Studien, die nach einer Erklärung für die Korrelation suchen.

---

206 Dabei ist es wesentlich, dass um *Beschreibungen* von Ereignissen geht. Wir müssen daher nicht davon ausgehen, dass Kopfschmerzen einem Ort zugeordnet werden können. Der Bericht des Nachlassens der Kopfschmerzen und die Beobachtung der Gehirnphysiologie korrelieren zeitlich und können in räumlicher Nähe erfolgen.

207 Vgl. (Vane 1971).

Korrelationen zwischen Ereignissen auf verschiedenen Erklärungsebenen

Die Inhibition von Enzymen der Prostaglandinsynthese durch Acetylsalicylsäure wirkt nicht kausal auf Kopfschmerzen ein. Enzyme der Prostaglandinsynthese haben keine Kopfschmerzen. Es handelt sich um Beschreibungen von Ereignissen auf zwei verschiedenen Erklärungsebenen. Das Nachlassen von Kopfschmerzen ist ein Ereignis auf der Ebene der Handlungserklärungen. Die Inhibition von Enzymen ist ein Ereignis auf der Erklärungsebene der Neurowissenschaften. Die Inhibition von Enzymen der Prostaglandinsynthese durch Acetylsalicylsäure kann aber mit dem Nachlassen von Kopfschmerzen korrelieren und diese Beobachtung können wir problemlos machen.

Die Beobachtung einer solchen Korrelation ist nicht mehr und nicht weniger, als ein erster Schritt bei der Herstellung eines Zusammenhanges zwischen einer neurowissenschaftlichen Erklärung und einer Handlungserklärung. Dieser Zusammenhang ist zunächst sehr punktuell. Wir könnten eine solche Korrelation aber systematisch überprüfen. Aufgrund des subjektiven Charakters von Kopfschmerzen entstehen zwar einige Schwierigkeiten, die detaillierte Studien aber nicht grundsätzlich unmöglich machen. Wegen dieser Schwierigkeiten kann ich die folgenden Überlegungen allerdings nur mit Gedankenexperimenten erläutern, die aus verschiedenen pragmatischen und moralischen Gründen weder durchgeführt werden könnten noch sollten.

Hypothetische Studien zur Klärung des Zusammenhangs

Theoretisch könnte ich (und aufgrund des subjektiven Charakters von Kopfschmerzen könnte das auch niemand anderes) systematische Studien zu dem Zusammenhang zwischen meinen Kopfschmerzen und den Vorgängen in meinem Gehirn machen. Dabei könnte ich Zusammenhänge zwischen sehr verschiedenen Gesetzmäßigkeiten herstellen. Die ersten beiden Gesetzmäßigkeiten sind dabei erwartbar. Wenn ich oft genug Kopfschmerzen habe und Aspirin schlucke, könnte ich beobachten, dass das Schlucken von Kopfschmerztabletten zuverlässig zum Nachlassen der Kopfschmerzen führt. Dies ist die Gesetzmäßigkeit, auf die ich in einer Handlungserklärung verweisen würde. Weiterhin könnte ich charakteristische Wirkungen von Acetylsalicylsäure auf mein Gehirn feststellen, die einigermaßen zuverlässig auftreten und zu denen die Inhibition der Enzyme der Prostaglandinsynthese zählt. Diese Gesetzmäßigkeit wird in neurowissenschaftlichen Erklärungen zum Ausdruck gebracht (Acetylsalicylsäure inhibiert Enzyme der Prostaglandinsynthese). Schließlich könnte ich beobachten, dass das Nachlassen der Kopfschmerzen und die Inhibition der Prostaglandinsynthese miteinander korrelieren. Wenn ich mich durch systematische Untersuchungen von diesem Zusammenhang überzeugt hätte, könnte ich die Gesetzmäßigkeit formulieren, dass die Inhibition der Prostaglandinsynthese (bei mir) mit dem Nachlassen von Kopfschmerzen einhergeht. Die letztgenannte Gesetzmäßigkeit kann dabei theoretisch genauso gut etabliert werden, wie die beiden anderen. Es besteht aber ein wesentlicher Unterschied. Statt einer Gesetzmäßigkeit, die Zusammenhänge zwischen verschiedenen Ereignissen[208] auf einer Erklärungsebene herstellt, stellt sie Zusammenhänge zwischen Ereignissen auf verschiedenen Erklärungsebenen her.

Von Korrelationen zu Vorhersagen

Die Beobachtung von Gesetzmäßigkeiten zwischen Ereignissen auf verschiedenen Erklärungsebenen ermöglicht es, neue Hypothesen zu bilden und Vorhersagen zu machen. Ich könnte die Hypothese formulieren, dass die Inhibition des Enzyms der Prostaglandinsynthese wesentlich für das Nachlassen der Kopfschmerzen ist und diese Hypothese könnte ich testen. Beispielsweise könnte ich versuchen, die Prostaglandinsynthese in anderer Weise zu inhibieren und testen, ob auch in diesem Fall ein günstiger Einfluss auf Kopfschmerzen zu beobachten ist. Wenn ich umgekehrt in irgendeiner Weise verhindern könnte, dass Acetylsalicylsäure das Enzym der Prostaglandinsynthese inhibiert, sollten die Effekte auf meine Hirnphysiologie ebenso unterbunden werden wie das Nachlassen meiner Kopfschmerzen.

Ich habe betont, dass die skizzierten Untersuchungen natürlich hypothetisch sind. Natürlich verfügen wir über keine nicht-invasiven Methoden, die es mir erlauben würden, die Inhibition der Prostaglandinsynthese problemlos festzustellen und außerdem habe ich nicht oft genug Kopfschmerzen, um systematische Studien dieser Art zu machen. Weiterhin erschiene es wünschenswert, die Untersuchungen nicht auf eine Person zu beschränken, sondern den Zusammenhang zwischen dem Nachlassen von Kopfschmerzen und der Inhibition der Prostaglandinsynthese allgemein zu untersuchen. Dabei entsteht zunächst das Problem, dass niemand die Kopfschmerzen verschiedener Personen systematisch erfassen kann (bestenfalls kann eine Person, wie skizziert, ihre eigenen Kopfschmerzen systematisch erfassen). Wir müssten uns bei den Studien auf die Berichte verschiedener Personen verlassen, deren Vergleichbarkeit und Zuverlässigkeit schwer zu belegen wäre. Aus der Unmöglichkeit dieser Studien folgt aber natürlich nicht, dass die angedeuteten Zusammenhänge nicht bestehen. Stattdessen gehen wir

---

208 Ich hoffe, dass unterdessen deutlich geworden ist, dass es mir immer um Beschreibungen von Ereignissen geht. Wenn ich vereinfachend von Ereignissen spreche, sind nicht ontologische Einheiten gemeint, auf die diese Beschreibungen verweisen, sondern die Beschreibungen selbst.

selbstverständlich davon aus, dass Zusammenhänge zwischen den molekularen Wirkungen von Acetylsalicylsäure und dem Nachlassen von Kopfschmerzen bei allen oder den meisten Menschen bestehen. Weil wir Schwierigkeiten haben, diese Annahme systematisch zu überprüfen, fehlt uns ein genaues Verständnis der Zusammenhänge zwischen Hirnphysiologie und Kopfschmerzen. Die genannten Schwierigkeiten sind aber nur epistemischer Art und weisen in keiner Weise auf grundsätzliche Probleme hin. Nur weil wir bestimmte Zusammenhänge nicht aufklären können oder wollen, brauchen wir nicht zu bezweifeln, dass sie bestehen.

Systematische Zusammenhänge zwischen Erklärungsebenen

Wenn wir weniger Schwierigkeiten hätten, die genannten Zusammenhänge durch systematische, wissenschaftliche Studien zu untersuchen, könnte es uns gelingen, immer neue Hypothesen zu formulieren und zu überprüfen. Diese Hypothesen würden die Zusammenhänge zwischen neurowissenschaftlichen Erklärungen und Handlungserklärungen betreffen und sich nicht auf die Zusammenhänge innerhalb einzelner Erklärungsebenen beschränken. Letztlich könnte es uns gelingen, unsere bestehenden und differenzierten Handlungserklärungen mit bestehenden (und weiter zu verfeinernden) neurowissenschaftlichen Erklärungen systematisch zu verzahnen. Aus einer einzelnen punktuellen Korrelation würde eine Vielzahl von punktuellen Korrelationen zwischen neurowissenschaftlichen Erklärungen und Handlungserklärungen. In diesem Fall wären die verschiedenen Erklärungsebenen durch die Summe unserer Beobachtungen miteinander verbunden und wir könnten bei Bedarf immer von einer Erklärungsebene auf die andere wechseln.[209] Wir könnten Vorhersagen über die Vorgänge auf einer Erklärungsebene machen, wenn uns die auf der anderen bekannt wären.

Begriffliche Unabhängigkeit der Erklärungsebenen

Dennoch würden die begrifflichen Unterschiede zwischen beiden Erklärungsebenen bestehen bleiben – egal wie gut wir die Zusammenhänge verstehen würden. Die Einnahme von Acetylsalicylsäure verursacht nicht das Nachlassen von Kopfschmerzen. Acetylsalicylsäure inhibiert ein Enzym der Prostaglandinsynthese und Enzyme haben keine Kopfschmerzen. Egal wie weit wir die neurowissenschaftliche Kausalkette, die mit der Inhibition des

---

[209] Ich habe zuvor verschiedene Erklärungsebenen mit verschiedenen Landkarten verglichen, die einander wechselseitig ergänzen können. Diese Metapher ist auch gut geeignet zu verdeutlichen, dass die Möglichkeit eines problemlosen Wechsels zwischen verschiedenen Erklärungsebenen als dramatischer Vorteil anzusehen ist. Der Internetdienst Google Maps verdeutlicht das sehr anschaulich: Durch den einfachen Wechsel zwischen Satellitenbildern und Straßenkarten verschiedener Maßstäbe können problemlos Zusammenhänge hergestellt werden, die auf keiner einzelnen Karte direkt verzeichnet sind.

Enzyms beginnt, weiterverfolgen: Wir werden nirgendwo auf Kopfschmerzen stoßen, die durch irgendeinen neurowissenschaftliches Ereignis inhibiert werden. In neurowissenschaftlichen Erklärungen kommen keine Kopfschmerzen vor. Ebenso wenig können wir die Gründe für das Schlucken von Kopfschmerztabletten solange hinterfragen, bis wir zu Inhibition eines Enzyms gelangen. Für die inhibierende Wirkung von Acetylsalicylsäure auf das fragliche Enzym gibt es keinen Grund.[210] *Ich* habe einen Grund, Acetylsalicylsäure zu schlucken, weil diese chemische Verbindung die Ursache für die Inhibition eines Enzyms ist und dieser Zusammenhang neurophysiologische Prozesse beeinflusst, die konstitutiv für meine Kopfschmerzen sind. Der letzte Satz klingt etwas ungewöhnlich, weil wir üblicherweise keine Gründe haben, unsere neurophysiologischen Zustände zu verändern. Das liegt aber nur daran, dass wir unsere Ziele meist auf anderem Wege als durch die Manipulation der Vorgänge in unseren Gehirnen erreichen.[211] In Handlungserklärungen kommen deshalb meistens keine Verweise auf neurophysiologische Zustände vor. Aus diesem Grund bestehen ja gerade die betonten begrifflichen Unterschiede zwischen Handlungserklärungen und neurowissenschaftlichen Erklärungen.

Gründe und multiple Realisierbarkeit

Außerdem ist zu betonen, dass mir meine Kopfschmerzen nur einen instrumentellen Grund liefern, die Enzyme zu inhibieren, die an der Prostaglandinsynthese in meinem Körper beteiligt sind. Zunächst habe ich nämlich einen Grund, etwas gegen meine Kopfschmerzen zu tun. Vermutlich gibt es sehr viele Möglichkeiten, etwas gegen meine Kopfschmerzen zu tun, die keine Inhibition der Enzyme der Prostaglandinsynthese erfordern. Eine Handlungserklärung, die mein Schlucken einer Aspirin Tablette mit meinem Bedürfnis erklärt, die Prostaglandinsynthese zu inhibieren, wäre daher ziemlich abwegig. Sie würde sehr eigentümliche „Was-wäre-wenn-etwas-anders-wäre-Fragen" aufwerfen und suggerieren, dass ich, wenn die Apotheke geschlossen hätte oder kein Aspirin zu bekommen wäre, nach anderen Wegen suchen würde, die Prostaglandinsynthese in meinem Organismus zu hemmen. Das ist ziemlich unwahrscheinlich. Wenn ich einen Grund habe, etwas gegen meine Kopfschmerzen zu unternehmen, dann spricht dieser Grund für all diejenigen Handlungen, die dazu geeignet erscheinen. Vermutlich ist

---

[210] Stattdessen handelt es sich um ein Phänomen, für das es eine biophysikalische Erklärung und daher biophysikalische Ursachen gibt. Es können Zusammenhänge zu biophysikalischen Prozessen hergestellt werden, die für dieses Phänomen konstitutiv sind.

[211] Ausnahmen bestätigen die Regel: Die elektrische Stimulation tief im Gehirn liegender Regionen wird zur Therapie von chronischen Schmerzen und Parkinson eingesetzt und jemand, der an chronischen Schmerzen leidet, kann daher durchaus an der Manipulation seiner neuronalen Zustände interessiert sein.

der Weg über die Inhibition der Prostaglandinsynthese einer von vielen. Vielleicht würden auch ein Mittagsschlaf oder eine Tafel Schokolade helfen.[212] Die Milderung meiner Kopfschmerzen ist vermutlich vielfach realisierbar. Es ist ein großer Vorteil von Handlungserklärungen, dass sie sich nicht auf eine Form der Realisierung festlegen müssen. So werden alternative Wege erkennbar, meinen Gründen entsprechend zu handeln, wenn ein spezieller Weg verschlossen ist oder ich auf ein unerwartetes Hindernis stoße. Wenn ich aufgrund meiner Kopfschmerzen zur Apotheke laufe und diese geschlossen hat, könnte ich mich entscheiden, einen Mittagsschlaf zu machen. Eine normale Handlungserklärung macht dieses Verhalten verständlich. Eine hypothetische neurophysiologische Erklärung meines Gangs zur Apotheke und eine ebenso hypothetische neurophysiologische Erklärung meines Mittagsschlafes hätten dagegen wenig miteinander zu tun.

Die Ausweitung der Zusammenhänge zwischen Erklärungsebenen

Allerdings kann durch die Zusammenhänge, die zwischen jeder der beiden hypothetischen neurophysiologischen Erklärungen und der Handlungserklärung bestehen, auch zwischen den beiden ein Zusammenhang hergestellt werden. Den Gang zur Apotheke und meinen Mittagschlaf kann ich beide mit dem Verweis auf meine Kopfschmerzen erklären. Es handelt sich um zwei Handlungen, die möglicherweise geeignet sind, meine Kopfschmerzen zu mildern. Wenn die Milderung meiner Kopfschmerzen vielfach realisierbar ist, können wir theoretisch natürlich auch nach Gemeinsamkeiten zwischen denjenigen Veränderungen in der Hirnphysiologie suchen, die mit Handlungen korrelieren, die zum Nachlassen von Kopfschmerzen beitragen. Vielleicht könnten wir durch ausgedehnte Studien dieser Art die neurophysiologischen Voraussetzungen für das Nachlassen von Kopfschmerzen allgemein klären. Zusammen mit Studien, die die neurophysiologischen Voraussetzungen für das Auftreten von Kopfschmerzen klären, sowie die Intensität von Kopfschmerzen und vieles weitere mit neurophysiologischen Prozessen in Zusammenhang bringen, würde das zu einem umfassenderen Verständnis derjenigen neurophysiologischen Prozesse beitragen, die für das Phänomen der Kopfschmerzen allgemein relevant sind. Selbst wenn wir über derartig umfassende Kenntnisse verfügen würden, ist leicht zu sehen, dass die Summe all unserer neurophysiologischen Entdeckungen natürlich nicht identisch ist mit Kopfschmerzen. Die sonderbare Konjunktion von Charakteristika neurophysiologischer Prozesse wird dadurch zusammengehalten, dass Zusammenhänge der einzelnen neurowissenschaftlichen Er-

---

212 Und wahrscheinlich hat beides keinerlei systematischen Einfluss auf die Prostaglandinsynthese.

klärungen mit dem Phänomen „Kopfschmerzen" auf der Ebene der Handlungserklärungen bestehen. Wer im Sinne des eliminativen Materialisten vorschlägt, die Handlungserklärungen zu ersetzten, sobald unsere Kenntnis der molekularen Zusammenhänge groß genug ist, übersieht etwas sehr Wichtiges. Würden wir auf Erklärungen verzichten, in denen der Begriff „Kopfschmerzen" vorkommt, ginge die Klammer verloren, die eine Reihe von ansonsten unverbundenen neurophysiologischen Charakteristika miteinander verbindet. Die Gemeinsamkeiten der neurophysiologischen Prozesse, die im Zusammenhang mit Kopfschmerzen stehen, können auf neurophysiologischer Ebene nicht entdeckt werden. Aus einer großen Zahl neurophysiologischer Prozesse müssen wir diejenigen auswählen, die in Zusammenhang mit dem Phänomen „Kopfschmerzen" stehen und nach Gemeinsamkeiten zwischen ihnen suchen.[213]

Ich habe betont, dass wir Zusammenhänge zwischen verschiedenen Erklärungen (theoretisch) herstellen könnten, indem wir nach Korrelationen suchen und systematische Studien durchführen würden. Dem Reduktionisten ist insofern zuzustimmen, dass verschiedene Erklärungsebenen weniger unabhängig voneinander sind, als Vertreter des Sprachspielpluralismus mitunter glauben machen.[214] Wir müssen annehmen, dass Korrelationen zwischen verschiedenen Erklärungen bestehen, weil sie Erklärungen sind, die in derselben Welt bestehen müssen. Die weitergehenden Schlussfolgerungen des Reduktionisten sind aber abzulehnen. Auch wenn wir Zusammenhänge zwischen verschiedenen Erklärungsebenen hergestellt haben, wird dadurch keine dieser Ebenen verzichtbar.

---

[213] Wir können nicht wahllos nach Gemeinsamkeiten von neurophysiologischen Prozessen suchen. Wir brauchen zunächst eine Unterscheidung, die verschiedene Arten von neurophysiologischen Prozessen etabliert, zwischen denen wir nach Gemeinsamkeiten suchen können. Anderenfalls könnten wir bestenfalls eine Art Taxonomie der neurophysiologischen Prozesse etablieren und es wäre extrem unwahrscheinlich, dass eine solche Taxonomie selektiv Unterscheidungen ermöglichen würde, die in irgendeiner Weise etwas mit den Unterscheidungen zu tun hat, die uns Handlungserklärungen ermöglichen.

[214] Trotz der Analogie zwischen Erklärungsebenen und Sprachspielen gilt das zwar vermutlich für alle oder die meisten Erklärungsebenen, möglicherweise aber nicht für alle Sprachspiele. Wenn es Sprachspiele gibt, die nichts Sinnvolles über die Welt aussagen, könnten sie unverbunden neben anderen Sprachspielen stehen. Ich gehe davon aus, dass es keine oder wenige etablierte Arten des wissenschaftlichen Erklärens gibt, die einem solchen Sprachspiel ähneln. Sollte ich mich in dieser Hinsicht irren, gelten meine Überlegungen nicht für derartig fehlgeleitete Erklärungen. Ob verschiedene Erklärungsebenen miteinander in Zusammenhang gebracht werden können, ist letztlich eine empirische Frage.

WISSENSCHAFTLICHER FORTSCHRITT

Es wird mitunter als Ziel der Wissenschaften angesehen, die Zahl der Annahmen, die wir als gegeben hinnehmen müssen, zu verringern.[215] Im Sinne des Reduktionismus kann das dadurch gelingen, dass eine Erklärungsebene auf eine andere reduziert und anschließend aufgegeben wird. Diesem Bild zufolge ist das Fortschreiten der Wissenschaften durch eine zunehmende Vereinheitlichung der wissenschaftlichen Theorien gekennzeichnet.[216] Es ist als wesentlicher Vorteil des Reduktionismus anzusehen, dass er vergleichsweise eindeutige Maßstäbe dafür anzubieten hat, wodurch sich wissenschaftlicher Fortschritt auszeichnet. Konsequente Sprachspielpluralisten haben wesentlich größere Schwierigkeiten, Maßstäbe dafür anzugeben, was wissenschaftlichen Fortschritt kennzeichnet.[217] Indem ich die Vorstellung zurückgewiesen habe, dass eine Erklärungsebene verzichtbar wird, wenn wir die Zusammenhänge zu anderen Erklärungsebenen geklärt haben, geht ein naheliegender Maßstab zur Charakterisierung des wissenschaftlichen Fortschritts verloren. Die vertretene erklärungspluralistische Sicht geht nicht davon aus, dass die Zahl der Erklärungsebenen abnimmt und wir zu einem immer einheitlicheren wissenschaftlichen Theoriegebäude kommen.

Ich glaube aber, dass der Erklärungspluralismus eine alternative Antwort bereithält, die ich nicht ausführen, aber andeuten möchte. Durch die Klärung von Zusammenhängen zwischen verschiedenen Erklärungsebenen können wir – wie bereits betont – neue Hypothesen bilden und diese können sehr nützlich sein. Beispielsweise könnten wir durch die Klärung der Zusammenhänge zwischen der Inhibition der Prostaglandinsynthese durch Acetylsalicylsäure und dem Nachlassen von Kopfschmerzen auf die Idee kommen, nach anderen Inhibitoren der Prostaglandinsynthese zu suchen, um Kopfschmerzen zu behandeln. Wenn wir eine Substanz finden, die sehr selektiv Enzyme der Prostaglandinsynthese inhibiert und andere, weniger wünschenswerte Wirkungen von Acetylsalicylsäure nicht hat, könnten wir die Hypothese bilden, dass diese Substanz als Schmerzmittel eingesetzt werden könnte und hoffen, dass sie weniger unerfreuliche Nebenwirkungen hat als Aspirin. Auf diese Idee könnten wir ohne die Klärung der genannten Zusammenhänge schwerlich kommen. Wir wären auf den unwahrscheinlichen Zufall angewiesen, dass irgendjemand zufällig diese Substanz schluckt, wenn er Kopfschmerzen hat.

Ein weiterer Vorteil von gut etablierten Zusammenhängen zwischen verschiedenen Erklärungsebenen ist, dass wir Beobachtungen auf einer Ebene

---

215 Vgl. (Kitcher 1989; Friedman 1974).

216 Vgl. (Nagel 1961).

217 Insbesondere die Ansichten Paul Feyerabends haben dementsprechend in dieser Hinsicht etwas anarchistische Züge (Feyerabend 1975).

unter Umständen verwenden können, um Unklarheiten auf der anderen Ebene zu beseitigen oder Fehler zu korrigieren. Beispielsweise verfügen wir im Allgemeinen über sehr zuverlässige Kriterien, die es uns erlauben, Männer und Frauen voneinander zu unterscheiden. Die Bedeutung der Konzepte „Männer" und „Frauen" ist überwiegend durch ihre Verwendung in der Alltagssprache bestimmt und auch die Kriterien zur Unterscheidung zwischen Männern und Frauen sind uns aus dem Alltag vertraut. Wir können also zunächst als gegeben annehmen, dass wir diese Unterscheidung treffen können. Ausgehend von dieser Möglichkeit können wir nach molekularen Eigenschaften suchen, die Männer aufweisen und Frauen nicht – und umgekehrt. Wir können die Entdeckung machen, dass sich in allen Körperzellen Chromosomen finden und dass es charakteristische Unterschiede zwischen dem Chromosomensatz von Männern und dem von Frauen gibt. Chromosomen spielen in unserer Alltagssprache keine besonders entscheidende Rolle. Wenn wir aber feststellen, dass die Ergebnisse der Chromosomenanalyse sehr zuverlässig mit unserer alltäglichen Unterscheidung zwischen Männern und Frauen korrelieren, können wir die Überzeugung entwickeln, dass uns eine Bestimmung des Chromosomensatzes die Unterscheidung zwischen Männern und Frauen ermöglicht. In etwas sonderbaren Situationen – wie der Entscheidung, ob eine übermäßig muskulöse Sportlerin tatsächlich an den Frauenwettkämpfen bei den olympischen Spielen teilnehmen darf – und unsere alltäglichen Kriterien für die Unterscheidung zwischen Männern und Frauen widersprüchliche Resultate liefern, können wir auf diese Überzeugung zurückgreifen. Wir können eine Chromosomenanalyse (oder andere molekularbiologische Untersuchungen) veranlassen, um die Frage zu klären. Selbst in einer so wichtigen und in der Alltagspraxis fest verankerten Frage wie der Unterscheidung zwischen Männern und Frauen versprechen wir uns in besonderen Situationen Klärung von molekularbiologischen Untersuchungen, wenn wir hinreichendes Vertrauen in die Zusammenhänge zwischen den Resultaten dieser Untersuchungen und unserer alltäglichen Unterscheidung haben.[218] Es erscheint also grundsätzlich möglich, Überzeugungen, die sich auf einer Erklärungsebene formulieren lassen, anhand von Überzeugungen auf einer anderen zu korrigieren. Dass diese Überlegung ein vergleichsweise abwegiges Beispiel erfordert,

---

[218] Auch können wir mithilfe anderer molekularbiologischer Verfahren entscheiden, ob ein Haar, das wir an einem Tatort gefunden haben, von einer Frau oder einem Mann stammt. Wir machen uns dabei zunutze, dass die molekularbiologischen Methoden auch dann angewandt werden können, wenn der Kontext zur Anwendung der alltäglichen Unterscheidungsmerkmale nicht gegeben ist (weil wir nur ein einzelnes Haar gefunden haben).

verdeutlicht aber, dass wir sicherlich nur sehr selten und in eigenartigen Situationen geneigt sind, von dieser Möglichkeit Gebrauch zu machen.[219]

Die Klärung von Zusammenhängen zwischen verschiedenen Erklärungsebenen kann daher in unterschiedlicher Hinsicht nützlich für uns sein. In einem abstrakten Sinne ist das auch nicht weiter verwunderlich. Wenn verschiedene (richtige) Erklärungen verschiedene Aspekte der Welt erfassen, profitieren wir nicht nur von einer möglichst umfassenden Sammlung an richtigen Erklärungen. Wir lernen auch dann etwas über die Welt, wenn wir erkennen, welche Zusammenhänge zwischen verschiedenen Erklärungen bestehen, weil uns klarer wird, wie sich die verschiedenen Aspekte zu einem vollständigeren Bild ergänzen. Ronald Gieres Metapher von den mit verschiedenen Kameras aus verschiedenen Perspektiven aufgenommenen Bildern eines Hauses ist an dieser Stelle hilfreich.[220] Zusammenhänge zwischen einem Infrarotbild der Fassade und einem Schwarz-Weiß-Foto des Wohnzimmers stehen miteinander in Zusammenhang, weil sie Bilder desselben Hauses sind (beziehungsweise weil wir annehmen, dass sie Bilder desselben Hauses sind). Wenn wir diese Zusammenhänge besser verstehen, gelangen wir zu einer vollständigen Vorstellung des Hauses. Wir können Fragen beantworten, deren Antwort auf keinem Einzelbild zu finden ist. Vielleicht können wir zum Beispiel den Wärmeverlust über das Wohnzimmerfenster abschätzen, wenn wir das Fenster auf beiden Bildern erkennen. Als das Ziel der Wissenschaften könnte dementsprechend angesehen werden, ein immer umfassenderes Verständnis der Welt zu ermöglichen.[221] Diesem Ziel kommen wir nicht nur dadurch näher, dass wir neue richtige Erklärungen finden. Auch die Klärung von Zusammenhängen zwischen bereits verfügbaren Erklärungen ist wesentlich.

ZUSAMMENFASSUNG

In den letzten vier Kapiteln habe ich eine Position skizziert, die verständlich zu machen versucht (i) warum Zusammenhänge zwischen Handlungserklärungen und neurowissenschaftlichen Erklärungen bestehen, (ii) wie sie verstanden werden können (iii) wie wir sie erkennen können und (iv) warum

---

[219] Zwischen verschiedenen biowissenschaftlichen Erklärungsebenen besteht ein wesentlich größerer wechselseitiger Revisionsdruck, der auf maximale Kohärenz gerichtet ist. Lebensweltliche Überzeugungen können wesentlich weniger leicht durch wissenschaftliche Erkenntnisse einer Spezialdisziplin ins Wanken gebracht werden (vgl. Nida-Rümelin 2009, S. 43ff.).

[220] Vgl. (Giere 1999, Kapitel 4). Ähnliche Überlegungen äußert William Wimsatt (Wimsatt 1972).

[221] Es sei zugestanden, dass es schwierig sein dürfte, Fortschritte in dieser Hinsicht genau zu quantifizieren, um zu einem eindeutigen Maßstab für wissenschaftlichen Fortschritt zu gelangen.

wir an ihnen interessiert sind. Es bestehen Zusammenhänge zwischen Handlungserklärungen und neurowissenschaftlichen Erklärungen, weil wir mit beiden Arten von Erklärungen Einsichten über die Welt zum Ausdruck bringen wollen und weil wir davon ausgehen, dass die Welt, die wir mit Handlungserklärungen zu verstehen versuchen, dieselbe Welt ist, die wir mit neurowissenschaftlichen Erklärungen zu verstehen versuchen. Aufgrund der Unterschiede zwischen beiden Arten von Erklärungen können wir uns verschiedene Erklärungsebenen vorstellen, die miteinander in Zusammenhang gebracht werden können, aber begrifflich voneinander unabhängig sind und nicht aufeinander reduziert werden können. Zusammenhänge zwischen Erklärungsebenen können wir durch die Beobachtung von Korrelationen feststellen und – zumindest theoretisch – systematisch untersuchen. An der Klärung der Zusammenhänge zwischen verschiedenen Erklärungsebenen sind wir interessiert, weil sie uns ein umfassenderes Verständnis der Welt ermöglichen und in diesem Sinne auch als wissenschaftlicher Fortschritt verstanden werden können.

Bei der Entwicklung meiner Position habe ich bei Besonderheiten von Handlungserklärungen und neurowissenschaftlichen Erklärungen angesetzt, die ich in den ersten beiden Teilen dieser Arbeit hervorgehoben habe. Ich habe den Reduktionismus und den Sprachspielpluralismus als zwei klassische Positionen zu dem Verhältnis zwischen verschiedenen Arten von Erklärungen vorgestellt und diskutiert. Ich hoffe gezeigt zu haben, wie sich ausgehend von einem mechanistischen Verständnis des wissenschaftlichen Erklärens wesentliche Vorteile dieser beiden Ansätze miteinander verbinden lassen – während gleichzeitig Nachteile beider Ansätze vermieden werden können.

Teil IV

Impulse für die Handlungstheorie

14 URSACHEN UND GRÜNDE

EINLEITUNG

Die in den vorangegangenen Kapiteln skizzierte Position zum Verhältnis zwischen verschiedenen Arten von Erklärungen – insbesondere Handlungserklärungen und neurowissenschaftlichen Erklärungen – ist wesentlich durch die Auffassung motiviert, dass neurowissenschaftliche Erkenntnisse für die Handlungstheorie von Interesse sein können. Mit meinen Überlegungen hoffe ich zu der Beseitigung einiger Schwierigkeiten beizutragen, die einem fruchtbaren Austausch zwischen beiden Disziplinen im Weg stehen. Warum ich eine derartige interdisziplinäre Zusammenarbeit für wünschenswert halte, habe ich nur mit einigen recht allgemeinen Bemerkungen begründet. Eigentlich erfordert es detaillierte Studien, die an konkreten Fragen konkrete Zusammenhänge zwischen neurowissenschaftlichen Erkenntnissen und einem handlungstheoretischen Anliegen herstellen. Zwar geht die Durchführung derartiger Studien über den Anspruch dieser Arbeit hinaus; ich hoffe aber, dass meine Überlegungen zu solchen Kooperationen ermutigen und durch deren Ergebnisse verdeutlicht werden. Denjenigen, die einer Einbeziehung von neurowissenschaftlichen Ergebnissen in die handlungstheoretische Diskussion skeptisch gegenüber stehen, habe ich meine Überlegungen dadurch schmackhaft zu machen versucht, dass ich auf interessante Impulse verwiesen habe, die sich schon aus der angemessenen Berücksichtigung der neurowissenschaftlichen Praxis ergeben. Ich glaube, dass die dargestellte Position handlungstheoretische Vorteile hat, die unabhängig von der Möglichkeit eines Austausches mit den Neurowissenschaften sind. Diesen Vorteilen möchte ich mich in den folgenden Kapiteln zuwenden.

Im ersten Teil dieser Arbeit ging es mir um Handlungserklärungen, im zweiten um neurowissenschaftliche Erklärungen. Mit Blick auf erstere sind Gründe von besonderer Bedeutung, mit Blick auf zweitere Ursachen. Da ich im dritten Teil die Zusammenhänge betont habe, die zwischen Handlungserklärungen und neurowissenschaftlichen Erklärungen bestehen, stellt sich die Frage nach Gemeinsamkeiten und Unterschieden zwischen Gründen und Ursachen. Ich gehe davon aus, dass Gründe nicht mit Ursachen gleichgesetzt oder auf diese reduziert werden können, weil begriffliche Unterschiede zwischen beiden bestehen. Diese Unterschiede resultieren daraus, dass Handlungserklärungen in einem anderen Kontext von Interesse sind als naturwissenschaftliche Erklärungen. Sie beantworten andere Fragen und greifen andere Möglichkeiten der Einflussnahme auf. Neben wichtigen Unterschieden gibt es aber auch Gemeinsamkeiten zwischen Gründen und Ursachen. Diese Gemeinsamkeiten können besonders gut dadurch hervorgehoben werden, dass Handlungserklärungen und naturwissenschaftliche Erklärungen gleichermaßen als „Was-wäre-wenn-Erklärungen" verstanden werden.

Unterschiede zwischen Gründen und Ursachen

Bevor ich auf Unterschiede zwischen Gründen und Ursachen näher eingehen werde, möchte ich betonen, dass ich überzeugt bin, dass es solche Unterschiede gibt. Das ist mir deshalb wichtig, weil insbesondere in der kausalen Handlungstheorie die Auffassung vertreten worden ist, dass Gründe letztlich Ursachen sind.[222] Gründe sind nicht mit Ursachen gleichzusetzen, weil (i) Erklärungen, die auf Gründe und Ursachen verweisen, in unterschiedlichen Kontexten vorgebracht werden und (ii) Fragende, die eine Handlungserklärung erwarten, andere Interessen haben und Hintergrundannahmen machen als Fragende, die eine neurowissenschaftliche Erklärung erwarten. Im Sinne des Sprachspielpluralismus kann man sagen, dass die Konzepte des Grundes und der Ursache unterschiedlichen Sprachspielen entstammen und daher nicht bedeutungsgleich sein können.

Unterschiedliche Kontexte

Wer nach einem Grund fragt, der tut dies üblicherweise in einem sozialen Kontext. Oft fragen wir andere Personen nach ihren Gründen und in solchen Fällen ist der soziale Kontext besonders offensichtlich. Wir suchen nach einer Erklärung für die Handlung einer anderen Person, die uns betrifft oder interessiert. Wenn wir uns nach unseren eigenen Gründen fragen, ist der soziale Kontext weniger ersichtlich. Aber auch private und unausgesprochene Gründe zeichnen sich dadurch aus, dass sie in einer Diskussion mit anderen Personen als Begründung vorgebracht werden *könnten.* Ein Grund hat immer eine intersubjektive Dimension, er muss zur Disposition gestellt werden können und anderen potentiell zugänglich sein. Das Sprachspiel, dem das Konzept des Grundes entstammt, erfordert die Möglichkeit eines Austausches zwischen Personen. Gründe werden nicht nur typischerweise in Diskussionen mit anderen vorgebracht, ein wesentliches Charakteristikum von Gründen ginge ohne die Möglichkeit der kritischen Prüfung einer anderen Person verloren.[223]

---

[222] Vgl. (Davidson 1963).

[223] Natürlich kann eine Person, die ihre Gründe abwägt, diese kritische Prüfung vornehmen und den Dialog mit einer anderen Person gewissermaßen nachstellen.

Natürlich wird auch auf Ursachen zumeist verwiesen, wenn andere Personen zugegen sind. Dennoch ist der typische Kontext von naturwissenschaftlichen Erklärungen nicht in gleicher Weise sozial. Das Konzept der Ursache erfordert weder die Möglichkeit eines kritischen Diskurses noch dass die Ursache-Wirkungs-Beziehung anderen potentiell zugänglich ist. Die Hypothese, dass in menschlichen Gehirnen irgendwelche Ursache-Wirkungs-Beziehungen bestehen, die gegenwärtig keinem Menschen zugänglich sind und daher nicht Gegenstand eines kritischen Diskurses sein können, ist nicht besonders abwegig. Die Annahme dagegen, dass es für meine Handlungen Gründe geben könnte, die prinzipiell unzugänglich sind, scheint mir unsinnig. Natürlich kann ich mir zum gegebenen Zeitpunkt über meine Gründe im Unklaren sein und vielleicht können mich andere, weil sie mich gut kennen oder irgendwelche psychotherapeutischen Methoden anwenden, auf die mir verborgenen Gründe aufmerksam machen. Aber auch verborgende Gründe müssen potentiell ans Licht gebracht und kritisch geprüft werden können damit es Gründe sein können. Für Ursachen gilt das nicht.

Der Kontext, der für das Konzept der Ursache typisch ist, ist das wissenschaftliche Experiment. Die Annahme, dass B die Ursache von A ist, kann die Schlussfolgerung aus einer Reihe von Experimenten sein. Sie kann auch aus einer Laune heraus gemacht werden, doch ihre Bedeutung erfordert, dass ein Experiment denkbar wäre (wenn auch vielleicht nicht durchführbar), das zu ihrer Prüfung geeignet wäre.

Unterschiedliche Interessen des Fragenden

Die Kontexte, in denen auf Gründe oder Ursachen verwiesen wird, unterscheiden sich auch deshalb, weil Handlungserklärungen und naturwissenschaftliche Erklärungen unterschiedliche Interessen des Fragenden voraussetzen und weil der Fragende in beiden Fällen unterschiedliche Hintergrundannahmen macht. Wer nach einer Handlungserklärung fragt, setzt eine handelnde Person voraus. Wer nach einem Grund sucht, setzt voraus, dass der Gegenüber sein Handeln an Gründen ausrichtet und Gründe in einer Weise abwägt, die grundsätzlich interpersonell kommunizierbar ist. Handlungserklärungen setzen das Interesse für oder die Anteilnahme an einer Handlung oder der handelnden Person voraus und versuchen diese verständlich zu machen.

Die Suche nach Ursachen geht von anderen Annahmen aus. Diese schließen typischerweise das zu erklärende Phänomen und die Bedingungen ein, unter denen es aufgetreten ist. Auch werden andere Ursache-Wirkungs-Beziehungen vorausgesetzt, die für die Erklärung herangezogen werden können. Das Interesse des Fragenden gilt dem Phänomen und den Umständen, die es hervorgebracht haben. Der Fragende muss kein Interesse an anderen Personen haben, ihm geht es mehr um die Antwort als um den Antwortenden.

Handlungserklärungen unterscheiden sich also von naturwissenschaftlichen Erklärungen, weil in recht verschiedenen Kontexten nach ihnen gefragt wird. Die Interessen und Hintergrundannahmen, die jeweils berücksichtigt werden müssen, sind so unterschiedlich, dass verständlich wird, dass sich das Vokabular in verschiedenen Arten von Erklärungen nachhaltig unterscheidet. Die Begriffe und Konzepte, die in Handlungserklärungen verwendet werden oder implizit vorausgesetzt werden, unterscheiden sich von denjenigen in neurowissenschaftlichen Kausalerklärungen. Wittgensteinianern wie Bennett und Hacker ist zuzustimmen, wenn sie betonen, dass die Bedeutung von Begriffen wesentlich durch ihre Verwendung bestimmt wird. Da sich die Verwendung von Handlungserklärungen radikal von der Verwendung von neurowissenschaftlichen Kausalerklärungen unterscheidet, unterscheidet sich auch die Bedeutung vieler Begriffe in wesentlicher Weise. Selbst dieselben Worte können je nach dem Kontext, in dem sie gebraucht werden, völlig unterschiedliche Assoziationen wecken. Zusätzlich gibt es natürlich Begriffe die nur in einer Art von Erklärung auftauchen können, nicht aber in der anderen.[224]

Natürlich sind die Kontexte, in denen Handlungserklärungen vorgebracht oder gesucht werden, ihrerseits auch nicht völlig homogen. Auch neurowissenschaftliche Erklärungen stehen in unterschiedlichen Kontexten und dementsprechend gibt es Unterschiede zwischen den Erklärungen verschiedener neurowissenschaftlicher Teilgebiete. Trotz derartiger Unterschiede rechtfertigen die Gemeinsamkeiten von Handlungserklärungen in vieler Hinsicht die Auffassung, dass diese eine Erklärungsebene darstellen, die von einer neurowissenschaftlichen Erklärungsebene abzugrenzen ist.[225] Aufgrund der Besonderheiten der Begriffe, die auf den verschiedenen Erklärungsebenen verwendet werden, können Aussagen einer Erklärungsebene nicht in die der anderen übersetzt werden. Gründe sind keine Ursachen und Ursachen sind keine Gründe. Das Konzept eines Grundes ist durch die Verwendung des Begriffes in Handlungserklärungen geprägt und das Kon-

---

224 Neben neurowissenschaftlichen Fachbegriffen, die natürlich nur in neurowissenschaftlichen Erklärungen vorkommen, zählen dazu beispielsweise Begriffe mit stark normativen Konnotationen, die nur in Handlungserklärungen eine Rolle spielen.

225 Wie bereits betont, weiche ich mit diesem Vorschlag von der eigentlichen Verwendung des Begriffs „Erklärungsebene" im Sinne Cravers (Craver 2007, Kapitel 5) ab. Diese Abweichung drückt keine inhaltliche Divergenz aus, sondern ist lediglich der Bemühung um sprachliche Vereinfachung für den Kontext dieser Untersuchung geschuldet. Gemeint ist die Summe derjenigen Erklärungsebenen in Cravers Sinne, die aufgrund eines ähnlichen Verwendungskontextes als Züge desselben Sprachspiels verstanden werden können.

zept einer Ursache ist durch die Verwendung des Begriffes in naturwissenschaftlichen Kausalerklärungen geprägt.

GEMEINSAMKEITEN ZWISCHEN GRÜNDEN UND URSACHEN

Neben diesen Unterschieden gibt es aber auch wichtige Gemeinsamkeiten zwischen Gründen und Ursachen. Diese Gemeinsamkeiten beruhen darauf, dass Gründe und Ursachen in mancher Hinsicht ähnliche Rollen für die Erklärungen spielen, die auf sie verweisen. Das wird besonders deutlich, wenn man wie James Woodward Erklärungen als „Was-wäre-wenn-Erklärungen" versteht und ich halte es daher für sehr hilfreich, Handlungserklärungen und neurowissenschaftliche Erklärungen in diesem Sinne zu verstehen. Der Verweis auf Ursachen oder Gründe legt in ähnlicher Weise alternative Szenarien nahe, die für den Fragenden besonders relevant sind. (Wie ich im vorangegangenen Abschnitt betont habe sind aber natürlich die Fragen in den beiden Fällen sehr unterschiedlich.)

Da ich schon ausführlich darauf eingegangen bin, inwieweit neurowissenschaftliche Erklärungen als „Was-wäre-wenn-Erklärungen" zu verstehen sind, möchte ich an dieser Stelle lediglich betonen, dass wesentliche Aspekte auf die Betrachtung von Handlungserklärungen übertragen werden können. Wenn mit dem Verweis auf die Wünsche und Überzeugungen einer Person eine Handlung erklärt wird, wird implizit auf alternative Szenarien aufmerksam gemacht, die als besonders relevant angesehen werden. Eine solche Handlungserklärung legt beispielsweise nahe, dass die Person anders gehandelt hätte, wenn sie andere Wünsche und Überzeugungen gehabt hätte. Das Verständnis von Personen, das bei Handlungserklärungen immer mitschwingt, erlaubt auch Hypothesen dazu, welche andere Handlung die Person ausgeführt hätte, wenn sie andere Wünsche und Überzeugungen gehabt hätte. („Was wäre, wenn die Person diese andere Überzeugung gehabt hätte?) Im Kontext von Handlungserklärungen sind bestimmte Alternativszenarien besonders relevant. Die handlungsrelevanten Überzeugungen einer Person sind deshalb von großem Interesse, weil sie sich von den Überzeugungen derjenigen Person unterscheiden können, die nach einer Handlungserklärung sucht. Wenn solche Divergenzen entdeckt werden, ergibt sich für den Erklärungssuchenden entweder die interessante Möglichkeit, die Überzeugungen des anderen zu übernehmen – sich überzeugen zu lassen. Dadurch werden die eigenen Überzeugungen möglicherweise korrigiert, wodurch sich wichtige Vorteile ergeben können. Andererseits kann auch auf die Überzeugungen der handelnden Person Einfluss genommen werden, um Einfluss auf die Handlung zu nehmen. Wer erkennt, dass eine Handlung auf eine falsche Überzeugung gründet, kann die Person durch erfolgreiche Überzeugungsarbeit von der Handlung abbringen.

Auch der Verweis auf Wünsche legt alternative Szenarien nahe. Neben dem Szenario, dass die Person andere Wünsche hätte („Was wäre, wenn die Person andere Wünsche hätte?“) wird die Aufmerksamkeit auf andere Möglichkeiten gelenkt, diese Wünsche zufrieden zu stellen. Wer die Wünsche der handelnden Person kennt und ihre Handlung verhindern will, kann sie auf Alternativen aufmerksam machen, die ebenfalls eine Erfüllung der Wünsche ermöglichen würden. Wünsche sind meist vielfach realisierbar und deshalb eröffnet die Kenntnis von Wünschen interessante Einflussmöglichkeiten.[226] Sie legt Antworten auf bestimmte „Was-wäre-wenn-etwas-anders-gewesen-wäre-Fragen“ nahe. Handlungserklärungen setzen dabei bei denjenigen Einflussmöglichkeiten an, an denen wir in den Kontexten, in denen Handlungserklärungen verwendet werden, besonders interessiert sind und über die wir möglicherweise auch verfügen.

Neurowissenschaftliche Kausalerklärungen beantworten völlig andere „Was-wäre-wenn-etwas-anders-gewesen-wäre-Fragen“ und legen damit andere Alternativszenarien nahe als Handlungserklärungen. Statt der Verweise auf Wünsche und Überzeugungen spielen in einer neurowissenschaftlichen Erklärung beispielsweise die Vorgänge in bestimmten Neuronenpopulationen eine Rolle. Eine bestimmte Wahrnehmung könnte durch Verweis auf die molekularen Vorgänge in bestimmten Sinneszellen erklärt werden. Eine solche Erklärung würde betonen, dass die Wahrnehmung nicht möglich wäre, wenn die molekularen Vorgänge in den Sinneszellen unterbunden oder in relevanter Weise verändert würden. In dem Kontext, in dem nach neurowissenschaftlichen Erklärungen gesucht wird, ist ein derartiger Hinweis relevant. Ähnlich wie bei Handlungserklärungen wird auf Einflussmöglichkeiten verwiesen, die relevant und potentiell verfügbar sind.

Ursachen und Gründe verweisen auf relevante Einflussmöglichkeiten

Offensichtlich unterscheiden sich die verfügbaren Einflussmöglichkeiten aber erheblich. In Kontexten, die für Handlungserklärungen typisch sind, sind Wünsche und Überzeugungen relevant, nicht aber molekulare Vorgänge in Sinneszellen. Das hängt nicht damit zusammen, dass molekulare Vor-

[226] Im Vergleich mit der multiplen Realisierbarkeit biologischer Phänomene ist die multiple Realisierbarkeit von Wünschen ungleich wichtiger. Die Suche nach Kompromissen zeichnet sich gerade dadurch aus, dass eine Lösung gesucht wird, die möglichst viele Wünsche (oder die Wünsche möglichst vieler) möglichst gut realisiert. Eine kreative Suche nach Kompromissen wägt dabei verschiedene Möglichkeiten, die Wünsche zu realisieren, gegeneinander ab.

gänge in Sinneszellen für das Handlungsgeschehen irrelevant wären.[227] Es ist durchaus denkbar, dass die visuelle Wahrnehmung der handelnden Person für die Handlungsabfolge wesentlich ist und diese in einem Zusammenhang zu molekularen Vorgängen in den Sinneszellen der Retina steht.[228] Molekulare Vorgänge in den Sinneszellen der Retina sind aber in dem Kontext einer Handlungserklärung nicht relevant, weil es unter diesen Umständen typischerweise keine interessante Option darstellt, irgendeinen Einfluss auf sie zu nehmen. Zwar ist es prinzipiell möglich, die molekularen Vorgänge in den Sinneszellen der Retina einigermaßen spezifisch zu verändern. Dafür sind aber Eingriffe nötig, die zwar unter Laborbedingungen möglich sind, in dem normalen Kontext einer Handlungserklärung jedoch völlig abwegig wären. Wer nach einer Handlungserklärung fragt, hat weder die Mittel noch das Interesse, den anderen durch Manipulationen der molekularen Vorgänge in den Sinneszellen der Retina zu beeinflussen. Wer sich dagegen mit den neurophysiologischen Voraussetzungen der visuellen Wahrnehmung auseinandersetzt und nach einer neurowissenschaftlichen Erklärung sucht, kann durchaus an molekularen Vorgängen in den Sinneszellen der Retina interessiert sein. Auch sind die Möglichkeit von Eingriffen in diese molekularen Vorgänge und die daraus resultierenden Konsequenzen im Kontext der neurowissenschaftlichen Erklärung relevant. Dafür spielen aber Wünsche und Überzeugungen in der neurowissenschaftlichen Erklärung keine Rolle. Sinneszellen in der Retina haben keine Wünsche und Überzeugungen. Und die Wünsche und Überzeugungen des Neurowissenschaftlers sollten bei der Suche nach einer neurowissenschaftlichen Erklärung – wenn sie den Ansprüchen der objektiven Wissenschaftlichkeit genügen soll – der Erklärung unmittelbar zuträglich oder möglichst unerheblich sein.

Kontinuitäten zwischen verschiedenen Sprachspielen

Ich habe betont, dass die Konzepte des Grundes und der Ursache verschiedenen Sprachspielen entstammen und sich Unterschiede aus den verschiedenen Kontexten ergeben, in denen nach Handlungserklärungen oder neurowissenschaftlichen Erklärungen gefragt wird. Anschließend habe ich betont, dass der Verweis auf einen Grund oder eine Ursache in beiden Arten von Erklärungen in mancher Hinsicht eine ähnliche Funktion hat. Es kann leicht der Eindruck entstehen, dass zwischen diesen beiden Bemerkungen ein Spannungsverhältnis besteht. Wären Verweise auf Ursachen oder Grün-

---

[227] Molekulare Vorgänge in Sinneszellen haben zwar keinerlei kausalen Einfluss auf das Handlungsgeschehen, sie können aber kausal auf Prozesse einwirken, die konstitutiv für das Handlungsgeschehen sind.

[228] Beispielsweise könnte eine Person in einer Handlungserklärung auf ihre Rot-Grün-Farbschwäche verweisen und diese kann mit Verweis auf molekulare Besonderheiten in den Sinneszellen der Retina erklärt werden.

de Züge in völlig verschiedenen Sprachspielen, bliebe unklar, wie sie eine ähnliche Funktion innerhalb dieser unvereinbaren Sprachspiele haben könnten. Trotz der betonten Unterschiede in den Kontexten, in denen nach Handlungserklärungen oder naturwissenschaftlichen Erklärungen gefragt wird, sind aber die jeweiligen Sprachspiele natürlich nicht unabhängig voneinander. Typischerweise verwenden wir alle sowohl Handlungserklärungen als auch naturwissenschaftliche Erklärungen; wir verweisen auf Gründe und auch auf Ursachen. Die Summe unserer Erklärungen bildet unser Weltbild und daher bestehen die bereits betonten Zusammenhänge zwischen verschiedenen Erklärungen. Die Frage nach Unterschieden und Gemeinsamkeiten zwischen Gründen und Ursachen ist daher eine Frage des Standpunktes oder des mitgedachten Vergleiches. Wer nach Gemeinsamkeiten sucht, die alle Erklärungen auszeichnen, wird auf Gemeinsamkeiten zwischen Gründen und Ursachen aufmerksam. Wer nach Unterschieden zwischen verschiedenen Arten von Erklärungen sucht, wird erkennen, dass sich Gründe und Ursachen in vielerlei Hinsicht unterscheiden. (Entsprechendes gilt, wer nach Unterschieden zwischen verschiedenen Arten naturwissenschaftlicher Erklärungen sucht.)

Aus dem bisher gesagten folgt in meinen Augen zweierlei: Zum einen können wir letztlich keine völlig scharfe Grenze zwischen die Welt der Gründe und die der Ursachen legen. Zum anderen können wir dennoch sinnvoll zwischen beiden Konzepten unterscheiden. Das mag etwas unbefriedigend erscheinen, ist aber alles andere als ungewöhnlich.[229]

Unvereinbarkeit von Gründen und Ursachen

Um diese Annahme zu verdeutlichen, möchte ich die weitverbreitete Überzeugung diskutieren, dass es doch möglich sein muss, eine klare Grenze zwischen Ursachen und Gründen zu ziehen. Ich werde zugestehen, dass das möglich ist, möchte aber darauf hinweisen, dass dies einen Preis hat, der sich aus dem oben gesagten ergibt: Die scharfe Unterscheidung erzwingt eine scharfe Trennung der Welt der Gründe und der Welt der Ursachen.

Wer Ursachen und Gründe klar voneinander unterscheiden will, hat zwei naheliegende Möglichkeiten: Er kann entweder klar definieren, was unter einer Ursache zu verstehen ist oder unter einem Grund. Beide Ansätze sind hilfreich. Sie laufen letztlich darauf hinaus, die zu Beginn dieses Kapitels betonten typischen Kontexte von Handlungserklärungen oder naturwissen-

[229] Wir können auch keine nicht willkürliche Grenze zwischen Dörfern und Städten ziehen, obwohl wir sinnvoll zwischen Dörfern und Städten unterscheiden können. Diese Analogie hat allerdings ihre Grenzen, weil wir selbstverständlich mit einer willkürlichen Definition festlegen können, wodurch sich Dörfer und Städte unterscheiden. Das ermöglicht uns eine trennscharfe Unterscheidung und gefährdet die gleichzeitige Verwendung beider Begriffe nicht. Wie ich zu zeigen hoffe, ist letzteres bei Ursachen und Gründen anders.

schaftlichen Erklärungen zu einer Idealvorstellung weiterzuentwickeln. Die idealisierte Vorstellung von wissenschaftlichen Erklärungen führt in die Vorstellung einer geschlossenen Physik. Da diese Vorstellung in mancher Hinsicht attraktiv ist und wissenschaftstheoretisch von großem Einfluss und Interesse, werde ich gleich ausführlich auf sie eingehen. Zuvor möchte ich aber darauf hinweisen, dass auch das andere Ende des Spektrums in eine Idealvorstellung weiterentwickelt werden kann. In der Vorstellung von einem Austausch zwischen vollständig rationalen, engelsgleichen Vernunftwesen könnte eine eindeutige Bestimmung des Konzepts des Grundes gelingen. Auch ein solches Unterfangen kann von größtem Interesse sein und tatsächlich gehe ich davon aus, dass derartig idealisierte Vorstellungen das philosophische Verständnis von Gründen wesentlich prägen. Ich werde mich an dieser Stelle mit engelsgleichen Vernunftwesen nicht weiter auseinandersetzen, weil die Vermutung nahe liegt, dass in der Welt, die wir eigentlich zu erklären versuchen, engelsgleiche Vernunftwesen eine eher untergeordnete Rolle spielen.

DIE VORSTELLUNG EINER GESCHLOSSENEN PHYSIK

Die Annahme, dass die Welt der Physik geschlossen ist, erscheint weniger exzentrisch als Vorstellungen von engelsgleichen Vernunftwesen. Sie erscheint sogar so plausibel,[230] dass sie als Grundannahme für ein prominentes Argument für den Epiphänomenalismus geeignet scheint. In aller Kürze besagt es, dass die Welt des Mentalen (inklusive der Gründe) wirkungsloses Beiwerk physikalischer Vorgänge sei, weil physikalische Erklärungen ausreichen, um die physikalischen Vorgänge zu erklären. Ich halte es für sehr aufschlussreich nachzuzeichnen, wo die Vorstellung der geschlossenen Physik herkommt und warum sie so plausibel ist. Wie ich in den Ausführungen des zweiten Teils dieser Arbeit betont habe, ist es in der Theorie der Physik in wichtiges Anliegen, den Begriff der Kausalität näher zu bestimmen. Wenn sich physikalische Erklärungen gegenüber anderen Erklärungen dadurch auszeichnen, dass sie auf Ursachen verweisen, muss nämlich geklärt werden, was genau eine Ursache ist. Allerdings hat sich herausgestellt, dass es alles andere als einfach ist, den Begriff der Ursache eindeutig zu bestimmen. Der überzeugendste Ansatz erfordert, wie bereits dargestellt, die Annahme von Naturgesetzen, die gemeinsam ein geschlossenes axiomatisches System bilden. Naturgesetze können für sich genommen nicht von zufällig wahren Verallgemeinerungen unterschieden werden, sie zeichnen sich aber eben dadurch aus, dass sie gemeinsam mit der Summe der übrigen Naturgesetze

---

230 Dabei handelt es sich jedoch eher nicht um eine intuitive Plausibilität. Der Erfolg der Naturwissenschaften macht diese Annahme plausibel, weil er diese Annahme zu erfordern scheint.

ein geschlossenes System bilden. Die Annahme der Geschlossenheit der Physik ist also gewissermaßen der Preis, der für die Klärung des Begriffs der Ursache zu zahlen ist.

Dieser Preis ist auch keinesfalls zu hoch, weil die Vorstellung einer geschlossenen Physik überaus hilfreich ist, um die Praxis der Physik zu beschreiben. Sie hat das Bild von der Physik und den empirischen Wissenschaften insgesamt nachhaltig geprägt und gewinnt durch den nachhaltigen Erfolg der empirischen Wissenschaften an Gewicht. Es ist aber zu betonen, dass die Geschlossenheit der Physik keine empirische Entdeckung ist. Sie ist eine Konsequenz der Festlegung, was als strenge Physik zu gelten hat. Die geschlossene Physik ist eine Idealvorstellung, die vielleicht das Streben der Physiker um Verfeinerungen ihrer Disziplin angemessen erfasst. Die tatsächliche Physik unterscheidet sich aber natürlich wesentlich von dieser Idealvorstellung.[231] Der Wissenschaftstheoretiker (oder Philosoph des Geistes) kann aber selbstverständlich betonen, dass wir unabhängig von dem Zustand der gegenwärtigen Physik annehmen sollten, dass die Welt des Physikalischen letztlich geschlossen ist. Wenn wir diese Annahme machen, können wir (vergleichsweise) klar benennen, was eine Kausalbeziehung auszeichnet. Dadurch wird es natürlich möglich, Kausalerklärungen von allen anderen Arten von Erklärungen abzugrenzen. Weiterhin kann der Bereich des Physikalischen dadurch bestimmt werden, dass er ausschließlich und vollständig durch physikalische Kausalerklärungen in diesem Sinne erklärt werden kann (oder am Ende aller Wissenschaft erklärt werden könnte). Es folgt auch unzweifelhaft, dass die physikalischen Vorgänge keiner anderen Erklärungen als physikalische Erklärungen bedürfen und beispielsweise Handlungserklärungen dementsprechend nichts zu ihrer Erklärung beitragen können.

Allerdings bin ich der Auffassung, dass umgekehrt derartig idealisierte physikalische Erklärungen auch nichts über Handlungen oder Personen aussagen können. Der Preis für die Klärung des Begriffs der Ursache ist die klare Trennung zwischen der Welt der Ursachen und der Gründe. Auf der Suche nach universal gültigen Naturgesetzen begibt sich die Physik in immer mikroskopischere Bereiche und beschäftigt sich mit immer winzigeren Elementarteilchen. Da die Naturgesetze die Beziehungen zwischen den Elementarteilchen beschreiben und physikalische Erklärungen sich durch den Verweis auf Naturgesetze auszeichnen, handeln physikalische Erklärungen (im momentan zugrunde gelegten idealisierten Sinn) ausschließlich von Elementarteilchen. Innerhalb des Begriffssystems der idealisierten Physik können auch schwerlich andere Entitäten als die Elementarteilchen etabliert werden. Elementarteilchen verdienen sich die Annahme ihrer Existenz

---

231 Vgl. (Cartwright 1983).

durch die Kausalbeziehungen, in denen sie zu anderen Elementarteilchen stehen. Entitäten wie Personen, Blumen oder Fische stehen aber in keiner Kausalbeziehung (im momentan zugrunde gelegten strengen Sinne) zu Elementarteilchen (wenn sie nicht, was unwahrscheinlich erscheint, ihrerseits zu den Elementarteilchen zählen).

Es ist demzufolge unmöglich, Entitäten wir Personen, Blumen oder Fische in den Bereich der idealisierten Physik einzugliedern, gerade weil sie in keinerlei Kausalbeziehung zu den etablierten Entitäten der idealisierten Physik stehen. Der Reduktionist würde erwidern, dass Personen, Blumen oder Fische natürlich identisch seien mit der Summe der Elementarteilchen, aus denen sie bestehen. Die entsprechende, schon vorsichtigere Position in der Philosophie des Geistes besagt, dass wenigstens jede konkrete Person (oder Blume oder jeder konkrete Fisch) mit der Summe der Elementarteilchen, aus denen sie besteht, identisch ist, auch wenn der Begriff der Person (der Blume, des Fischs) nicht reduzierbar ist. Doch schon in dieser schwächeren Form ist die Annahme der Identität von der Warte der idealisierten Physik aus nicht zu rechtfertigen. Das hängt vor allem damit zusammen, dass sich die Frage innerhalb der idealisierten Physik gar nicht stellt, mit welchen Entitäten irgendwelche Ansammlungen von Elementarteilchen identisch sind. Natürlich stellt es die Geschlossenheit der Physik nicht in Frage, wenn wir annehmen, dass die Elementarteilchenkonstellation XY mit irgendetwas identisch ist. Auch ist offensichtlich, dass die neu eingeführte Entität im Gefüge der idealisierten Physik kausal wirkungslos ist und dementsprechend verzichtbar wäre. Gerade weil das so ist, verbietet es sich aber innerhalb der idealisierten Physik die Einführung bedeutungsleerer Identitätsbeziehungen. Bedeutsam würden die Identitätsbeziehungen erst, wenn wir mithilfe einer Identitätsbeziehung Entitäten in die idealisierte Physik eingliedern, die uns aus irgendwelchen Gründen etwas bedeuten (beispielsweise Personen, Blumen oder Fische). Diese Gründe haben aber offensichtlich innerhalb der geschlossenen Physik keinen Platz. Wir müssen die physikalische Idealvorstellung verlassen, um sie mit etwas anderem in Beziehung setzten zu können. Das Einführen von Identitätsbeziehungen erfordert Gründe, weil sie offensichtlich selektiv wäre. Es sind beliebig viele Konstellationen von Elementarteilchen denkbar, die mit neu eingeführten Entitäten identisch sind.

Wer darauf hinweist, dass die Vorstellung einer geschlossenen Physik die kausale Wirksamkeit des Mentalen in Frage stellt, hat offensichtlich den Bereich der idealisierten Physik verlassen. Es geht nicht länger nur um Elementarteilchen, sondern eben auch um Personen, Handlungen und Verantwortung. Er sollte sich nicht darüber wundern, dass innerhalb der idealisierten Physik Personen, Handlungen und Verantwortung keine kausale Rolle zugewiesen werden kann, weil der Bereich der idealen Physik so konstruiert ist, dass er das nicht zulässt. Indem der Begriff der Ursache klar gefasst wird, bleibt kein Raum für Gründe oder für andere Arten von Ursachen. Es steht keine Relation der Verursachung zur Verfügung, um Beziehungen zu Entitäten außerhalb des physikalischen Kosmos' herzustellen. Die Wirksamkeit des Mentalen erfordert eine Verursachungsrelation, die von derjenigen der physikalischen Zusammenhänge verschieden ist. Im Bild der idealisierten Physik ist das aber ausgeschlossen: Es gibt nur eine Art der Verursachung und diese definiert den Bereich der Physik. Es ist daher keine Eigenschaft des Mentalen, dass sie in der Vorstellung einer geschlossenen Physik keinen Platz hat, sondern eine Eigenschaft der geschlossenen Physik. Das ist zweifellos eine interessante Beobachtung, aber es ist, wie betont, keine empirische Entdeckung, sondern eine logische Konsequenz unserer idealisierten Vorstellung von der Physik.

Das alles spricht natürlich nicht gegen die Vorstellung einer geschlossenen Physik. Gerade weil sie ein sehr restriktives Verständnis von Kausalrelationen voraussetzt, ist sie sehr hilfreich, um den Begriff der (physikalischen) Kausalität klarer zu fassen. Wenn wir davon ausgehen, dass Ursachen und Gründe unterschiedliche Positionen in einem kontinuierlichen Spektrum von Erklärungen bezeichnen, wird das Verständnis von Ursachen dadurch erhellt, dass es wesentlich näher an dem idealisierten Ende des Erklärungsspektrums liegt, das die idealisierte Physik darstellt. Wenn wir aber über die Implikationen einer idealisierten Physik nachdenken, dürfen wir nicht aus den Augen verlieren, dass ihr starke Annahmen zugrunde liegen: Kausalbeziehungen bestehen zwischen denjenigen Entitäten, die durch die Naturgesetze (die ein geschlossenes axiomatisches System bilden) postuliert werden. Über andere Entitäten kann nichts gesagt werden. Alle innerhalb des begrifflichen Rahmens formulierbaren Fragen haben eine Antwort und – qua Definition – bringt die Gesamtheit aller Fragen und Antworten die kausale Struktur der (physikalischen) Welt vollständig zum Ausdruck. Allerdings erscheint offensichtlich, dass wir an den meisten Fragen und Antworten der idealisierten Physik wenig Interesse haben; dass es andere Fragen und Antworten gibt, an denen wir Interesse haben; dass wir Gesetzmäßigkeiten außerhalb des physikalischen Begriffsrahmens voraussetzen, wenn wir derartige Fragen stellen und dass wir dementsprechend verschiedene Arten von Gesetzmäßigkeiten miteinander in Beziehung setzen wollen. Dieses Anliegen widerspricht aber grundsätzlich der Ausgangsprämisse bei der Konstruktion des geschlossenen axiomatischen Systems. Wie andere idealisierte Vorstellungen auch hat die Vorstellung einer geschlossenen Physik neben großem Nutzen auch wichtige Grenzen.

Engelsgleiche Vernunftwesen

Wie bereits angedeutet halte ich es für möglich, dass eine idealisierte Vorstellung der Erklärungsrelation am anderen Ende des Erklärungsspektrums den Begriff des (reinen) Grundes klarer bestimmen helfen könnte. Auch das Nachdenken über den Austausch von Gründen durch vollständig rationale Vernunftwesen kann daher hilfreich sein. In unserer Welt ähneln Handlungserklärungen solchen idealisierten Handlungserklärungen eher als physikalische Erklärungen. Durch die extremen Randpositionen wird das Erklärungsspektrum erhellt. Allerdings zeichnen sich beide Randpositionen (das macht sie so extrem) dadurch aus, dass die jeweils andere Begründungsrelation keine Rolle mehr spielt. Die Handlungen von engelsgleichen Vernunftwesen werden ausschließlich durch Gründe bestimmt und es gibt keine biologische Konstitution, durch die irgendwelche Ursache-Wirkungs-Relationen ins Spiel kommen könnten. Es bleibt unverständlich, was eine Ursache-Wirkungs-Relation im Bild der engelsgleichen Vernunftwesen eigentlich sein soll, weil derartige Wesen vermutlich völlig immateriell sind und nicht aus Elementarteilchen zusammengesetzt sind.

Zusammenfassung

Handlungserklärungen und naturwissenschaftliche Erklärungen unterscheiden sich voneinander, weil sich (i) die Kontexte unterscheiden, in denen wir nach beiden Arten von Erklärungen suchen, weil sich (ii) unsere Interessen an verschiedenen Erklärungen unterscheiden, weil (iii) die Fragen, die wir zu beantworten suchen, verschieden sind und weil (iv) unsere Möglichkeiten, spezifisch Einfluss zu nehmen, sich unterscheiden. Weil Handlungserklärungen auf Gründe verweisen und naturwissenschaftliche Erklärungen auf Ursachen, ergeben sich daraus wesentliche Unterschiede zwischen Gründen und Ursachen.

Gemeinsamkeiten zwischen Ursachen und Gründen lassen sich betonen, indem Handlungserklärungen und naturwissenschaftliche Erklärungen gleichermaßen als „Was-wäre-wenn-Erklärungen“ verstanden werden. Dieses Verständnis von Erklärungen weist den Faktoren, die essentiell für die Beantwortung von „Was-wäre-wenn-etwas-anders-gewesen-wäre-Fragen“ besondere Bedeutung zu. In Handlungserklärungen sind diese Faktoren Gründe. In naturwissenschaftlichen Erklärungen sind es Ursachen.

Handlungserklärungen und naturwissenschaftliche Erklärungen fallen in ein kontinuierliches Spektrum von Erklärungen. Eine trennscharfe Unterscheidung zwischen Ursachen und Gründen ist nicht möglich, weil die saubere Bestimmung einer der beiden Begriffe eine idealisierte Vorstellung erfordert, in der der jeweils andere keinen Platz findet: Ursachen können im Bild der idealisierten Physik klar gefasst werden, Gründe in der Vorstellung eines Diskurses zwischen engelsgleichen Vernunftwesen. Die Idealvorstellungen erhellen die Ränder des kontinuierlichen Erklärungsspektrums, sind für sich genommen aber ungeeignet, um uns die Beziehungen zwischen Ursachen und Gründen verständlich zu machen.

15 MECHANISMEN UND ZIELE

EINLEITUNG

Als eine Besonderheit von Handlungserklärungen wird oft angesehen, dass sie notwendigerweise Bezug nehmen auf Ziele oder Absichten. Handlungserklärungen sind daher teleologische Erklärungen. Wenn weiterhin angenommen wird, dass wissenschaftliche Erklärungen Ursache-Wirkungs-Beziehungen benennen, ohne Bezug auf Ziele zu nehmen, kann der Eindruck entstehen, dass die Herstellung von Zusammenhängen zwischen wissenschaftlichen Erklärungen und Handlungserklärungen problematisch ist. In diesem Kapitel möchte ich zeigen, dass davon auszugehen ist, dass durchaus Zusammenhänge zwischen teleologischen und nicht-teleologischen Erklärungen hergestellt werden können. Dabei werde ich die im zweiten Teil der Arbeit diskutierte Konzeption von Mechanismen in den Biowissenschaften aufgreifen. Ich gehe davon aus, dass viele Erklärungen in der Biologie als teleologische Erklärungen zu verstehen sind, die mit Hilfe der Evolutionstheorie mit nicht-teleologischen Erklärungen in Zusammenhang gesetzt werden können. Biologischen Mechanismen können Funktionen zugeschrieben werden, weil sie Resultat eines evolutionären Selektionsprozesses sind.

DER TELEOLOGISCHE CHARAKTER VON HANDLUNGSERKLÄRUNGEN

Handlungserklärungen machen Handlungen dadurch verständlich, dass sie auf die Absichten des Handelnden verweisen. Eine Absicht setzt ein Ziel voraus und daher setzt Handeln neben Absichten auch Ziele voraus. Eine Körperbewegung kann schwerlich als Handlung verstanden werden, wenn sie unabsichtlich erfolgt ist und nicht auf ein Ziel ausgerichtet war, dass sich die Person gesetzt hat. Weil Handlungen immer auf Ziele ausgerichtet sind, sind Handlungserklärungen immer teleologische Erklärungen. Sie erklären etwas mit Verweis auf ein Ziel. Diese Besonderheit von Handlungserklärungen ist oft betont worden, um die Unvereinbarkeit von Handlungserklärungen mit naturwissenschaftlichen Erklärungen zu verdeutlichen.[232] Da sich wissenschaftliche Erklärungen grundsätzlich dadurch auszeichnen – so der Gedanke – dass sie auf Ursachen anstatt auf Ziele verweisen, können Handlungserklärungen keine wissenschaftlichen Erklärungen sein.

[232] Vgl. beispielsweise (S. Sehon 2010).

Ich denke, dass es richtig ist, den teleologischen Charakter von Handlungserklärungen hervorzuheben. Allerdings glaube ich nicht, dass naturwissenschaftliche Erklärungen grundsätzlich keinen teleologischen Charakter haben. Diese Auffassung wäre nur dann gerechtfertigt, wenn der Bereich der naturwissenschaftlichen Erklärungen auf die Physik begrenzt würde. Diese Möglichkeit habe ich als interessante terminologische Festlegung bereits erwähnt. Physikalischen Erklärungen scheint die Ausrichtung an einem Ziel tatsächlich fremd zu sein.

FUNKTIONALE ERKLÄRUNGEN IN DER BIOLOGIE

Viele biologische Erklärungen haben dagegen eindeutig einen teleologischen Charakter und ich habe auf wichtige Kontinuitäten zwischen physikalischen und biologischen Erklärungen hingewiesen. Die Erklärung, dass das Herz schlägt um Blut zu pumpen, halte ich für eine gute biologische Erklärung, obwohl sie eine teleologische Erklärung ist. Teleologische Erklärungen in der Biologie benennen häufig Funktionen: Es ist die Funktion des Herzens, Blut zu pumpen. Funktionale Erklärungen sind so selbstverständlich in der Biologie, dass ihr teleologischer Charakter vielleicht nicht immer offensichtlich ist. Wenn aber bestimmte Eigenschaften des Herzmuskels mit seiner Funktion, Blut zu pumpen, erklärt werden können, dann wird das Ziel des Blut-Pumpens vorausgesetzt.

Funktionale Erklärungen sind in der Biologie sehr häufig. Typischerweise halten Biologen das für unproblematisch und sind überzeugt, dass teleologische Erklärungen in der Biologie durch nicht-teleologische Erklärungen ersetzt werden könnten. Ein wesentlicher Grund für diese Annahme ist, dass Funktionen des Herzens nicht ganz den Funktionen eines Werkzeugs entsprechen. Werkzeuge haben eine Funktion, für die sie konstruiert und hergestellt worden sind und die für Herstellung und Anwendung als Maßstab dient. Niemand hat Herzen mit der Absicht hergestellt, sie für die Aufrechterhaltung des Blutkreislaufes einzusetzen. Dennoch kann es in einem unproblematischen Sinne als die Funktion des Herzens angesehen werden, zur Aufrechterhaltung des Blutkreislaufes beizutragen. Herzen haben die Eigenschaften, die Herzen kennzeichnen, weil sie Resultat eines biologischen Selektionsprozesses sind.[233] Im Verlauf dieses Selektionsprozesses haben sich einige Eigenschaften von Herzen deshalb herausgebildet, weil sie der Aufrechterhaltung des Blutkreislaufes förderlich waren und weil dies wiederum der Weiterführung des Selektionsprozesses förderlich war. Herzen kann eine Funktion zugeschrieben werden, weil die Zuschreibung dieser Funktion den Verlauf des Selektionsprozesses verständlich macht, der für die Ausbildung von Herzen wesentlich war.

---

233 Vgl. (Millikan 2010).

Nicht alle kausalen[234] Einflüsse von Herzen können als Funktionen von Herzen gelten. Kausale Einflüsse, die keine Rolle für den Selektionsprozess gespielt haben, gelten nicht als Funktionen. Beispielsweise ermöglicht es uns der Herzschlag, den Puls einer Person zu messen und Rückschlüsse auf ihre Gesundheit oder ihre Nervosität zu ziehen. Für die Messung des Pulses ist der Herzschlag kausal relevant. Wir sehen es aber sicherlich nicht als Funktion des Herzens an, uns die Möglichkeiten der Pulsmessung zu eröffnen. Das hängt damit zusammen, dass wir nicht davon ausgehen, dass Pulsmessungen nachhaltige Einflüsse auf die Evolution von Herzen hatten. In dieser Hinsicht ist die Zuschreibung von Funktionen bei Organen der bei Werkzeugen oder anderen Gegenständen analog. Ein Bierdeckel hat die Funktion, durch das Aufsaugen von Bierschaum unschöne Ringe auf Holztischen zu vermeiden und ein Werbeträger für Bierhersteller zu sein. Aufgrund dieser Funktionen (vermute ich) werden Bierdeckel hergestellt und auf Tischen von Wirtshäusern verteilt. Natürlich kann man ganz andere Dinge mit Bierdeckeln machen, zum Beispiel Kartenhäuser bauen oder wackelnde Tische ruhig stellen. Letztes zählt aber nicht zu den Funktionen von Bierdeckeln, weil diese Einsatzmöglichkeiten keinen nachhaltigen Einfluss auf die Produktion und Verteilung von Bierdeckeln haben.

Mechanismen für etwas

Da Herzen Funktionen zugeschrieben werden können, gibt es Maßstäbe, an denen Herzen gemessen werden können. Ein Herz, das einen sehr zuverlässigen Beitrag zur Blutzirkulation leistet, kann als ein gutes Herz angesehen werden.[235] Natürlich klingt es etwas komisch, wenn wir sagen würden, dass Herzen Blut pumpen *sollen*. Es steht Herzen nicht frei darüber zu entscheiden, ob sie Blut pumpen möchten oder nicht. Wir können aber sagen, dass wir nur etwas als (biologisches) Herz ansehen sollten, das in der Lage ist (oder war oder sein wird) Blut zu pumpen. Auch erwarten wir von etwas, das wir für ein Herz halten, dass es Blut pumpt.[236]

Die Evolutionstheorie ermöglicht es uns, die Mechanismen, die dem Herzschlag zugrunde liegen, als Resultat eines Selektionsprozesses zu sehen und wir können daher in nicht-teleologischer Weise erklären, wie sich die der Blutzirkulation zugrundeliegenden Mechanismen herausgebildet haben.

---

[234] Wer biologische oder medizinische Erklärungen nicht zu den Kausalerklärungen rechnet, kann den Begriff des kausalen Einflusses durch einen anderen ersetzten.

[235] Die normativen Maßstäbe, die aus der Funktionszuschreibung resultieren, sind auch wesentlich für die Unterscheidung zwischen gesund und krank.

[236] Daran zeigt sich ein interessanter Unterschied zwischen biologischen und physikalischen Erklärungen. Es ergibt keinen Sinn zu sagen, dass sich ein schwingendes Pendel an die Pendelgesetzte halten soll und es gibt keine guten und schlechten Pendel. Alle Pendelbewegungen lassen sich durch die Pendelgesetze beschreiben.

Gleichzeitig können wir bestimmte Eigenschaften dieser Mechanismen damit erklären, dass sie Mechanismen *für* die Blutzirkulation sind. Wir wechseln damit von einer nicht-teleologischen auf eine teleologische Erklärungsebene – ohne dass wir diesen Wechsel typischerweise als besonders problematisch ansehen würden.

Interessanterweise erscheint es unproblematisch zu sein, von einem Mechanismus *für* etwas zu sprechen, selbst wenn dieser Mechanismus mitunter versagt. Der Mechanismus, der für das Phänomen des Herzschlages konstitutiv ist, bleibt der Mechanismus *für* den Herzschlag, selbst wenn er gestört ist. Die Störung des Mechanismus des Herzschlages kann dazu führen, dass das Herz nicht mehr schlägt. Dennoch ist auch ein solch gestörter Mechanismus ein Mechanismus *für* den Herzschlag. Auch können wir sagen, dass eine Eichel darauf angelegt ist, zu einer Eiche heranzuwachsen. In einem evolutionsbiologischen Sinne ist es die Funktion von Eicheln, Eichen und neue Eicheln hervorzubringen. Diese Funktion schreiben wir Eicheln im Allgemeinen zu, obwohl uns völlig klar ist, dass nur die wenigsten Eicheln zu Eichen heranwachsen. Die Zuschreibung eines Mechanismus, einer Funktion oder eines Ziels ist daher in der Biologie offensichtlich damit vereinbar, dass der Mechanismus gestört wird, die Funktion verfehlt und das Ziel unerreicht bleibt. All das ist dauernd der Fall. Gleichzeitig ist die Zuschreibung eines Mechanismus für etwas oder einer Funktion nicht willkürlich. Den Eicheln und Bucheckern, die in verschiedenen (und verschlossenen) Gläsern einer botanischen Sammlung lagern, schreiben wir unterschiedliche Funktionen zu. Wir vermuten auch bei diesen Eicheln geeignete Mechanismen für das Heranwachsen zu Eichen, obwohl die Aussichten dazu ähnlich gering sind wie die der Bucheckern. In Bucheckern vermuten wir dagegen Mechanismen, die das Heranwachsen zu Buchen ermöglichen – wenn auch nicht in verschlossenen Gläsern.

Wenn aus einer Eichel keine Eiche wird, kann mit den dafür relevanten Mechanismen trotzdem alles in Ordnung sein. Wenn eine Eichel dagegen auf fruchtbaren Boden fällt, vorbildliche Bedingungen für das Eichenwachstum vorfindet und dennoch nicht zu einer Eiche heranwächst, dann sind die relevanten Mechanismen vielleicht in irgendeiner Weise gestört. Wir können daher grundsätzlich zwischen Fällen unterscheiden, in denen wir es mit einwandfreien Bedingungen und einem gestörten Mechanismus zu tun haben und Fällen, in denen der Mechanismus einwandfrei ist, aber die Bedingungen nicht stimmen.

Der Umgang mit teleologischen Erklärungen in der Biologie

Teleologische Erklärungen in der Biologie werden oft als hilfreiche Abkürzungen verstanden, die durch ausführlichere, nicht-teleologische Erklärungen ersetzt werden könnten. Manchmal werden diese zumeist hypothetischen nicht-teleologischen Erklärungen für wissenschaftlicher gehalten und es wird als Ziel angesehen, teleologische Erklärungen durch nicht-teleologische zu ersetzen. Teleologischen Erklärungen in der Biologie wird dadurch eine pragmatische Funktion als Platzhalter für präzise nicht-teleologische Erklärungen zugewiesen, die auf die Details des relevanten evolutionären Selektionsprozesses Bezug nehmen, allerdings allzu komplex wären und üblicherweise nicht verfügbar sind.

Ich halte die skizzierte Sichtweise in einer wesentlichen Hinsicht für angemessen. Tatsächlich erlaubt es uns die Evolutionstheorie, interessante Zusammenhänge zwischen teleologischen Erklärungen in der Biologie und entsprechenden nicht-teleologischen Erklärungen herzustellen. Im Sinne des dargestellten Erklärungspluralismus ist jedoch zu betonen, dass die teleologischen Erklärungen nicht bedeutungsgleich sind mit ihren nicht-teleologischen Alternativen. Wir sollten auch keine der beiden Arten von Erklärungen zu Gunsten der anderen aufgeben, selbst wenn die Zusammenhänge völlig geklärt wären. Die Argumente für diese Sichtweise dürften mittlerweile vertraut sein. Zum einen macht die Berücksichtigung pragmatischer Aspekte des Erklärens deutlich, dass es vom Kontext abhängt, welche Art von Erklärung gerade angemessener ist. Wer sich entscheiden würde, keinerlei teleologische Erklärungen in der Biologie mehr zu verwenden, würde seine Gesprächspartner oft langweilen und ihre Interessen nicht angemessen aufgreifen. Zudem würden Hinweise auf relevante Eingriffsmöglichkeiten verloren gehen. Ausführungen zu den Selektionsprozessen, die die Mechanismen hervorgebracht haben, die dem Herzschlag zugrunde liegen, beantworten sehr spezielle Arten von „Was-wäre-wenn-es-anders-gewesen-wäre-Fragen". Eine solche Erklärung könnte Hypothesen dazu nahelegen, wie die dem Herzschlag zugrunde liegenden Mechanismen aussehen würden, wenn andere Selektionsbedingungen geherrscht hätten. Die genannte teleologische Erklärung verdeutlicht dagegen die Konsequenzen eines Herzstillstandes und weist darauf hin, dass wir an schlagenden Herzen interessiert sind, weil wir auf die Zirkulation unseres Blutes angewiesen sind. Sicherlich sind beide Arten von Erklärung potentiell interessant. Für unsere Alltagsbedürfnisse ist die Bedeutung der teleologischen Erklärung ungleich offensichtlicher.

Wie es uns die Evolutionstheorie im Detail ermöglicht, Zusammenhänge zwischen teleologischen und nicht-teleologischen Erklärungen herzustellen, möchte ich nicht diskutieren. Ich halte es aber für eine wesentliche Annahme der Biologie, dass dies gelingen kann. Die Evolutionstheorie stellt nicht zuletzt aus diesem Grund eine schwer zu überschätzende intellektuelle Errungenschaft dar. Da es in der Biologie gelingt, Zusammenhänge zwischen teleologischen und nicht-teleologischen Erklärungen herzustellen, halte ich es für irreführend, eine scharfe Trennlinie zwischen kausalen und teleologischen Erklärungen zu ziehen. Selbst wer eine entsprechende terminologische Festlegung wählt und den Begriff der Kausalerklärung für Bereich der Physik reserviert, muss anerkennen, dass unproblematische Zusammenhänge zwischen teleologischen und nicht-teleologischen Erklärungen hergestellt werden können. (Es sei denn, er schränkt seine Betrachtungen auf die idealisierte Physik ein, der teleologische Erklärungen völlig fremd sind. Die damit verbundenen Einschränkungen habe ich im letzten Kapitel diskutiert.)

Zielgerichtete Prozesse

Bislang habe ich hauptsächlich zu zeigen versucht, dass wir annehmen sollten, dass teleologische Erklärungen und nicht-teleologische Erklärungen prinzipiell miteinander in Zusammenhang gebracht werden können. Wir sollten deshalb nicht davon ausgehen, dass der teleologische Charakter von Handlungserklärungen ein grundlegendes Problem für Versuche darstellt, Zusammenhänge zwischen Handlungserklärungen und neurowissenschaftlichen Erklärungen herzustellen. Natürlich unterscheiden sich Handlungserklärungen in anderer Hinsicht von neurowissenschaftlichen Erklärungen. Im nächsten Kapitel werde ich näher auf die Besonderheiten eingehen, die mit Blick auf die Verantwortungszuschreibung besonders wesentlich sind. Dabei werde ich Gemeinsamkeiten und Unterschiede zwischen biologischen Mechanismen und Fertigkeiten diskutieren.

Unterschiede ergeben sich vor allem daraus, dass Fertigkeiten im Unterschied zu Mechanismen nicht als Resultat eines evolutionären Prozesses angesehen werden können. Fertigkeiten kommen Personen zu, die individuelle Lernprozesse durchlaufen haben. Sie bilden sich daher nicht in langen phylogenetischen Prozessen heraus, sondern in vergleichsweise kurzen ontogenetischen Prozessen. Es ist daher wichtig zu betonen, dass und inwieweit andere Prozesse die Stelle von evolutionären Prozessen einnehmen können. Ich habe zu zeigen versucht, dass es der Verweis auf einen evolutionären Prozess ermöglicht, einem Mechanismus eine Funktion zuzuweisen und von einem Mechanismus *für* etwas zu sprechen. Da es mir in diesem Kapitel darum geht zu zeigen, dass und inwieweit biologische Erklärungen als teleologische Erklärungen anzusehen sind und warum das als unproblematisch anzusehen ist, ist es wichtig zu betonen, dass die Zuschreibung von Funktionen durch den Verweis auf einen ungerichteten, also seinerseits nicht zielgerichteten Prozess (eben den Evolutionsprozess) möglich ist. Dieser Schritt verbindet teleologische mit nicht-teleologischen Erklärungen.

Die Zuschreibung von Funktionen kann aber auch aufgrund zielgerichteter Prozesse erfolgen. Besonders offensichtlich ist das bei Gegenständen, die wir mit einer bestimmten Absicht herstellen. Wenn wir Gegenstände mit einer Absicht herstellen, können wir ihnen eine entsprechende Funktion zuschreiben: Wenn wir Hämmer in der Absicht herstellen, geeignete Werkzeuge für das Einschlagen von Nägeln zu erhalten, dann können wir es als Funktion von Hämmern ansehen, geeignete Werkzeuge zum Einschlagen von Nägeln darzustellen. Die Absicht, die dem Herstellungsprozess zugrunde liegt, etabliert einen Maßstab, an dem der Herstellungsprozess und die resultierenden Werkzeuge zu messen sind. Wenn die Hämmer, die wir herstellen, ungeeignet für das Einschlagen von Nägeln sind, dann sind es schlechte Hämmer und wir haben allen Anlass, den Herstellungsprozess zu verbessern.

Der wesentliche Unterschied zwischen zielgerichteten Prozessen und evolutionären Prozessen ist, dass zielgerichtete Prozesse sich durch ihr Ziel auszeichnen und diese Ziele sehr unterschiedlich sein können, während evolutionäre Prozesse kein eigentliches Ziel haben. Sie sind ungerichtet und die Ergebnisse, die sie hervorbringen, haben lediglich die Eigenschaft, dass sie auf eine ununterbrochene Kette von Vorläufern zurückblicken können, die das Fortschreiten des Evolutionsprozesses ermöglicht haben. Aufgrund der Eigenschaften des Evolutionsprozesses erscheint es unproblematisch zu sein, Lebewesen einen Drang zu Überleben zuzuschreiben, weil es gewissermaßen ihre Funktion ist, den Prozess, der sie hervorbringt, aufrecht zu erhalten. Weil evolutionäre Prozesse immer derselben Logik folgen, ermöglichen sie aber zunächst immer nur dieselbe und sehr schwache Funktionszuschreibung. Zielgerichtete Prozesse können dagegen eine Vielzahl von Zielen haben und erst durch die verschiedenen zielgerichteten Prozesse kommt die Vielzahl von Funktionen in die Welt. Wir müssen uns daher Gedanken machen, inwieweit aus einem ungerichteten evolutionären Prozess zielgerichtete Prozesse abgeleitet werden können.

Da wir schon innerhalb der Biologie eine Vielzahl von Funktionen zuschreiben, setzten wir offensichtlich vielfältige zielgerichtete Prozesse voraus, die sich zwar auf evolutionäre Prozesse zurückführen lassen, strenggenommen aber nicht mit diesen identisch sind. Die Funktion von Herzen Blut zu pumpen, lässt sich evolutionsbiologisch begründen. Diese Begründung ist aber (mindestens) zweistufig. Wir müssen annehmen, dass die Aufrechterhaltung des Blutkreislaufes eines Organismus für dessen fortgesetzte Teilnahme am Evolutionsprozess wesentlich ist. Erst dann können wir dem Herzen die abgeleitete Funktion zuschreiben, dass es der Aufrechterhaltung des Blutkreislaufes dient. (Die unmittelbare evolutionsbiologische Funktion des Herzens ist dementsprechend nicht das Blut-Pumpen, sondern das Beitragen zu der Weiterführung des evolutionären Prozesses.) Ohne diese abgeleiteten Funktionszuschreibungen wären evolutionsbiologische Begründungen sehr langweilig, weil sie immer nur auf die Weiterführung des evolutionären Prozesses verweisen würden.

LERNPROZESSE

Ich habe bereits angekündigt, dass im nächsten Kapitel insbesondere ontogenetische Lernprozesse eine Rolle spielen werden. Lernprozesse sind zielgerichtete Prozesse, weil sie auf ein Ziel ausgerichtet sind, das den Maßstab des Lernerfolges darstellt. Dabei ist wesentlich, dass das Ziel, auf das der Lernprozess gerichtet ist, nicht unbedingt einer evolutionsbiologischen Begründung bedarf. Wir versuchen eine Vielzahl von Dingen zu erlernen, die nicht in offensichtlicher oder unmittelbarer Weise dem Überleben dienlich sind. Letztlich können wir uns durchaus vornehmen, etwas zu erlernen, das unseren evolutionären Erfolg beeinträchtigen wird. Wir werden uns daher mit der Frage beschäftigen müssen, wo die Ziele herkommen, auf die ontogenetische Lernprozesse gerichtet sind und wer sie setzt. Bevor ich im nächsten Kapitel darauf eingehen werde, möchte die Kontinuitäten derartiger ontogenetischer Lernprozesse mit biologischen Mechanismen betonen, die Gegenstand dieses Kapitels sind und denen wir Funktionen mit Verweis auf einen evolutionären Prozess zuweisen.

Wenn wir es als Funktion von Herzen ansehen Blut zu pumpen, können wir es in ähnlicher Weise als die Funktion von Gehirnen ansehen Lernprozesse zu ermöglichen. Der Annahme, dass die Aufrechterhaltung des Blutkreislaufes für das Fortschreiten des evolutionären Prozesses wesentlich ist, entspricht in diesem Fall die Annahme, dass die Möglichkeit ontogenetischer Lernprozesse dem Fortschreiten des evolutionären Prozesses unter bestimmten Umständen zuträglich ist. Beides gilt natürlich nicht für alle evolutionären Prozesse unter allen Umständen. Für die Evolution von Bakterien spielt die Aufrechterhaltung des Blutkreislaufes ebenso wenig eine Rolle wie komplexe ontogenetische Lernprozesse. In den Umweltbedingungen, in denen die Evolution menschlicher Lebewesen stattgefunden hat und stattfindet, ist die Möglichkeit komplexer ontogenetischer Lernprozesse aber offensichtlich von Vorteil. Interessanterweise zeichnen sich ontogenetische Lernprozesse aber gerade dadurch aus, dass das Ziel des Lernprozesses nicht vorgegeben ist. Herzen erfüllen ihre Funktion, indem sie Blut pumpen und damit ist ein recht eindeutiges Ziel vorgegeben (auch wenn es auf verschiedene Arten zu erreicht werden kann). Gehirne erfüllen ihre Funktion (oder eine ihrer Funktionen), wenn sie komplexe ontogenetische Lernprozesse ermöglichen. Dabei ist aber gerade nicht genau spezifiziert, auf welche Ziele die einzelnen Lernprozesse ausgerichtet sein sollen. Das ist ein entscheidender Unterschied. Wenn es um die Kontinuitäten zwischen biologischen Mechanismen und Lernprozessen geht, braucht er uns allerdings nicht sonderlich zu beunruhigen. Klarerweise lassen sich die Vorgänge in Gehirnen mit Verweis auf biologische Mechanismen erklären. Die Klärung der biologischen Voraussetzungen für Lernen und Gedächtnis ist Gegenstand intensiver neurobiologischer Forschung und hat in den vergangenen Jahrzehnten rapide Fortschritte gemacht. Es gibt keinen Grund für die Annahme, dass es keine zufriedenstellende neurobiologische Erklärung dafür gibt, wie menschliche Gehirne komplexe ontogenetische Lernprozesse ermöglichen.

ZUSAMMENFASSUNG

In diesem Kapitel ging es um die Zusammenhänge zwischen teleologischen und nicht-teleologischen Erklärungen. Ich habe darauf hingewiesen, dass die Annahme problematisch ist, dass naturwissenschaftliche Erklärungen grundsätzlich zu den nicht-teleologischen Erklärungen zu zählen sind. Während das für die Physik zutreffen mag, sind in der Biologie teleologische Erklärungen allgegenwärtig. Dennoch ist es möglich, Zusammenhänge zwischen physikalischen und biologischen Erklärungen herzustellen. Eine Schlüsselrolle bei der Herstellung derartiger Zusammenhänge nimmt die Evolutionstheorie ein. Indem wir einen biologischen Mechanismus als Resultat eines evolutionären Prozesses ansehen, können wir dem Mechanismus eine Funktion zuschreiben und ihn als Mechanismus *für* etwas ansehen. Das ist möglich, obwohl evolutionäre Prozesse nicht zielgerichtet sind. Wenn wir die Annahme machen, dass eine bestimmte Eigenschaft oder ein Zustand dem Fortschreiten des evolutionären Prozesses dienlich ist, können wir den Ergebnissen des evolutionären Prozesses die Funktion zuschreiben, die fragliche Eigenschaft zu haben oder den fraglichen Zustand herbeizuführen. Wir können daher eine Vielzahl biologischer Funktionen mit indirekten Verweisen auf evolutionäre Prozesse erklären. Das ermöglicht einerseits die Herstellung von Zusammenhängen zwischen teleologischen und nicht-teleologischen Erklärungen. Andererseits gehört zu den biologischen Funktionen, die wir auf diese Weise erklären können, die Funktion von Gehirnen, komplexe ontogenetische Lernprozesse zu ermöglichen. Ontogenetische Lernprozesse zeichnen sich dadurch aus, dass das konkrete Ziel des Lernprozesses nicht phylogenetisch vorgegeben ist. Während die teleologischen Erklärungen in der Biologie üblicherweise funktionale Erklärungen sind, bei denen die zugrunde gelegten Ziele relativ unmittelbar aus den Auswirkungen auf evolutionäre Prozesse abgeleitet werden können, ist das bei den Zielen ontogenetischer Lernprozesse anders. Die Implikationen, die sich daraus ergeben, sind Gegenstand des nächsten Kapitels.

16 FERTIGKEITEN UND VERANTWORTUNG

EINLEITUNG

Mechanismen und Fertigkeiten haben interessante Gemeinsamkeiten, weil beide auf ein Ziel ausgerichtet zu sein scheinen. An die Stelle des ungerichteten evolutionären Prozesses, der die Zuschreibung von Zielen bei Mechanismen ermöglicht, tritt bei Fertigkeiten ein zielgerichteter Lernprozess. Die Zuschreibung einer Fertigkeit erfordert die Annahme eines zielgerichteten Lernprozesses, der auf den Erwerb der Fertigkeit gerichtet war. Abhängig von der Art des zielgerichteten Lernprozesses hat die Zuschreibung einer Fertigkeit unterschiedliche Implikationen für die Zuschreibung von Verantwortung. Verantwortung in sehr schwacher Form resultiert aus der Zuschreibung einer Fertigkeit bereits dann, wenn sich die Person das Ziel des für die Fertigkeit relevanten Lernprozesses nicht selbst gesetzt hat. Verantwortung in einem stärkeren Sinn erfordert, dass sich die Person das Ziel selbst gesetzt hat und sich auch die Fertigkeit als Resultat eines zielgerichteten Lernprozesses zuschreibt. Verantwortung im vollen Sinn erfordert zudem, dass die für die Handlung wesentlichen Fertigkeiten die Fertigkeiten für den angemessenen Umgang mit Gründen einschließen.

PHYLOGENESE UND ONTOGENESE

Im vorangegangenen Kapitel habe ich betont, dass es als eine Funktion von Gehirnen angesehen werden kann, komplexe ontogenetische Lernprozesse zu ermöglichen, weil die Möglichkeit solcher Lernprozesse evolutionsbiologisch als Vorteil zu verstehen ist. Derartige Lernprozesse sind zielgerichtete Prozesse; das Ziel, das einem einzelnen Lernprozess zugrunde liegt, ist aber nicht unmittelbar evolutionsbiologisch zu begründen. Diese Unterscheidung wird schon durch die Betonung deutlich, dass es sich um einen ontogenetischen Lernprozess handelt. Die Veränderungen, die sich in einem evolutionären Prozess ergeben, können dagegen in mancher Hinsicht als phylogenetische Lernvorgänge verstanden werden. So gesehen hat sich im Verlauf des phylogenetischen Evolutionsprozesses die Möglichkeit ontogenetischer Lernprozesse herausgebildet, weil sie individuelle Anpassung an gerade herrschende Umweltbedingungen ermöglicht. Unter komplexen und sich schnell wandelnden Umweltbedingungen ist die Möglichkeit ontogenetischer Anpassungen ein phylogenetischer Vorteil, weil sie die Aufrechterhaltung des evolutionären Prozesses ermöglicht. Deshalb sind die Ursprünge der ontogenetischen Anpassungsfähigkeit zwar faszinierend, aber grundsätzlich recht gut nachvollziehbar.

Allerdings wirft die Möglichkeit ontogenetischer Anpassungen evolutionsbiologisch gesehen interessante Probleme auf. Ein ontogenetischer Lernprozess zeichnet sich dadurch aus, dass ein Lebewesen aufgrund individueller Erfahrung sein Verhaltensrepertoire modifiziert. Die Verhaltensanpassung kann dem Überleben zu- oder abträglich sein. Der Evolutionsprozess kann nicht unmittelbar dafür sorgen, dass ontogenetisch Erlerntes dem Überleben zuträglich ist, sondern erfordert lediglich, dass die Möglichkeit ontogenetischen Lernens an sich dem Überleben zuträglich ist. Diese Anforderung ist aber komplexer, als es vielleicht zunächst scheint. Modifikationen des Verhaltensrepertoires eines Lebewesens können zu schwer vorhersehbaren Konsequenzen führen, insbesondere dann, wenn das Lebewesen über ein vergleichsweise komplexes Verhaltensrepertoire verfügt.[237] Dies liegt die Vermutung nahe, dass nur die wenigsten Änderungen in einem komplexen Verhaltensrepertoire von evolutionsbiologischem Nutzen sind. Das Verhaltensrepertoire eines Organismus hat sich im Verlauf der langen Evolutionsgeschichte deshalb herausgebildet, weil es dem Überleben insgesamt weniger abträglich war als konkurrierende Verhaltensrepertoire. Wahllose Veränderungen des Verhaltensrepertoires stellen vermutlich überwiegend Verschlechterungen dar, weil sie gewissermaßen Unordnung in ein eingespieltes Räderwerk bringen. Damit ontogenetische Lernprozesse einen evolutionsbiologischen Vorteil darstellen können, dürfen sie daher nicht wahllose Veränderungen sein.

Die Anforderungen an ontogenetische Lernprozesse sind damit hoch: Sie dürfen nicht zu wahllosen Veränderungen in einem eingespielten Verhaltensrepertoire führen, die konkreten Ziel, an denen sich die einzelnen Lernprozesse ausrichten, können aber gleichzeitig nicht genau vorgegeben werden. Ich gehe aus diesen Gründen davon aus, dass die Möglichkeit ontogenetischer Lernprozesse bei Lebewesen mit einem komplexem Verhaltensrepertoire erst dann einen evolutionsbiologischen Vorteil darstellen kann, wenn sie mit Prozessen kombiniert werden, die die aus dem Lernprozess resultierenden Verhaltensänderungen konstruktiv in das bestehende Verhaltensrepertoire integrieren. Insbesondere müssen es diese Prozesse ermöglichen, Veränderungen des Verhaltensrepertoires für viele Situationen durchzuspielen, potentiell schädliche Veränderungen zu identifizieren und zu korrigieren ohne dass dadurch das Überleben des Organismus übermäßig gefährdet wird.

---

[237] Während sich in einem evolutionären Prozess die ontogenetische Lernfähigkeit ausbildet, versucht natürlich auch niemand, die daraus resultierenden Konsequenzen vorherzusehen.

Im Folgenden wird es um die angedeuteten Prozesse und ihre Implikationen gehen. Um sprachliche Verrenkungen zu vermeiden, werde ich aber nicht ständig versuchen, ihren evolutionsbiologischen Nutzen zu verdeutlichen. Ich werde sozusagen die evolutionsbiologische Tonlage zugunsten einer handlungstheoretischen aufgeben. Ich hoffe aber, dass meine Ausführungen aufzeigen, inwieweit ein kontinuierlicher Übergang von physikalischen Erklärungen über biologische und neurobiologische Erklärungen zu Handlungserklärungen grundsätzlich möglich ist.

FERTIGKEITEN

Bevor ich genauer auf die angedeuteten Voraussetzungen für die konstruktive Einbindung von erlernten Verhaltensmodifikationen in ein bestehendes Verhaltensrepertoire eingehen werde, möchte ich Gedanken aus dem ersten Teil der Arbeit aufgreifen und einen Bogen zur Diskussion um Fertigkeiten und menschliche Verantwortung ziehen. Fertigkeiten sind das Ergebnis ontogenetischer Lernprozesse. Indem ein Individuum aufgrund gemachter Erfahrungen sein Verhaltensrepertoire verändert, lernt es etwas Neues. Damit etwas neu Erlerntes als eine Fertigkeit gelten kann, müssen noch weitere Bedingungen erfüllt sein. Insbesondere erfordert die Zuschreibung einer Fertigkeit einen zielgerichteten Lernprozess, der auf den Erwerb der fraglichen Fertigkeit gerichtet ist. Die Person, die eine Fertigkeit erwirbt, kann sich das Ziels des zielgerichteten Lernprozesses entweder selbst setzen oder es wird von anderen gesetzt. Zunächst möchte ich die zweite Möglichkeit diskutieren. Bei kleinen Kindern versuchen die Eltern üblicherweise Lernprozesse in Gang zu setzen und zu fördern, die auf Ziele gerichtet sind, die zwar den Eltern, nicht aber dem Kind klar sind. Beispielsweise könnten die Bemühungen der Eltern darauf gerichtet sein, dass sich das Kind anderen gegenüber respektvoll und angemessen verhält. Das Kind kann sich zunächst nicht vornehmen, die dafür erforderlichen Fertigkeiten in einem zielgerichteten Prozess zu erlernen, weil ihm die Vorstellung fehlt, was einen respektvollen und angemessenen Umgang mit anderen kennzeichnet. Die Eltern oder andere können dem Kind aber (hoffentlich) nach einer Weile die Fertigkeit zumindest in vielen Situationen zuschreiben, weil das Kind im Rahmen des Lernprozesses sein Verhalten modifiziert hat und zumeist angemessen mit anderen umgeht.

ZUVERLÄSSIGKEIT

Dabei stellt Zuverlässigkeit eine wichtige Eigenschaft dar, die wir voraussetzen müssen, wenn wir eine Fertigkeit zuschreiben. Wir können einer Person eine bestimmte Fertigkeit nicht zuschreiben, wenn wir nicht davon ausgehen, dass sie sie zuverlässig ausüben kann.[238] Weil wir Zuverlässigkeit voraussetzen, wenn wir eine Fertigkeit zuschreiben, sind wir von Fehlern überrascht. Die Zuschreibung von Fehlern erfordert die Zuschreibung von Fertigkeiten und zu häufige Fehler stellen damit die Zuschreibung der Fertigkeit in Frage, weil sie die Annahme der Zuverlässigkeit erschüttern.

Natürlich können wir Personen auch Fehler bei außergewöhnlichen Handlungen vorwerfen, die diese selten oder nie zuvor ausgeführt haben oder wir können Personen, die wir noch nie getroffen haben, Fehler zuschreiben. In solchen Fällen können wir natürlich nicht durch vorangegangene Beobachtung des Verhaltens der Person zu der Überzeugung gelangen, dass sie Handlungen der fraglichen Art zuverlässig ausüben kann. Dennoch erfordert die Zuschreibung von Fehlern die Zuschreibung von Fertigkeiten. Einerseits können wir problemlos Personen, die wir noch nie getroffen haben, Fertigkeiten zuschreiben, die wir bei allen Personen erwarten. Zum anderen können wir die Erwartung, dass eine Person eine selten ausgeführte Handlung zuverlässig ausführen kann, auf die Zuschreibung allgemeinerer Fertigkeiten gründen, die wir der Person zuschreiben. Beispielsweise gehe ich davon aus, dass die meisten Leute zuverlässig eine Treppe heruntergehen können, während sie dabei ein rohes Ei auf der linken Handfläche balancieren. Die wenigsten Leute werden sich die Fertigkeit des Ei-Balancieren-beim-Treppe-runtergehen durch einen zielgerichteten Lernprozess angeeignet haben. Allerdings haben sie sich die Fertigkeiten für die Koordination komplexer Bewegungsabläufe angeeignet und sollten daher auch spezielle Handlungen, die komplexe Bewegungsabläufe erfordern, zuverlässig ausführen können.

Zielgerichtete Lernprozesse

Wir können Personen Fehler bei komplexen Handlungen also deshalb vorwerfen, weil wir ihnen Fertigkeiten zuschreiben, die die Ausführung der komplexen Handlungen ermöglichen. Bei den allermeisten Handlungen gibt es vermutlich viele Möglichkeiten, wie sie in einfachere Handlungen zerlegt werden können und es ist daher vielleicht nicht immer offensichtlich, welche Fertigkeiten wir zugrunde legen. Ich gehe aber davon aus, dass die Zuschreibung von Fertigkeiten dennoch nicht willkürlich ist. Das hängt damit zusammen, dass wir anderen Personen diejenigen Fertigkeiten zuschreiben, von denen uns plausibel erscheint, dass sie in einem zielgerichteten Lern-

[238] Natürlich können wir eine Fertigkeit nur für einen eingeschränkten Bereich von Situationen zuschreiben, in dem wir davon ausgehen, dass sie zuverlässig ausgeübt werden kann. Bei dem kleinen Kind können wir vielleicht irgendwann davon ausgehen, dass es mit anderen Kindern angemessen umgeht und sie nicht schlägt oder kratzt – vorausgesetzt diese tun das umgekehrt auch nicht und das Kind ist weder übermüdet noch hungrig.

prozess erworben worden sind. Die Zahl solcher zielgerichteten Lernprozesse ist nicht unbegrenzt und deshalb sind die Fertigkeiten, die wir Personen zuschreiben überschaubar.

Zusammenfassend lässt sich sagen, dass sich die Zuschreibung von Fertigkeiten einerseits die Annahme eines zielgerichteten Lernprozesses voraussetzt, in dem die Fertigkeit erworben worden ist und andererseits die Annahme erfordert, dass die Person die fragliche Fertigkeit zuverlässig ausüben kann.

VERANTWORTUNG I

Die Zuschreibung von Fertigkeiten ermöglicht die Zuschreibung von Fehlern und für solche Fehler können Personen verantwortlich gemacht werden. Dies wird genau dann möglich, wenn wir an der Einschätzung festhalten, dass der Person die fragliche Fertigkeit zuzuschreiben ist, obwohl sie sich gerade nicht entsprechend verhalten hat. Die Verantwortung, die sich auf die Zuschreibung der bislang diskutierten Fertigkeiten gründet, ist allerdings eine sehr schwache Art der Verantwortung. Solange wir neben Zuverlässigkeit nur einen zielgerichteten Lernprozess voraussetzen, der auf den Erwerb der Fertigkeit gerichtet war, bleibt offen, woher das Ziel des zielgerichteten Lernprozesses kommt. Ich habe betont, dass das sich die Person das Ziel nicht unbedingt selbst setzen muss. Wenn andere Personen das Ziel für den Lernprozess bestimmen – beispielsweise die Eltern – resultiert eben nur eine sehr schwache Form der Verantwortung. Sie speist sich letztlich aus der enttäuschten Erwartung dessen, der das Ziel des Lernprozesses vorgibt. Die Eltern können ihr Kind zur Verantwortung ziehen, wenn es andere Kinder schlägt oder kratzt. Schon sprachlich zeigt sich, dass dies ein aktives Vorgehen der Eltern erfordert, dem das Kind passiv ausgesetzt ist (es wird zur Verantwortung gezogen) bis es sich das Ziel des Lernprozesses, den die Eltern im Sinn haben, selbst zuschreibt. Von den Veränderungen, die sich dadurch ergeben, dass sich das Kind das Ziel des Lernprozesses selbst zuschreibt, wird gleich die Rede sein. Zuvor möchte ich noch betonen, dass wir die bislang diskutierte schwache Form der Verantwortung letztlich sogar Gegenständen zuschreiben. Wenn wir ein Uhrwerk vor uns haben, das in einem zielgerichteten Prozess konstruiert worden ist und zuverlässig läuft bis ein kleines Zahnrad bricht, dann können wir sagen, dass das Brechen des Zahnrades dafür verantwortlich ist, dass die Uhr stehen geblieben ist.[239]

[239] Aus dieser schwachen Form von Verantwortung folgt nicht sehr viel. Weder Zahnräder noch kleine Kinder würden wir ins Gefängnis stecken.

SELBSTZUSCHREIBUNG

Verantwortung in einem stärkeren Sinn erfordert, dass sich die Person das Ziel des Lernprozesses, der dem Erwerb der relevanten Fertigkeiten zugrunde liegt, selbst zuschreibt. Dies wird an dem Beispiel mit dem Kind leicht deutlich. Sobald das Kind das Ziel verinnerlicht, anderen Kindern nicht weh zu tun, wird Verantwortung in einem stärkeren Sinn möglich. Wenn die Eltern davon ausgehen, dass sich das Kind (i) dieses Ziel selbst gesetzt hat, (ii) die Gelegenheit hatte, durch einen zielgerichteten Lernprozess die relevanten Fertigkeiten zu erlernen und (iii) durch sein bisheriges Verhalten nahelegt, dass es zuverlässig vermeiden kann, anderen Schmerzen zuzufügen, machen sie ihrem Kind einen stärkeren Vorwurf, wenn es sich einmal nicht entsprechend verhält.

Allgemein gesagt gewinnt ein Vorwurf dadurch an Gewicht, dass eine Person sich die Fertigkeit selbst zuschreibt, deren Zuschreibung die Voraussetzung für den Vorwurf ist. Das hängt damit zusammen, dass es selbstzugeschriebene Fertigkeiten einer Person ermöglichen, sich eigene Fehler zuzuschreiben. Dies ist wiederum völlig grundlegend für die Verfeinerung von Fertigkeiten in einem zielgerichteten Lernprozess. Der Erwerb von Fertigkeiten im eigentlichen Sinn erfordert, dass sich die Person um die Verfeinerung der Fertigkeit aktiv bemüht. Fertigkeiten fallen uns nicht in den Schoß, wir müssen sie erwerben und das erfordert die Korrektur einer Vielzahl von selbstzugeschriebenen Fehlern. Da es sich dabei um einen aktiven Vorgang handelt, können wir oft auch angeben, welche Fertigkeiten wir uns zuschreiben. Allerdings liegt der Erwerb vieler Fertigkeiten aber so lange zurück, dass wir uns an die aktiven Bemühungen schwerlich erinnern können (beispielsweise beim Laufen-Lernen). Am einfachsten sind selbstzugeschriebene Fertigkeiten daher an den Fehlern zu erkennen, die wir uns selbst zuschreiben, wenn uns etwas nicht gelingt.

Während wir eine Fertigkeit erwerben, sind wir oft darauf angewiesen, dass uns andere auf Fehler aufmerksam machen. Lehrer oder Trainer weisen uns beispielsweise auf Fehler beim Spielen eines Instruments oder beim Ausüben einer Sportart hin und helfen uns dadurch, unsere Fertigkeiten zu verfeinern. Da wir uns das Ziel selbst zuschreiben, die Fertigkeit zu verfeinern, reicht der Hinweis auf den Fehler aus, damit wir uns um eine Korrektur bemühen. Auch bei dem Erwerb von Fertigkeiten, die wir nicht durch regelmäßiges explizites Üben verfeinern, sind wir eigentlich daran interessiert, dass uns andere auf Fehler aufmerksam machen – wenn uns der Erwerb der Fertigkeit ein Anliegen ist. Damit wir aus dem Fehler lernen können, müssen wir ihn uns wiederum selbst zuschreiben und aktiv um eine Korrektur bemühen.

VERANTWORTUNG II

Auf dem selbstgesetzten Ziel, eine Fertigkeit zu verfeinern, gründet eine bereits wesentlich stärkere Verantwortung. Wer ein Instrument von einem Lehrer lernen will, muss Hinweise auf eigene Fehler akzeptieren und sich darum bemühen, sie in Zukunft zu vermeiden. Für Verantwortung im vollen Sinn fehlen aber immer noch wesentliche Elemente.

Damit eine Person einen Grund dazu hat, die Zuschreibung eines Fehlers durch andere zu akzeptieren (und damit unter Umständen auch einen Vorwurf als berechtigt akzeptiert), muss sie sich wie gesagt den Fehler selbst zuschreiben. Dies erfordert, dass sich die Person die fragliche Fertigkeit selbst zuschreibt und an dieser Zuschreibung trotz des Fehlers festhalten möchte. Wenn es der Person offensteht, die Selbstzuschreibung der Fertigkeit aufzugeben, kann sie sich der Verantwortung für ihre Fehler dadurch entziehen. Dies ist normalerweise aber nicht möglich und im Folgenden wird zu diskutieren sein warum das so ist. Es gibt allerdings durchaus Fälle, in denen es der Person im skizzierten Sinne freisteht, die Selbstzuschreibung einer Fertigkeit aufzugeben. In solchen Fällen kann sich die Person tatsächlich ihrer Verantwortung für den Fehler entledigen.

Eine Person, die die Fertigkeit beherrscht, ein Instrument zu spielen hat diese Fertigkeit in einem zielgerichteten Prozess erworben und sie hat sich das Ziel dieses Prozesses selbst zugeschrieben. Übung und Korrektur waren wesentlich für die relevanten Lernprozesse und sie ermöglichen der Person auch die Abschätzung, welche Musikstücke sie gut spielen kann und welche nicht. Sie schreibt sich die Fertigkeit zu, ein Musikstück spielen zu können, wenn sie es – den eigenen Maßstäben entsprechend – zuverlässig spielen kann. Ist sie davon überzeugt und verspielt sich bei einem Konzert, wird sie sich einen Fehler zuschreiben. Auch können sie, wie bereits erwähnt, andere auf Fehler aufmerksam machen und wenn dies zu einer Selbstzuschreibung des Fehlers führt, wird sie das akzeptieren. Die Voraussetzung dafür ist aber, dass sie die Selbstzuschreibung der Fertigkeit nicht in Frage stellt. Bei der Fertigkeit, ein Instrument spielen zu können, steht es der Person aber jederzeit offen, diese Selbstzuschreibung zu korrigieren. Beispielsweise könnte die Person, nachdem sie das aktive Üben des Instruments aufgegeben hat, nach einiger Zeit wieder versuchen, das Musikstück zu spielen, das sie zuvor zuverlässig beherrscht hat. Wenn sie sich dabei verspielt, kann sie sich dies entweder, wie zuvor, als Fehler zuschreiben. Sie kann aber auch die Selbstzuschreibung revidieren, dass ihr die Fertigkeit zuzuschreiben ist, derartige Musikstücke zuverlässig spielen zu können. Indem sie dies tut, nimmt sie auch anderen die Möglichkeit, ihr einen Fehler beim Spielen des Musikstücks vorzuwerfen. Sie wird erwidern, dass ihr auch aufgefallen ist, dass sie das Musikstück nicht wie beabsichtigt gespielt hat, aber dass sie es leider nicht (mehr) besser kann.[240]

UNVERZICHTBARE FERTIGKEITEN

Der skizzierte Weg, durch Revision der Selbstzuschreibung einer Fertigkeit einem selbstzugeschriebenen Fehler (und damit möglicherweise einem als berechtigt angesehenen Vorwurf) zu entgehen, steht uns aber selbstverständlich nicht in allen Fällen offen. Die Fertigkeiten, bei denen das möglich ist, haben die Eigenschaft, dass es der Person überlassen bleibt, ob sie die Fertigkeit erwerben, verfeinern oder aufgeben möchte. Neben der Fertigkeit ein Instrument zu beherrschen wären sportliche Fertigkeiten oder das Erlernen einer Fremdsprache Beispiele für derartige Fertigkeiten. Sie haben gemeinsam, dass demjenigen, der die Fertigkeiten nicht (mehr) erwerben will, kein starker Vorwurf gemacht werden kann. Wer Basketball nur zum Spaß spielt und weder seine Wurftechnik verfeinern noch das Spiel gewinnen möchte, wird es sich nicht vorwerfen lassen, wenn er den Korb nicht trifft. Und selbst wenn die Person sich die fragliche Fertigkeit zuschreiben möchte, sind alle Fehler sozusagen konditionale Fehler, weil sie nur solange als Fehler gelten können, solange sich die Person die fragliche Fertigkeit eben zuschreibt.

Die Fertigkeiten, auf die es normalerweise ankommt, wenn wir uns selbst oder anderen Personen Vorwürfe machen, sind von anderer Art. Es steht uns nicht frei, sie einfach aufzugeben. Dies ermöglicht wesentlich stärkere Vorwürfe, weil einfach vorausgesetzt werden kann, dass wir allen Grund haben, derartige Fertigkeiten zu erlernen und zu verfeinern. Tatsächlich schreiben sich fast alle Personen die Fertigkeiten, um die es mir im Folgenden geht zu und geben sich Mühe sie zu verfeinern. Wenn sie das nicht tun, können andere ihnen deshalb Vorwürfe machen. Die Fertigkeiten, die diese Eigenschaften haben, möchte ich unverzichtbare Fertigkeiten nennen. Sie erfüllen sehr wesentliche Funktionen, die ich zu Beginn dieses Kapitels angedeutet habe. Ich habe darauf hingewiesen, dass ontogenetische Lernprozesse zu Verhaltensänderungen führen, die in ein bestehendes Verhaltensrepertoire integriert werden müssen, damit sie Aussicht darauf haben, eine Verbesserung des Verhaltensrepertoires darzustellen. Die Fertigkeiten, um die es mir hier geht, ermöglichen genau das – auch wenn ich das Ziel, auf

---

[240] Die Revision der Selbstzuschreibung einer Fertigkeit läuft darauf hinaus, dass die Person nicht länger davon ausgeht, dass sie die fragliche Handlung fehlerfrei hätte ausführen können. Sie steht daher in engem Zusammenhang mit der Möglichkeit alternativer Handlungsoptionen, die wesentlich für Verantwortungszuschreibung ist. Sie wird im nächsten Kapitel näher diskutiert.

das diese Fertigkeiten gerichtet sind, an dieser Stelle in weniger biologisch gefärbte Worte fassen möchte.

Ich habe darauf hingewiesen, dass der Erwerb von Fertigkeiten einen zielgerichteten Prozess erfordert und dass sich Personen das jeweilige Ziel zumeist selbst zuschreiben. Da eine Person viele Fertigkeiten erwerben kann und nicht vorgegeben ist, um welche es sich handelt, können Zielkonflikte auftreten. Das passiert dann, wenn sich eine Person mehrere Ziele[241] zuschreibt, diese aber nicht gleichzeitig oder nicht in gleicher Weise realisiert werden können. Zudem kann das Ziel einer Person, eine Fertigkeit zu erlernen oder zu verfeinern, biologischen Bedürfnissen entgegenstehen. Grundsätzlich gibt es dabei zwei verschiedene Arten derartiger Zielkonflikte: Intrapersonelle und interpersonelle Zielkonflikte, die ich nacheinander diskutieren möchte.

Intrapersonelle Zielkonflikte

Relativ triviale Zielkonflikte entstehen beispielsweise dadurch, dass die Bemühungen um den Erwerb einer Fertigkeit oft mit der Nahrungsaufnahme unvereinbar sind. Damit ein neugieriges und lernwilliges Lebewesen nicht verhungert, dürfen Neugier und Lernwillen daher nicht dauerhaft das Bedürfnis zur Nahrungsaufnahme überlagern. Dem Bedürfnis zu Lernen werden daher durch zunehmenden Hunger oder Durst irgendwann Grenzen gesetzt. Auch zwischen verschiedenen Lernzielen können Zielkonflikte entstehen: Es ist beispielsweise schwierig, gleichzeitig Laufen und Malen zu lernen. Auch könnte das Laufen-Lernen mit dem Ausweichen vor irgendwelchen Gefahren unvereinbar und es daher ratsam sein, der Gefahr krabbelnd zu entkommen und das Laufen-Lernen zurückzustellen. Die kleinen Kinder, die ich bei diesen Beispielen vor Augen habe, werden sich natürlich weder das Ziel zuschreiben Laufen zu lernen, noch die Ziele ihren Hunger zu stillen oder Gefahren auszuweichen. Es erscheint aber relativ unproblematisch zu sein, ihr Verhalten so zu verstehen als ob sie diesen Zielen folgen würden. Es ist nicht einfach zu sagen, wann genau wir Kindern eigene Ziele unzweifelhaft zuschreiben, aber es ist offensichtlich, dass wir das bereits nach recht kurzer Zeit tun. Auch unmittelbare Zielkonflikte zwischen den eigenen Bedürfnissen werden relativ früh erkennbar.

Das Erlernen von Fertigkeiten erfordert daher, die darauf gerichteten Bemühungen mit anderen Zielen in Einklang zu bringen. Dafür sind wiederum Fertigkeiten erforderlich: Die Fertigkeiten für die Auflösung intra-

---

241 Ich habe bisher nicht zwischen den Zielen einer Person, die auf den Erwerb einer Fertigkeit gerichtet sind und den Zielen, die auf eine Einzelhandlung gerichtet sind, unterschieden. Mir geht es vorrangig um ersteres, aber selbstverständlich können derartige Ziele auch mit den Zielen von Einzelhandlungen kollidieren.

personeller Zielkonflikte. Es handelt sich um Fertigkeiten, weil kein vorgefertigtes phylogenetisches Programm die auftretenden Spannungen lösen kann, da bei jeder Person andere intrapersonelle Zielkonflikte auftreten können. Die erforderlichen Fertigkeiten müssen daher ausgebildet werden und ständig verfeinert werden, wenn weitere Fertigkeiten hinzukommen. Zunächst sind Fertigkeiten erforderlich, die auftretende Zielkonflikte erkennen helfen. Da ich Fertigkeiten im eigentlichen Sinn so verstehe, dass die Person sich das Ziel selbst zuschreibt, die Fertigkeit zu erlernen, erfordert diese Fertigkeit letztlich das explizite Nachdenken über Ziele und deren Vereinbarkeit. Diese Fertigkeit würden wir kleinen Kindern sicherlich nicht zuschreiben. Allerdings verfügen sie offenbar über eine Art unbewusstes Vermögen, das etwas Ähnliches leistet, bis sie über explizite Repräsentationen ihrer Ziele verfügen. Neben Fertigkeiten, die das Erkennen von Zielkonflikten sind insbesondere auch Fertigkeiten für deren Auflösung notwendig. Das Auflösen von intrapersonellen Zielkonflikten ist vielleicht in irgendeiner nicht-verbalen Form vorstellbar, aber es scheint eine Art Marktplatz verschiedener Ziele vorauszusetzen, die miteinander in Einklang gebracht werden. Vielleicht ist diese Vorstellung etwas schwammig, weil nicht nur der intrapersonelle Ausgleich zwischen Zielen schwer vorstellbar ist, sondern auch deren Repräsentation. Es ist aber nicht weiter schlimm, wenn wir nicht alle Zwischenschritte bei dem Erwerb der fraglichen Fertigkeiten verstehen, weil uns wenigstens das Endergebnis einigermaßen vertraut ist. Selbstverständlich können wir uns irgendwann explizit über unsere Ziele klar werden und wir können auch explizit über die Auflösung von Zielkonflikten nachdenken. Damit wir die Fertigkeiten, die dafür erforderlich sind, klarer beschreiben können, müssen wir uns zunächst der zweiten Art von Zielkonflikten zuwenden: interpersonellen Zielkonflikten.

Interpersonelle Zielkonflikte

Zielkonflikte können nicht nur zwischen den Zielen einer Person auftreten, sondern treten selbstverständlich auch zwischen den Zielen verschiedener Personen auf. Auch für die Auflösung interpersoneller Zielkonflikte sind Fertigkeiten erforderlich, die erlernt und ständig verfeinert werden müssen. Diese Fertigkeiten könnten wir vielleicht soziale Fertigkeiten nennen. Ähnlich wie bei den zuvor diskutierten Fertigkeiten bleibt etwas unklar, wie genau wir sie erlernen. Es ist nicht ganz leicht zu verstehen, wann und wie ein kleines Kind die Vorstellung entwickelt, dass andere Personen Ziele haben und das diese Ziele mit den eigenen Zielen kollidieren können. Auch scheint offensichtlich zu sein, dass das explizite Nachdenken über eigene Ziele die Auseinandersetzung mit Zielen anderer erfordert und umgekehrt. Die Fertigkeiten für die Auflösung intra- und interpersoneller Zielkonflikte sind daher letztlich nicht zu trennen, weil sie wechselseitig voneinander abhängen. Vermutlich ist die Tatsache, dass wir die relevanten Fertigkeiten zur Auflösung erster Zielkonflikte in einer Lebensphase erwerben, an die wir uns später nicht explizit erinnern können, aufschlussreich und kein Zufall: Zusammengenommen ermöglichen uns diese Fertigkeiten nicht nur den angemessenen Umgang mit anderen, sondern sie konstituieren uns auch als eigenständige Person.

Die unverzichtbaren Fertigkeiten ermöglichen es uns, eigene Ziele von Zielen anderer abzugrenzen, verschiedene Zielkonflikte zu erkennen und aufzulösen. Sie machen es möglich, dass wir uns mit anderen über Ziele und verschiedene Möglichkeiten, sie zu erreichen, austauschen. Sie sind letztlich auf Voraussetzung dafür, dass wir Entscheidungen treffen können, zweifeln können, abwägen können. Kurz: Sie verschaffen uns Zugang zur Welt der Gründe.

GRÜNDE

Wenn wir versuchen, Zielkonflikte aufzulösen, spielen Gründe eine zentrale Rolle. Indem wir einen Zielkonflikt bemerken, haben wir mindestens zwei unvereinbare Handlungsoptionen vor Augen und stehen vor der Aufgabe, eine Entscheidung zugunsten der einen, der anderen oder einer noch zu findenden dritten Handlungsoption zu fällen. Dafür müssen wir herausfinden, was für die jeweiligen Handlungsoptionen spricht. Gründe sprechen für Handlungen, denn jemand, der einen Grund hat, hat einen Grund, etwas zu tun (oder nicht zu tun).[242] Gründe haben aber noch weitere Eigenschaften, die für ihre zentrale Rolle bei der Auflösung von intra- und interpersonellen Zielkonflikten wesentlich sind. Gründe müssen potentiell anderen Personen zugänglich gemacht werden können und sie müssen grundsätzlich auch für Handlungen anderer Personen sprechen können. Diese Eigenschaft ist eine Voraussetzung für die Auflösung interpersoneller Zielkonflikte. Gleichzeitig müssen mir meine eigenen Gründe (auch wenn sie mir vielleicht gerade nicht klar sind) potentiell zugänglich gemacht werden können – diese Eigenschaft ermöglicht die Auflösung intrapersoneller Zielkonflikte.

Weiterhin ist wesentlich, dass verschiedene Gründe nebeneinander gestellt, geprüft und gewichtet werden können. Das Abwägen von Gründen geht der Entscheidung voraus und ist das zentrale Element bei der Auflösung von Zielkonflikten. Dabei bestehen verschiedene Möglichkeiten. Erstens können Gründe verworfen werden, wenn sie sich als unhaltbar erweisen. Das kann durch eine intrapersonelle Prüfung erfolgen, üblicherweise

---

[242] Mir geht es um Handlungen und Verantwortung und daher beschränke ich mich in der Diskussion auf Handlungsgründe. Ob es auch Gründe gibt, sich eine Überzeugung anzueignen oder zu revidieren und ob und inwieweit sich derartige Gründe von Handlungsgründen unterscheiden, kann offenbleiben.

erfolgt es aber im interpersonellen Dialog. Der Dialog ist darauf gerichtet, einen Konsens darüber herzustellen, was als Grund gelten kann. Zweitens, können Gründe gewichtet werden. Dabei kann ein Grund zwar grundsätzlich anerkannt werden, gegenüber anderen Gründen aber als weniger wichtig eingestuft werden. Auch für die Suche nach guten Gründen, die schwächere Gründe in den Hintergrund treten lassen, ist der interpersonelle Diskurs oft wesentlich. Drittens ermöglicht das Nachdenken über Gründe das Finden von Kompromissen. Wenn der ursprüngliche Zielkonflikt zwischen zwei Handlungsoptionen auftritt, die miteinander unvereinbar sind, kann eine dritte Handlungsoption gefunden werden, die den wesentlichen Zielen gerecht wird, die beiden ursprünglichen Handlungsoptionen zugrunde liegen. Das Nachdenken über Gründe ermöglicht das, indem es die wesentlichen Aspekte der intendierten Handlungen hervorhebt und dadurch alternative Möglichkeiten erkennen lässt, diese zu realisieren.

Da die Suche nach Kompromissen oder die Herstellung eines Konsens im interpersonellen Dialog mitunter als mühsam erlebt wird, kann leicht aus dem Blick geraten, wie erfolgreich wir normalerweise in der Auflösung von Zielkonflikten sind. Wenn wir nicht zumeist in der Lage wären, interpersonelle Zielkonflikte aufzulösen oder abzumildern, wären wir kaum imstande, in komplexen Gesellschaften zusammenzuleben. Wenn wir nicht in der Lage wären, intrapersonelle Zielkonflikte in den allermeisten Fällen aufzulösen, wären wir nicht zu einigermaßen konsistentem Handeln fähig. Der angemessene Umgang mit Gründen ist daher für uns alle zentral. Die Fertigkeiten, die uns einen angemessenen Umgang mit Gründen ermöglichen, sind daher unverzichtbar.

Im Unterschied zu anderen Fertigkeiten können wir daher die Fertigkeiten, die uns den angemessenen Umgang mit Gründen ermöglichen, nicht einfach aufgeben. Die Konsequenzen wären dramatisch. Wenn andere uns die Fertigkeiten für die Auflösung interpersoneller Zielkonflikte nicht (mehr) zuschreiben, dann halten sie uns für sonderbar, asozial oder sogar gefährlich. Entsprechend müssten wir mit erheblichen Sanktionen rechnen. Andere könnten die Stirn über uns runzeln, uns ausgrenzen oder einsperren. Wir haben daher allen Grund zu vermeiden, dass andere grundsätzlich in Frage stellen, dass uns soziale Fertigkeiten zuzuschreiben sind. Auch auf die Fertigkeiten für die Auflösung intrapersoneller Zielkonflikte können wir schwerlich verzichten. Mit gewissen Spannungen zwischen verschiedenen Zielen, die wir uns selbst zuschreiben, müssen wir alle leben. Sobald aber grundsätzlich in Frage steht, dass wir derartige Konflikte lösen können, ist die Möglichkeit langfristigen und widerspruchsfreien Handelns gefährdet. Wenn es nicht mehr verschiedene Ziele einer Person gibt, die gegeneinander abgewogen werden können, sondern die verschiedenen Ziele unkontrolliert miteinander ringen und abwechselnd zum Zug kommen, dann droht der gemeinsame Rahmen aller Ziele, die Person, zu zerfallen. Dabei hängen, wie bereits betont, die verschiedenen Fertigkeiten für den angemessenen Umgang mit Gründen, miteinander zusammen.

VERANTWORTUNG III

Andere können uns im vollen Sinne für unsere Handlungen verantwortlich machen, wenn unsere Handlung den angemessenen Umgang mit Gründen erfordert.[243] Wenn wir einen intra- oder interpersonellen Zielkonflikt übersehen oder übergehen, dann können andere uns einen Vorwurf machen. Wir müssen den Vorwurf als berechtigt akzeptieren, wenn wir einsehen, dass wir einen Fehler gemacht haben. Der Fehler zeichnet sich dabei dadurch aus, dass wir von den Fertigkeiten für den angemessenen Umgang mit Gründen, die wir uns grundsätzlich zuschreiben, nicht erfolgreich Gebrauch gemacht haben.

Selbst wenn die Kosten für das Eingeständnis eines derartigen Fehlers beträchtlich sind, sind wir in fast allen Fällen eher dazu bereit, als Zweifel an unseren Fertigkeiten für den angemessenen Umgang mit Gründen zuzulassen. Natürlich werden wir oft versuchen, unsere Handlung zu erklären, um dem Vorwurf zu entgehen. Solange wir das tun und uns dabei auf für andere nachvollziehbare Gründe berufen, stellen wir diese Fertigkeiten nicht nur nicht in Frage, sondern wir wenden sie sogar an und stellen sie unter Beweis. Sobald wir aber keine überzeugenden Gründe mehr für unsere Handlung vorbringen können, müssen wir den Fehler eingestehen und den Vorwurf akzeptieren.

SOZIALE GEMEINSCHAFT

Einerseits halten uns daher die hohen Kosten davon ab, Zweifel an unseren Fertigkeiten für den Umgang mit Gründen zuzulassen. Wir wollen nicht, dass uns andere schief anschauen, ausgrenzen oder einsperren. Es steht uns aber auch gar nicht frei, die unverzichtbaren Fertigkeiten einfach aufzugeben. Wir können uns nicht entscheiden, auf das Abwägen von Gründen in Zukunft zu verzichten, wie wir entscheiden können, die Bemühungen um das Erlernen einer Fremdsprache aufzugeben. Das liegt daran, dass es uns andere vorwerfen könnten, wenn wir die Fertigkeiten für den Umgang mit Gründen aufgeben wollten.

Soziale Gemeinschaften, wie wir sie kennen, erfordern nämlich den Austausch von Gründen. Daher erwarten die Mitglieder solcher Gemeinschaften von anderen Mitgliedern den angemessenen Umgang mit Gründen.

---

[243] Möglicherweise kann oder sollte der Handlungsbegriff an die Fertigkeiten für den angemessenen Umgang mit Gründen geknüpft werden. In diesem Fall wären einige der zuvor diskutieren Beispiele nicht als Handlungen anzusehen.

Dementsprechend erwarten sie auch, dass andere Mitglieder die erforderlichen Fertigkeiten erwerben und ständig verfeinern. Die Beitrittserklärung in die Welt der Gründe erfordert sozusagen das Zugeständnis, sich um die relevanten Fertigkeiten zu bemühen. Die Erwartung, dass sich jeder um die relevanten Fertigkeiten bemüht, ist vielleicht noch grundlegender als die Zuschreibung der Fertigkeiten. Kinder heißen wir in unserer Gemeinschaft willkommen, obwohl sie die Fertigkeiten für den angemessenen Umgang mit Gründen noch nicht beherrschen. Wir erwarten aber, dass sie sich diese Fertigkeiten aneignen. Auch bei Erwachsenen kann es in komplexen Situationen vorkommen, dass wir ihnen einen Fehler vorwerfen, aber dafür zunächst erklären müssen, worin der Fehler eigentlich genau bestand. Der Betroffene kann in solchen Fällen unter Umständen gar nicht unmittelbar erkennen, was er falsch gemacht hat und kann sich entsprechend den Fehler zunächst nicht zuschreiben. Wenn er ohne die Diskussion mit anderen gar nicht in der Lage ist, den Fehler zu erkennen, kann bezweifelt werden, dass er anders hätte handeln können. Auf die für die Zuschreibung von Verantwortung wesentliche Forderung des Anders-Handeln-Könnens werde ich im nächsten Kapitel eingehen. An dieser Stelle möchte ich betonen, wie wir auf die Erkenntnis reagieren würden, dass jemand einen Fehler nicht vermeiden konnte, weil er ihn nicht erkennen konnte. Selbstverständlich würden wir der Person vorwerfen, dass sie den Fehler hätte erkennen *sollen*.

Dieser Vorwurf erfordert die Erwartung, dass andere sich um die Verfeinerung ihrer Fertigkeiten für den Umgang mit Gründen bemühen. Diese Erwartung ist berechtigt, weil der Austausch über Gründe mit anderen der Prüfung der Gründe dient. Diese Prüfung muss unvoreingenommen erfolgen und jeder, der sich daran beteiligt, muss daher die Möglichkeit einräumen, dass er revidiert, was er für gute Gründe hält. Es ist daher nicht nur ein mögliches Ergebnis des Austausches über Gründe, dass eine Person ihre Gründe überdenkt, sondern es ist eine Voraussetzung für den Austausch über Gründe, dass jede teilnehmende Person grundsätzlich zugesteht, dass sie durch den Verlauf der Diskussion gezwungen werden könnte, zu revidieren was sie für gute Gründe hält. Eine derartige Revision kann entweder darauf zurückgehen, dass sich ein vermeintlich guter Grund im Lichte neuer Informationen eben nur als ein vermeintlich guter Grund herausstellt. Sie kann aber auch darauf zurückgehen, dass die Person einen Fehler im Abwägen der Gründe erkennt. Bei der Bewertung einer zurückliegenden Handlung ist uns ersteres nicht vorzuwerfen. Im zweiten Fall können wir jedoch verantwortlich gemacht werden, auch wenn wir den Fehler erst retrospektiv nachvollziehen und uns daher nicht unmittelbar selbst zuschreiben können. Die Fertigkeiten für den angemessenen Umgang mit Gründen erfordern das fortgesetzte Suchen nach Fehlern im Umgang mit Gründen und deren Korrektur. Wenn uns andere auf einen Fehler aufmerksam machen, müssen wir zugestehen, dass wir ihn selbst erkennen und korrigieren hätten sollen.

Die Pflicht, im Umgang mit anderen selbst nach eigenen Fehlern zu suchen, erfordert das Durchdenken hypothetischer Situationen. Zu den Fertigkeiten, die uns die Auflösung von intra- und interpersonellen Zielkonflikten ermöglichen, zählen daher offensichtlich auch diejenigen Fertigkeiten, die es uns ermöglichen, verschiedene Situationen gedanklich durchzuspielen. Diese Fertigkeiten sind dabei nicht nur ein elegantes Werkzeug bei der Suche nach weiteren Handlungsoptionen. Sie sind eine der Voraussetzungen dafür, angemessen mit Gründen umzugehen, weil wir oft erst im Lichte verschiedener gedanklich durchgespielter Situationen entscheiden können, ob ein Grund ein wirklich guter Grund ist. Nicht zuletzt deshalb können Handlungserklärungen gut als „Was-wäre-wenn-Erklärungen" verstanden werden. Handlungserklärungen benennen relevante Faktoren, die die Handlung erklären, weil die Handlung anders ausgefallen wäre, wären sie anders gewesen. Diese Faktoren sind Gründe (und Überzeugungen[244]).

ZUSAMMENFASSUNG

In diesem Kapitel habe ich Überlegungen zu dem Zusammenhang zwischen der Zuschreibung von Fertigkeiten und unserer Praxis der Verantwortungszuschreibung aus dem ersten Teil der Arbeit aufgegriffen. Dabei bin ich genauer auf die Bedingungen eingegangen, die erfüllt sein müssen, damit wir eine Person zur Verantwortung ziehen können. Insbesondere habe ich darauf hingewiesen, dass es als wesentlich anzusehen ist, ob sich eine Person selbst Fertigkeiten zuschreibt oder ob dies nur andere tun. Verantwortung in einem schwachen Sinne wird bereits dadurch möglich, dass andere einer Person Fertigkeiten zuschreiben, weil der Person dadurch Fehler zugeschrieben werden können. Erst wenn sich eine Person die für eine Handlung wesentlichen Fertigkeiten auch selbst zuschreibt, kann sie sich auch einen Fehler selbst zuschreiben. Dies ist einerseits wesentlich dafür, dass sie einen Vorwurf durch andere als berechtigt akzeptieren kann. Anderseits ermöglicht die Selbstzuschreibung von Fehlern die Verfeinerung von Fer-

---

[244] Ich habe die Diskussion auf Handlungsgründe beschränkt und daher nichts zu Überzeugungen gesagt. Vielleicht ermöglichen die Fertigkeiten für den angemessenen Umgang mit Gründen nicht automatisch den angemessenen Umgang mit Überzeugungen. Die Annahme erscheint aber naheliegend, dass es in ähnlicher Weise Fertigkeiten für den Umgang mit Überzeugungen gibt und sich viele der skizzierten Überlegungen auf derartige Fertigkeiten übertragen lassen. Offensichtlich bestehen enge wechselseitige Abhängigkeiten zwischen den Fertigkeiten für den angemessenen Umgang mit Gründen und den mit Überzeugungen. Letztlich schließt daher die Forderung, dass wir uns alle um die Verfeinerung unserer Fertigkeiten für den angemessenen Umgang mit Gründen ständig bemühen müssen, die Forderung ein, dass wir die Fertigkeiten für den angemessenen Umgang mit Überzeugungen erwerben und verfeinern müssen.

tigkeiten ohne dass das Ziel, auf das der Erwerb der Fertigkeit gerichtet ist, von anderen gesetzt werden muss. Die selbstbestimmte[245] Weiterentwicklung von Fertigkeiten (und letztlich einer Persönlichkeit) erfordert, dass sich Personen selbst Ziele setzen können. Indem ich an Gedanken aus dem letzten Kapitel angeknüpft habe, habe ich verständlich zu machen versucht, inwieweit selbstgesetzte Ziele mit biologischen oder gänzlich nicht-teleologischen Erklärungen in Zusammenhang gebracht werden können. Die für Handlungserklärungen typische Ausrichtung an Zielen stellt daher keinen unüberbrückbaren Bruch mit anderen Arten von Erklärungen dar. Für Verantwortung im vollen Sinne müssen zu den Fertigkeiten, die sich eine Person zuschreibt, besondere Fertigkeiten zählen, die ich unverzichtbare Fertigkeiten genannt habe. Sie sind eine Voraussetzung für die Auflösung von intra- und interpersonellen Zielkonflikten und sind daher für die Konstitution der Persönlichkeit und das Zusammenleben in sozialen Gemeinschaften wesentlich. Im Unterschied zu anderen Fertigkeiten steht es Personen daher nicht frei, sich unverzichtbare Fertigkeiten nicht zuzuschreiben. Da die unverzichtbaren Fertigkeiten die Fertigkeiten für den angemessenen Umgang mit Gründen einschließen, können sich Personen ihrer Verantwortung für den angemessenen Umgang mit Gründen nicht entziehen.

[245] Auf ausführliche Bemerkungen zu Selbstbestimmung oder Autonomie habe ich verzichtet. Ich hoffe aber, dass deutlich geworden ist, inwieweit die unverzichtbaren Fertigkeiten die Konstitution einer Person ermöglichen können, die als selbstbestimmt oder autonom anzusehen ist, weil die Ziele, die sie sich setzt, nicht von anderen vorgegeben werden.

17 HANDLUNGSALTERNATIVEN UND SONDERFÄLLE

EINLEITUNG

Im Verlauf dieses Kapitels möchte ich die Überlegungen des letzten Kapitels weiterführen und auf weitere Fälle ausdehnen. Bisher habe ich mich vor allem mit richtigem Handeln und mit Fehlern beschäftigt, die Anlass für Vorwürfe sein können. Neben diesen beiden möchte ich vier weitere Fälle betrachten und mit Blick auf die Zuschreibung von Fertigkeiten verständlich machen: (i) Richtiges Handeln: Die für die Handlung relevanten Fertigkeiten sind ausgebildet und werden in der konkreten Situation angewandt. (ii) Vorwurf: Die relevanten Fertigkeiten sind ausgebildet, werden aber in der konkreten Situation nicht oder nicht erfolgreich angewandt. (iii) Unschuldigkeit: Die relevanten Fertigkeiten sind ausgebildet, aber die Situation war von einer Art, die verständlich macht, warum die Fertigkeiten nicht erfolgreich angewandt werden konnten. (iv) Schuldunfähigkeit: Die relevanten Fertigkeiten sind nicht ausgebildet, weil dafür nötige Voraussetzungen nicht gegeben waren. (v) Willensschwäche: Richtiges Handeln würde die Verfeinerung von Fertigkeiten erfordern, die der Person zugeschrieben werden können. Es ist von der Person zu fordern, dass sie sich um ihre Verfeinerung bemüht und ihr kann ein Vorwurf gemacht werden, wenn sie es unterlässt. (vi) Abweichende Kausalketten: Die relevanten Fertigkeiten spielen in der fraglichen Situation keine Rolle, obwohl sie möglicherweise ausgebildet sind. Bevor ich mich den Details dieser verschiedenen Fälle zuwenden möchte, werde ich noch diskutieren, was unter alternativen Handlungsmöglichkeiten zu verstehen ist.

ALTERNATIVE HANDLUNGSMÖGLICHKEITEN

In der Diskussion um Verantwortung wird oft darauf hingewiesen, dass eine Person anders hätte handeln können muss, damit sie für ihre Handlung verantwortlich gemacht werden kann. Aus den Überlegungen des letzten Kapitels ergibt sich eine sehr ähnliche Forderung: Die für die Fremdzuschreibung eines Fehlers erforderliche Selbstzuschreibung des Fehlers enthält die Annahme der Person, dass sie die fragliche Handlung grundsätzlich zuverlässig fehlerfrei durchführen kann – obwohl ihr das im fraglichen Fall gerade nicht gelungen ist. Sie muss daher die Annahme nicht nur akzeptieren, sondern sogar selber machen, dass sie anders (eben fehlerfrei) hätte handeln können.

Ich möchte aber darauf hinweisen, dass sich diese Anforderung für die Zuschreibung von Verantwortung in einer wesentlichen Hinsicht von der unterscheidet, dass eine Person anders hätte handeln können. Das gilt jedenfalls dann, wenn diese unangemessen stark verstanden wird. Wer fordert, dass die Person in derselben Situation möglicherweise anders handeln würde, wenn wir den Verlauf des Geschehens zurückspulen könnten, der gerät in eine wohlbekannte Falle, die es zu vermeiden gilt. Wenn Verantwortung nur dann möglich wäre, wenn die Person bei wiederholtem Zurückspulen der Welt mindestens zwei verschiedene Handlungen ausführen würde, hätte Handeln etwas Zufälliges. Diese Konsequenz ist kontraintuitiv und steht jedem substantiellen Begriff des Handelns im Wege. Die Alternative erscheint aber ebenso wenig attraktiv: Wenn die Person immer dieselbe Handlung ausführt, scheint sie keine alternative Handlungsoption gehabt zu haben.

Dieses Problem verdient einerseits Aufmerksamkeit, weil es von manchen Autoren für ein sehr ernstzunehmendes Problem gehalten wird.[246] Anderseits verdient es Aufmerksamkeit, weil der Fehler, der ihm zugrunde liegt, ein interessanter Fehler ist. Die Idee, den Verlauf der Welt zurückzuspulen, ist durch Vorstellungen aus der Physik inspiriert. Sie erfordert einen unbeteiligten Beobachter, der ein wissenschaftliches Experiment durchführt. Er beobachtet den Verlauf der Welt, spult zum fraglichen Zeitpunkt zurück, beobachtet erneut den Verlauf der Welt und vergleicht die Weltverläufe. Die Welt beschreibt er mithilfe der Naturgesetze und als Ergebnis seines Experiments sind zwei Resultate denkbar. Entweder sind die Weltverläufe immer identisch oder sie unterscheiden sich. Im ersten Fall könnte gefolgert werden, dass der Weltverlauf determiniert ist, im zweiten Fall würden Elemente des Zufalls eine Rolle spielen. Tatsächliche physikalische Experimente laufen so ähnlich ab. Das Zurückspulen der Welt ist allerdings schwierig. Daher wird stattdessen versucht, das zu untersuchende physikalische System immer wieder in denselben Ausgangszustand zu versetzen. Wenn sich dann die Beobachtungen unterscheiden, können entweder zufällige Prozesse eine Rolle gespielt haben oder die Ausgangszustände waren nicht so identisch wie geplant. Damit die zweite Option ausgeschlossen werden kann ist es wesentlich, dass die Ausgangszustände möglichst exakt erfasst werden können. Die exakte Erfassung der Ausgangsbedingungen ist daher ein nachvollziehbares Anliegen der Physik. Die idealisierte Physik enthält eine Vorstellung, wie dies gelingen kann. Indem sie nicht nur die Kenntnis der Naturgesetze voraussetzt, sondern auch die Kenntnis des Zustands des Universums zu einem beliebigen Zeitpunkt erfordert, wird die Berechnung zukünftiger

[246] Vgl. beispielsweise (Pauen 2006; Bieri 2005).

oder vergangener Zustände (oder Zustandswahrscheinlichkeiten) ermöglicht. Das Vor- oder Zurückspulen der Welt wird zu einer Rechenoperation.

Die Annahme alternativer Handlungsverläufe

Das Zurückspulen der Welt als gedachter Prüfstein für Verantwortung setzt daher Annahmen voraus, die die idealisierte Physik kennzeichnen. Die idealisierte Physik ist ein interessantes gedankliches Konstrukt. Innerhalb der Kontexte, in denen es um menschliche Verantwortung geht, muss allerdings die Annahme eines Beobachters, der sich außerhalb der Welt platzieren, diese exakt beobachten und wiederholt zurückspulen kann, als sonderbar gelten. Die Selbstzuschreibung eines Fehlers erforderte die *Annahme* der handelnden Person, dass sie auch fehlerfrei hätte handeln können. Diese Annahme kann zum einen durchaus in Frage gestellt werden. Dies führt zu der Schlussfolgerung, dass der Person die für richtiges Handeln in der vorliegenden Situation wesentlichen Fertigkeiten nicht zuzuschreiben sind. Sie kann aber auch völlig berechtigt sein. Dies ist dann der Fall, wenn die Person in vergleichbaren Situationen zuverlässig so gehandelt hat, das ihr die fraglichen Fertigkeiten eben zugeschrieben werden können und das Fehlverhalten als Fehler anzusehen ist.

Vergleichbare Situationen sind dabei aber – im starken Unterschied zur idealisierten Physik – gerade nicht völlig identische Situationen. Einerseits wäre es im Alltag absurd, einer Person eine Fertigkeit nur dann zuzuschreiben, wenn sie sie in einer Sequenz von identischen Situationen unter Beweis gestellt hat, weil es identische Situationen im Sinne der idealisierten Physik im Alltag nicht gibt. Der Alltag ist kein physikalisches Labor und niemand spult die Welt zurück. Andererseits erfordert die Zuschreibung einer Fertigkeit gerade, dass die Person sie in einer Reihe von Situation unter Beweis stellt, die auch Unterschiede aufweisen. Wenn ein Kind auf eine bestimmte Frage einen schönen Satz als Antwort liefert und dies sehr zuverlässig tut, heißt das noch nicht, dass wir ihm die Fertigkeit zuschreiben können, eine Sprache zu beherrschen. Vielleicht hat es den Satz irgendwo aufgeschnappt und gelernt, dass es Aufmerksamkeit und Gelächter erntet, wenn es ihn aufsagt. Die Fertigkeit, eine Sprache zu beherrschen, erfordert selbstverständlich nicht, dass man in identischen Situationen immer wieder etwas Vernünftiges sagt. Vielmehr ist es wesentlich, Sprachverständnis und Ausdrucksvermögen in möglichst verschiedenen Kontexten und mit unterschiedlichen Gesprächspartnern unter Beweis zu stellen.

Vergleichbare Situationen

Der Bereich der Situationen, die für die Zuschreibung einer Fertigkeit zuverlässig gemeistert werden muss, kann sehr unterschiedlich sein. Vor allem ist er aber je nach Fertigkeit unterschiedlich. Wenn wir uns oder anderen eine Fertigkeit zuschreiben, dann denken wir gewissermaßen einen Bereich von Situationen mit, für den wir die Fertigkeit zuschreiben. Dieser Bereich kann größer oder kleiner sein, je nachdem wie gut die Fertigkeit ausgeprägt ist. Jemand, der ein Musikinstrument beherrscht, kann nicht nur ein einziges Musikstück spielen. Stattdessen erwarten wir, dass er sich verschiedene Musikstücke ähnlicher Schwierigkeit ebenfalls aneignen kann. Jemand, der ein Instrument sehr gut beherrscht, wird auch schwierigere Musikstücke problemlos spielen können und es erfordert zudem weniger Übung. Auch von einem Skifahrer erwarten wir, dass er nicht nur einen einzigen Hang auf eine bestimmte Art und Weise herunterfahren kann, sondern dass er verschiedene vergleichbare Hänge ähnlich gut herunterkommt. Die Zuschreibung von Fertigkeiten erfordert es daher, dass wir mit Blick auf die fragliche Fertigkeit Situationen ähnlicher Art identifizieren können, die sich dem Handelnden stellen könnten. Die Kriterien, die wir dabei heranziehen, hängen von der Fertigkeit ab und sind sehr unterschiedlich. Die Unterscheidung zwischen leichten und schweren Musikstücken erfordert andere Maßstäbe als die Unterscheidung zwischen blauen, roten und schwarzen Skipisten.

Identitätskriterien

Die Zuschreibung einer Fertigkeit kann nicht anhand einer Handlung in einer Situation erfolgen, weil sie die Annahme zuverlässigen Handelns einschließt. Wenn wir jemandem eine Fertigkeit aufgrund unserer Beobachtungen seiner Handlungen zuschreiben, werden sich die Handlungen schon deshalb leicht unterscheiden, weil es nahezu ausgeschlossen ist, exakt dieselbe Handlung zweimal durchzuführen. Wenn man von aus der idealisierten Physik abgeleiteten Identitätskriterien einmal absieht, ist nicht einmal ganz klar, was unter identischen Handlungen überhaupt zu verstehen ist. Handlungen können sich aber ähneln. Letztlich gehe ich davon aus, dass wir unsere Vorstellung von Handlungen sozusagen aus einer Vielzahl von beobachteten oder gedachten Einzelhandlungen abstrahieren. Das ist nicht besonders mysteriös. In der Biologie tun wir etwas sehr Ähnliches. Keine zwei Forellen auf der Welt sind im Sinne der idealisierten Physik identische Forellen. Auch das biologische Vokabular ermöglicht (nach genauerer Untersuchung) eine sehr differenzierte Benennung der Unterschiede zwischen zwei beliebigen Forellen. Neben den Unterschieden zwischen Forellen gibt es offensichtlich auch Unterschiede zwischen Forellen und Lachsen oder zwischen Forellen und Füchsen. Klarerweise unterscheiden sich Forellen stärker von Lachsen und Füchsen als untereinander und deshalb macht es uns wenig Schwierigkeiten, Forellen als solche zu erkennen. Es ist aber nicht ganz trivial, die Ähnlichkeitskriterien zu benennen. Insbesondere ist es sicherlich unmöglich, die Gruppe der Forellen im Sinne der Physik eineindeutig zu definieren. Wenn wir Handlungen oder Organismen als einander ähnlich ansehen, können wir zwar sehr differenziert angeben, worin die Ähnlichkeit besteht. Dies wird allerdings erst dadurch möglich, dass wir die Ähnlichkeit gegenüber etwas Unähnlichem betonen – was aber die sinnvolle Gruppierung anhand der Ähnlichkeit nicht gefährdet.

In ähnlicher Weise sind keine zwei Handlungen im Sinne der idealisierten Physik identische Handlungen. Im Kontext von Handlungserklärungen ist es daher unsinnig, Identitätskriterien zu verwenden, die der idealisierten Physik entlehnt sind. Die Anforderung, die Verantwortungszuschreibung an ein Verständnis des Anders-Handeln-Könnens zu knüpfen, das ein Zurückspulen der Welt erfordert, ist dementsprechend fehlgeleitet.

Eine Vorstellung, die dem Zurückspulen der Welt sehr nahe kommt, spielt in alltäglichen Gedankenspielen dagegen durchaus eine Rolle. Sie weist einen kleinen, aber entscheidenden Unterschied zu der bisher diskutierten Version auf. Sie hat die Form: „Wenn ich doch die Welt zurückspulen und mich noch mal in die entscheidende Situation versetzen könnte, dann würde ich anders handeln". Der wesentliche Unterschied bei dieser Version besteht darin, dass die Person in diesem Gedankenspiel ihr durch den Lauf der Dinge gewonnenes Wissen mit in die Vergangenheit nimmt. Dies ist bei der Version, die zu Schwierigkeiten für den Handlungsbegriff führt, gerade nicht der Fall (und das verdeutlicht, dass die Vorstellung des Zurückspulens der Welt durch die Physik inspiriert ist). Dieser kleine Unterschied stellt aber gerade den entscheidenden Punkt dar. Das Zurückversetzen in eine frühere Situation – oder das Durchleben einer ähnlichen Situation – mit den neu gewonnen Erkenntnissen ist der Prüfstein für erfolgreich abgeschlossenes Lernen. Wer aus einem Fehler zu lernen versucht, kann beim Zurückspulen der Welt nicht die Erinnerung an den Fehler löschen. In diesem Kontext hat auch die Vorstellung des Zurückspulens der Welt trotz der offensichtlichen Unmöglichkeit eines derartigen Unterfangens seine volle Berechtigung. Während wir in vielen Fällen hoffen können, dass sich das Lernen aus Fehlern in der Zukunft auszahlen wird, kommt es manchmal vor, dass sich eine vergleichbare Situation in der Zukunft nicht ergibt (oder wir nicht darauf warten wollen). In derartigen Fällen ist das glaubwürdige Bekenntnis, dass die Person in der fraglichen Situation anders handeln würde, wenn sie noch einmal die Gelegenheit dazu hätte, der einzige verfügbare Beleg, dass sie etwas gelernt hat. Durch ihr Bekenntnis bringt die Person Reue zum Ausdruck und sie unterstreicht, dass sie angemessen mit Gründen umgehen kann. Reue schützt vor Strafe nicht (zumindest nicht immer), aber sie ist ein sehr wesentliches Element in unserem Umgang mit Personen, denen wir Vorwürfe machen.

Nach diesen Bemerkungen zu alternativen Handlungsmöglichkeiten möchte ich mich an die Unterscheidung der eingangs erwähnten Fälle machen, die mir hilfreich erscheinen, um die Bedeutung von Fertigkeiten für unsere Praxis der Verantwortungszuschreibung aufzuzeigen. Dabei wird es zunächst um die Unterscheidung zwischen Unschuldigkeit und Schuldunfähigkeit gehen.

UNSCHULDIGKEIT

Neben richtigem Handeln und Vorwürfen verdienen zunächst diejenigen Fälle unsere Aufmerksamkeit, in denen wir Personen für unschuldig halten oder erkennen, dass sie als unschuldig anzusehen sind. Diese Fälle setzten natürlich zunächst eine Handlung voraus, die potentiell zu einem Vorwurf führen könnte. Trivialerweise können wir eine Person für unschuldig erklären, wenn wir davon ausgehen, dass eine andere Person die fragliche Handlung ausgeführt hat. Mir geht es aber um zwei Arten von Fällen, in denen wir unseren Vorwurf zurücknehmen obwohl wir nicht anzweifeln, dass die Person Urheberin der Handlung war. Eine bereits angedeutete Art von Situationen dieser Art kann dadurch entstehen, dass die Person aufgrund falscher Überzeugungen gehandelt hat. Wenn wir zugestehen, dass die falschen Überzeugungen nicht der Person anzulasten sind (weil sie beispielsweise von einer andern Person glaubwürdig getäuscht wurde), nehmen wir unseren Vorwurf zurück, wenn die Handlung durch die falsche Überzeugung erklärt wird. In diesem Fall kann der Person nämlich nicht der Vorwurf gemacht werden, dass sie nicht angemessen mit Gründen umgegangen ist.

Auch in der zweiten Art von Fällen, in denen wir eine Person für unschuldig halten, schreiben wir der Person alle Fertigkeiten zu, die die Vermeidung eines Fehlers in der fraglichen Situation ermöglichen. Allerdings gehen wir davon aus, dass sich die fragliche Situation durch Besonderheiten ausgezeichnet hat, die erklären, dass die Person trotz ihrer Fertigkeiten nicht richtig (beziehungsweise nicht erfolgreich) gehandelt hat. Wenn ein Patient nach einer Operation durch einen erfahrenen Chirurg verstirbt, obwohl die Operation sachkundig durchgeführt worden ist, dann ist es nicht dem Chirurg anzulasten. Das Wesentliche an Fällen dieser Art ist, dass wir es der Situation und nicht der handelnden Person zuschreiben, dass jemand zu Schaden kommt. Dabei ist es oft alles andere als leicht, eine derartige Situation von Fällen abzugrenzen, in denen der Person ein Vorwurf zu machen ist. Selbstverständlich kann es Fälle geben, in denen ein Chirurg zur Verantwortung zu ziehen ist, wenn sein Patient nach der Operation verstirbt.

Es besteht in mancher Hinsicht eine interessante Analogie zu mechanistischen Erklärungen in den Biowissenschaften: Wie diskutiert können wir auch grundsätzlich zwischen einem gestörten Mechanismus und Bedingungen unterscheiden, in denen der Mechanismus nicht ablaufen kann. Als Beispiel habe ich eine Eichel genannt, die in einem geschlossenen Glas einer botanischen Sammlung nicht zu einer Eiche heranwächst und mit einer Eichel verglichen, die trotz idealer Voraussetzungen – vielleicht aufgrund eines genetischen Defekts – nicht zu einer Eiche heranwächst. Sowohl bei Fertigkeiten als auch bei Mechanismen kann eine Unterscheidung der diskutierten Art in jedem konkreten Einzelfall schwierig sein. Dennoch ist sie grundsätzlich möglich. Im Falle von Handlungserklärungen hat sie nachhaltigen Einfluss auf unseren Umgang mit der handelnden Person.

Ich denke, dass das diskutierte Verständnis von Handlungsalternativen in diesem Zusammenhang hilfreich ist. Zwar gibt es natürlich Fälle, in denen es Besonderheiten der Situation es der handelnden Person grundsätzlich unmöglich machen, ihre Fertigkeiten gewinnbringend einzusetzen. (Wenn der Patient an einer Komplikation verstirbt, die überhaupt nichts mit der Operation zu tun hat, ist dem Chirurg offensichtlich kein Vorwurf zu machen.) In den wirklich schwierigen Fällen haben die Fertigkeiten der Person durchaus einen möglichen Einfluss und es ist daher schwierig zu sagen, ob die Person einen Fehler gemacht hat oder nicht zu erwarten war, dass sie bei ihren Bemühungen erfolgreich ist. Zumeist ist nicht auszuschließen, dass ihre Bemühungen hätten erfolgreich verlaufen können. Vielleicht hätte der Patient überlebt, wenn die Operation günstiger verlaufen wäre und vielleicht lassen es die Fertigkeiten des Chirurgen grundsätzlich zu, dass er derartige Operationen erfolgreich durchführt. Ihm ist dennoch kein Vorwurf zu machen, wenn die Operation so schwierig ist, dass er (und auch kein verfügbarer Kollege) sie nicht zuverlässig erfolgreich durchführen kann. In diesem Fall ist nämlich das Zuverlässigkeitskriterium, das die Zuschreibung von Fertigkeiten erfordert, nicht mehr erfüllt. Es ist kein Fehler des Arztes, sondern eine Besonderheit der Situation, dass sie mit den Fertigkeiten des Chirurgen nicht zuverlässig gemeistert werden kann. (Das gilt zumindest dann, wenn dieser die Situation zu jedem Zeitpunkt richtig eingeschätzt und auf die Risiken hingewiesen hat, der Eingriff aber unumgänglich war.)

Schuldunfähigkeit

Von einer Person, die unschuldig ist, sind Personen zu unterscheiden, die wir als schuldunfähig ansehen. Einer unschuldigen Person können wir vielfältige Fertigkeiten zuschreiben – auch solche, die in der fraglichen Situation hätten relevant sein können. Wenn wir eine Person als schuldunfähig ansehen, dann schreiben wir ihr dagegen relevante Fertigkeiten nicht zu. Zu den Fertigkeiten, die wir einer schuldunfähigen Person absprechen, gehören Fertigkeiten, die ich als unverzichtbare Fertigkeiten bezeichnet habe. Sie sind zentral für die Selbstkonstitution einer Person und ermöglichen den angemessenen Umgang mit anderen Personen. Wenn wir eine Person für schuldunfähig halten, dann gelingt mindestens eines von beiden nicht in jeder Hinsicht.

Unser Umgang mit schuldunfähigen Personen unterscheidet sich grundlegend von unserem Umgang mit Personen, denen wir einen Vorwurf machen. Vorwürfe sind an konkrete Handlungen (oder Unterlassungen) geknüpft, Schuldunfähigkeit ist ein Zustand, den wir Personen nicht aufgrund von Einzelhandlungen zuschreiben. Das vorgeschlagene Verständnis des Wechselspiels von Fertigkeitszuschreibungen und Verantwortungszuschreibung kann den wesentlichen Unterschied zwischen Unschuld und Schuldunfähigkeit sehr gut plausibel machen. Obwohl Schuldunfähigkeit vor Vorwürfen schützt, ist es für uns typischerweise keine attraktive Option, für schuldunfähig gehalten zu werden, weil es gravierende Nachteile mit sich bringt. Wer ernsthafte Zweifel daran zulässt, dass ihm die unverzichtbaren Fertigkeiten uneingeschränkt zuzuschreiben sind, der riskiert den Ausschluss aus der sozialen Gemeinschaft. Gleichzeitig wird jede Strafe fragwürdig, weil der Person kein Fehler vorzuwerfen ist, sondern sie sich durch eine Unzulänglichkeit auszeichnet. Auch kann nicht erwartet werden, dass die Strafe einen Lernprozess anstößt, der zur Verfeinerung einer Fertigkeit und der Vermeidung zukünftiger Fehler führt. Die Defizite bei den grundlegenden Fertigkeiten, die Schuldunfähigkeit auszeichnen, verhindern derartige Lernprozesse. Die Gründe für Schuldunfähigkeit können vielfältig sein und das Fehlen physiologischer Voraussetzungen, Lernbehinderungen, Demenz, verschiedene neuropathologische Veränderungen oder temporäre Rauschzustände einschließen.

Die bislang diskutierten Fälle decken die Mehrzahl der Situationen im Alltag ab, in denen wir vor der Frage stehen, ob und inwieweit eine Person für ihre Handlungen zur Verantwortung zu ziehen ist. Üblicherweise haben wir entweder nichts an einer Handlung auszusetzen oder wir gehen davon aus, dass die Person zwar grundsätzlich die für die Handlung relevanten Fertigkeiten ausgebildet hat, ihr aber in der konkreten Situation ein Fehler unterlaufen ist. Diesen Fehler können wir ihr vorwerfen und die Zuschreibung der Fertigkeiten ist die Voraussetzung für den Vorwurf. In manchen Fällen halten wir Personen aufgrund von Besonderheiten der Situation für unschuldig, obwohl wir ihnen Fertigkeiten zuschreiben, die in der fraglichen Situation relevant waren. In anderen Fällen schreiben wir Personen keine oder eine eingeschränkte Schuldfähigkeit zu, weil wir ihnen sehr grundlegende Fertigkeiten nicht zuschreiben. Neben diesen vergleichsweise häufigen Fällen haben zwei Arten von Fällen handlungstheoretisches Interesse geweckt. Der erste ist die Willensschwäche, mit der ich mich zunächst auseinandersetzen möchte, bevor ich mich der Diskussion um abweichende Kausalketten zuwenden werde.

Willensschwäche

Eine Person, die nicht ihren eigenen besten Gründen entsprechend handelt (oder wider ihre eigenen besten Gründe nicht handelt), hat mit Willensschwäche (Akrasia) zu kämpfen.[247] Dieses Phänomen stellt insbesondere Ansätze in der Handlungstheorie vor Herausforderungen, die diejenigen Gründe für die besten Gründe einer Person hält, die letztlich handlungswirksam werden. Dieser Auffassung zufolge dürfte es das Phänomen der Willensschwäche nämlich nicht geben. Die besten Handlungsgründe wären automatisch die handlungsleitenden Gründe. Ich halte es nicht für überzeugend, das Phänomen der Willensschwäche sozusagen per Definition auszuschließen. Leider kommt es durchaus vor, dass ich nicht die Handlung ausführe, für die meiner eigenen Ansicht nach die besten Gründe sprechen.

Unser Umgang mit Willensschwäche verdeutlicht, wie differenziert unsere Praxis der Verantwortungszuschreibung ist. Einer aus Willensschwäche (nicht) handelnden Person machen wir andere Vorwürfe als einer Person, die der Überzeugung war, dass für ihre Handlung die besten Gründe sprechen. Im zweiten Fall würden wir darauf aufmerksam machen, dass die vermeintlich besten Handlungsgründe eben nicht die besten sind. Bei einer akratischen Handlung ist das der Person bereits klar und es besteht kein Überzeugungsbedarf. Wir unterscheiden die aus Willensschwäche handelnde Person aber auch von einer Person, die sich über die besten Handlungsgründe im Klaren ist, aber aufgrund eines Zwanges nicht entsprechend handeln kann (letzteres könnte zu den diskutierten Fällen der Schuldunfähigkeit zählen oder die Person könnte unschuldig sein). Eine solche Person ziehen wir nicht zur Verantwortung, wenn sie den Zwang nicht überwinden konnte. Bei Willensschwäche unterstellen wir dagegen, dass sie überwunden werden kann und machen der Person einen Vorwurf, wenn sie sie nicht überwindet.

Ich gehe davon aus, dass das skizzierte Verständnis unserer Praxis der Verantwortungszuschreibung auch dem Phänomen der Willensschwäche gerecht wird. Im Unterschied zu gewöhnlichen Fällen, in denen wir einer Person einen Fehler vorwerfen, ist sich die Person über ihren Fehler schon bei der Handlung im Klaren. Zu den Fertigkeiten, die sie sich selbst zuschreibt, gehört sicherlich, dass sie normalerweise ihre Handlungen an ihren besten Gründen ausrichtet und ihr ist (schmerzlich) bewusst, dass ihr das im fraglichen Fall nicht gelingt. Das Phänomen der Willensschwäche verdeutlicht, dass auch das Ausrichten des eigenen Handelns an den eigenen besten Gründen Fertigkeiten erfordert und dass wir diese Fertigkeit wie andere Fertigkeiten erlernen und ständig verfeinern müssen.

Die Fertigkeit, unsere Handlungen an unseren eigenen besten Gründen auszurichten, gehört zu den Fertigkeiten, die ich im letzten Kapitel als unverzichtbare Fertigkeiten bezeichnet habe. Deshalb können wir Personen,

---

[247] Zur handlungstheoretischen Diskussion dieses Phänomens siehe beispielsweise (Charlton 1988; Holton 2009; Spitzley 2005; Stroud & Tappolet 2008; Wallace 2006).

die sich keine (oder ungenügende) Mühe geben, diese Fertigkeit zu verfeinern, ebendies zum Vorwurf machen. Mitglieder einer Gemeinschaft, die Wert auf den Austausch von Gründen legen, sind darauf angewiesen, dass andere Mitglieder ihr Verhalten an den eigenen besten Gründen ausrichten. Anderenfalls wäre der Wert des Austauschens von Gründen offensichtlich begrenzt. Wenn wir anderen ihre Willensschwäche vorwerfen, machen wir genau die Art von Vorwurf, die ich im letzten Kapitel in diesem Zusammenhang diskutiert habe. Wir werfen ihnen eben nicht ihre konkretes (Nicht-) Handeln vor, sondern ihre ungenügende Fertigkeit, ihr Handeln an den eigenen besten Gründen auszurichten.

Eine Person, der wir ihre Willensschwäche vorwerfen, wird diesen Vorwurf typischerweise anstandslos akzeptieren. Uns allen ist klar, dass wir uns der Verantwortung für unsere Handlungen nicht dadurch entziehen können, dass wir auf ausgeprägte Willensschwäche verweisen. Ein solcher Verweis würde die Überzeugung erschüttern, dass wir als rationale[248] Person anzusehen sind. Eine Person, die wir für grundsätzlich irrational halten, machen wir für eine konkrete unverständliche Handlung tatsächlich nicht verantwortlich. Es muss jedoch einiges passieren, bis wir Personen derartig fundamentale Fertigkeiten absprechen. Es hat auch so gravierende Nachteile, für vollständig irrational gehalten zu werden, dass wir üblicherweise einiges unternehmen würden, um diese Schlussfolgerung zu vermeiden.

Abweichende Kausalketten

Das dargestellte Verständnis unserer Praxis der Verantwortungszuschreibung kann also nicht nur alltäglichen Situationen gerecht werden, sondern ist zudem geeignet, dem Phänomen der Willensschwäche angemessen Rechnung zu tragen. Auch auf eine weitere Art von Situationen, die handlungstheoretisches Interesse geweckt hat, ermöglicht die vertretene Position einen neuen Blick. Das Phänomen der abweichenden Kausalketten ist aus dem Alltag weniger vertraut als die vorangegangenen Situationen. Es beruht eher auf hypothetischen Situationen, die philosophischen Gedankenspielen entspringen. Es hat handlungstheoretisches Interesse geweckt, weil der Umgang mit Fällen abweichender Kausalketten eine Herausforderung für viele Ansätze in der Handlungstheorie darstellt.

---

[248] Explizite Bemerkungen zum Begriff der Rationalität habe ich ausgeklammert, weil sie die angemessene Berücksichtigung umfangreicher Literatur erfordern würden. Allerdings gehe ich davon aus, dass die vorgestellten Überlegungen zu den Fertigkeiten für den angemessenen Umgang mit Gründen für die Klärung des Rationalitätsbegriffes unmittelbar relevant sind. Rationale Personen sind Personen, denen wir die Fertigkeiten für den angemessenen Umgang mit Gründen zuschreiben und Rationalität wird durch diese Fertigkeiten ermöglicht.

Zur Illustration des Problems der abweichenden Kausalketten habe ich im zweiten Kapitel das Beispiel eines Partygasts verwendet, der seinem Kompagnon durch das Fallenlassen eines Weinglases einen günstigen Zeitpunkt für den Überfall signalisieren will. Sobald der Zeitpunkt günstig ist, wird der Partygast jedoch so nervös, dass er zu zittern beginnt und sein Weinglas fallen lässt. Donald Davidson hat das Problem der abweichenden Kausalketten als Herausforderung für die kausale Handlungstheorie gesehen, weil diese ein Wunsch-Überzeugungs-Paar (den primären Grund) als wesentlich für die Handlungserklärung ansieht, wenn es einen kausalen Einfluss auf das Geschehen hatte. Das ist beim Partygast der Fall und ein klassisches Verständnis der kausale Handlungstheorie legt daher nahe, dass die Überzeugung des Partygasts, dass der Zeitpunkt günstig ist und sein Wunsch, dies seinem Kompagnon mitzuteilen, als Erklärung seiner Handlung zählen sollten. Das ist aber deshalb problematisch, weil das Fallenlassen des Weinglases ein Versehen war und nicht als zielgerichtete Handlung gelten kann – obwohl die Folgen dieses Versehens natürlich intendiert waren. Davidson hat auf dieses Problem durch den Hinweis reagiert, dass das Wunsch-Überzeugungs-Paar *in der richtigen Weise* eine kausale Rolle spielen müsse.[249] Dieser Hinweis hat aber viele Kritiker nicht überzeugt, weil es große Schwierigkeiten macht, „die richtige Weise“ zu charakterisieren. Ohne eine Möglichkeit, eine richtige Art der kausalen Abhängigkeit von einer falschen Art der Abhängigkeit zu unterscheiden, so der Vorwurf, ist Davidsons Bemerkung nicht geeignet, die für seine Position entstehenden Probleme aus dem Weg zu räumen. Ich gehe davon aus, das ein Verständnis unserer Praxis der Verantwortungszuschreibung, das die Bedeutung von Fertigkeiten hervorhebt, gut geeignet ist, die Unterscheidung zu machen, die Davidson im Sinn hatte.[250]

Das Interessante an dem Partygast, der versehentlich sein Weinglas fallen lässt, ist Folgendes. Wir schreiben dem Partygast die Fertigkeiten zu, die für die Planung und Durchführung des Überfalls erforderlich sind. Dazu zählt auch die Fertigkeit, seinen Kompagnon durch das vereinbarte Zeichen über den geeigneten Zeitpunkt zu unterrichten. Auch die motorischen Fertigkeiten für den differenzierten Umgang mit Weingläsern schreiben wir dem Partygast zu. Wenn er das Weinglas mit der Absicht fallen lässt, seinen Kompagnon zu informieren, schreiben wir ihm dies als Handlung zu, für die wir ihn verantwortlich machen. In dem geschilderten Szenario ist der Partygast aber so aufgeregt (weil der günstige Zeitpunkt für den Überfall gekommen ist), dass ihm das Weinglas versehentlich aus den Fingern rutscht. Das

---

[249] Vgl. (Davidson 1985, S.326).

[250] Vielleicht mache ich auch nur eine ähnliche Unterscheidung, ich möchte Davidson nicht unterstellen, dass er mit meinen Überlegungen etwas hätte anfangen können.

Ergebnis dieses Versehens entspricht der intendierten Handlung, seinen Kompagnon über den günstigen Zeitpunkt zu informieren. Dennoch können wir natürlich feststellen, dass dem Partygast bei der Umsetzung seines Plans ein Fehler unterlaufen ist. Obwohl wir ihm grundsätzlich die motorischen Fertigkeiten für einen differenzierten Umgang mit Weingläsern zuschreiben, hat er in der fraglichen Situation das Weinglas versehentlich fallengelassen. Er hat deshalb keine Handlung ausgeführt, sondern es war ein Versehen. Der Partygast beabsichtigt also, eine Handlung auszuführen und die dafür erforderlichen Fertigkeiten schreiben wir ihm auch zu. Er führt das Ergebnis auch herbei, das er mit seiner Handlung erreichen wollte. Dabei hat er aber nicht von allen relevanten Fertigkeiten Gebrauch gemacht, sondern ihm ist ein Fehler unterlaufen (ihm selbst ist dieser Fehler aufgefallen und er könnte ihn sich selbst vorwerfen). Nur aufgrund der besonderen Umstände führt sein Fehler zu demselben Ergebnis wie die intendierte Handlung.

Die (etwas sonderbare) Art von Situationen, in der abweichende Kausalketten eine Rolle spielen, zeichnet sich also dadurch aus, dass eine Person zwar ein Ergebnis herbeiführt, das sie herbeiführen wollte, bei der Herbeiführung des Ergebnisses aber nicht alle Fertigkeiten erfolgreich anwendet, die dafür eigentlich erforderlich sind. Ich werde gleich darauf eingehen, inwieweit uns diese Beschreibung der Situation weiterhilft, die „richtige Weise“ der Verursachung zu charakterisieren, die eine Antwort auf Davidsons Problem erfordert.

Zuvor möchte ich noch kurz betonen, dass das geschilderte Verständnis der Situation sehr gut geeignet ist, unseren Umgang mit dem Partygast zu erfassen. Natürlich machen wir ihn dafür verantwortlich, dass er den Überfall geplant hat und die Absicht hatte ihn umzusetzen. Wir schreiben ihm auch alle für die Umsetzung seiner Absicht relevanten Fertigkeiten zu (die allermeisten davon hat er ja auch erfolgreich angewandt) und sehen es lediglich als ungewöhnlichen Zufall an, dass er seinen Kompagnon nicht durch eine absichtliche Handlung darüber informiert hat, dass der Zeitpunkt für den Überfall gekommen ist. Die Fertigkeit, das Weinglas im richtigen Zeitpunkt absichtlich fallen zu lassen, spielt eine vergleichsweise kleine Rolle in dem Handlungsplan, der dem Überfall zugrunde liegt. Dass dem Partygast ein Fehler bei der Ausführung dieser eher trivialen Handlung unterlaufen ist, schmälert seine Verantwortung für den Überfall bestenfalls geringfügig.[251]

---

[251] Möglicherweise würden wir ein etwas anderes Urteil über den Protagonisten in einem anderen Beispiel für abweichende Kausalketten fällen. In diesem vielleicht noch etwas eigentümlicheren Beispiel (Davidson 1985, Kapitel 4. Davidson schreibt dieses Beispiel Daniel Bennett zu.) möchte ein Mann seinen Onkel umbringen und sieht auf einem gemeinsamen Jagdausflug eine günstige Gelegenheit. Er zielt auf seinen in einiger Entfernung vor ihm stehenden Onkel und schießt. Der Schuss verfehlt sein Ziel. Allerdings ge-

Fertigkeiten und Neurophysiologie

Um den Unterschied zwischen dem versehentlichen und dem absichtlichen Fallenlassen des Weinglases angemessen zu erfassen, reicht es nicht aus, auf die Wünsche und Überzeugungen des Partygastes zu achten. In beiden Fällen hat er gleichermaßen den Wunsch, seinen Kompagnon zu informieren und ist der Überzeugung, dass dies durch das Fallenlassen des Weinglases gelingen würde (weil es das verabredete Zeichen ist). Es reicht auch nicht aus, eine kausale Rolle des Wunsch-Überzeugungs-Paars für den Ereignisverlauf zu fordern, weil die in beiden Fällen gegeben ist. Die Betrachtung von Fertigkeiten scheint eine hilfreiche Unterscheidung zwischen den beiden Fällen zu ermöglichen, weil sie die erste Situation als Versehen und die zweite als absichtliche Handlung charakterisieren kann. Es bleibt aber vielleicht zunächst etwas unklar, wie es durch den Rückgriff auf Fertigkeiten gelingen soll, zwischen einer richtigen und einer falschen Art der kausalen Verursachung zu unterscheiden – wie sie Davidson im Sinn hatte. Mit den folgenden Bemerkungen möchte ich skizzieren, wie dies meiner Ansicht nach gelingen könnte.

---

rät durch den Schuss ein bis dahin schläfriges Wildschweinrudel in Panik und trampelt auf seiner Flucht den Onkel zu Tode. Vertreter eines kausalen Verständnisses in der Handlungstheorie würden betonen, dass der Neffe den Wunsch hatte, seinen Onkel zu töten und der Überzeugung war, dies mit einem Schuss erreichen zu können. Da zudem beides gemeinsam kausal relevant für den Tod des Onkels war, sind eigentlich alle Kriterien für eine Handlung erfüllt. Es erscheint aber eher eine sonderbare Verkettung von Ereignissen als eine zielgerichtete Handlung zu sein, die zu dem Tod des Onkels geführt haben. Davidson würde dementsprechend wiederum betonen, dass der kausale Einfluss des fraglichen Wunsch-Überzeugungs-Paars nicht von der richtigen Weise war. Um eine in einiger Entfernung stehende Person zuverlässig treffen zu können, sind Fertigkeiten im Gebrauch von Schusswaffen erforderlich und wer eine Person zu treffen beabsichtigt, diese aber verfehlt, hat solche Fertigkeiten ganz offensichtlich nicht erfolgreich zur Anwendung gebracht. Weil diese Fertigkeiten weniger trivial sind als diejenigen, die für das absichtliche Fallenlassen eines Weinglases erforderlich sind, stellen sich in diesem Beispiel Fragen, die sich zuvor nicht gestellt haben. Für unsere Beurteilung des Vorgangs könnte wesentlich sein, ob wir dem Neffen die Fertigkeiten im Umgang mit Schusswaffen zuschreiben oder nicht. Vielleicht ist der Neffe ein lausiger Schütze, der kaum hoffen konnte, dass sein Schuss tatsächlich sein Ziel erreicht. In diesem Fall wäre der Versuch, seinen Onkel umzubringen, möglicherweise als eine hilflose Verzweiflungstat anzusehen, die nur aufgrund außergewöhnlicher Umstände erfolgreich war. Wenn er dagegen ein glänzender Scharfschütze ist und auch auf große Entfernungen nur selten ein Ziel verfehlt, dann würden wir seine Tat vermutlich anders bewerten. Für die Bewertung der Situation ist also wesentlich, ob wir der Person die Fertigkeiten, die für die erfolgreiche Umsetzung des ursprünglichen Handlungsplans erforderlich sind, zuschreiben oder nicht. Das gilt meiner Ansicht nach selbst dann, wenn die relevanten Fertigkeiten im fraglichen Fall gar nicht erfolgreich angewandt worden sind. An diesen Feinheiten zeigt sich, die große Bedeutung der Zuschreibung von Fertigkeiten für die Zuschreibung von Verantwortung.

Ich möchte aber zuerst einmal betonen, dass die Vorstellung einer richtigen und einer falschen Weise der Verursachung sonderbar klingt. Eine Ursache bringt eine Wirkung hervor und sie kann das nicht auf eine richtige oder eine falsche Art und Weise tun. Es gibt keine normativen Maßstäbe für Kausalbeziehungen an sich. Wir können aber zwischen verschiedenen Kausalbeziehungen unterscheiden und sagen, dass die einen für unsere Zwecke von der richtigen Art sind und die anderen von der falschen Art. Wenn wir ein Ziel erreichen wollen, können wir beispielsweise zwischen den Kausalbeziehungen unterscheiden, die wir uns bei der Erreichung des Ziels zunutze machen können und denen, die dazu nicht geeignet sind. Die Unterscheidung zwischen verschiedenen Arten von Kausalbeziehungen machen also wir und wir legen dabei unsere Interessen zu Grunde. Das gilt in gleicher Weise, wenn wir uns zur Aufgabe gemacht haben, diejenigen Arten von Kausalbeziehungen in menschlichen Gehirnen zu charakterisieren, die mit Handlungen der Person korrelieren, um deren Gehirn es geht. Wir interessieren uns für bestimmte Kausalbeziehungen und möchten sie von anderen Kausalbeziehungen abgrenzen. Damit uns diese Abgrenzung gelingen kann, brauchen wir zunächst ein Kriterium, das uns die Unterscheidung zwischen Situationen von zwei (oder mehr) Arten erlaubt. In unserem Fall brauchen wir also zunächst ein Kriterium, um zwischen Handlungen und Versehen zu unterscheiden.[252] Wir können dann (theoretisch zumindest) die neurophysiologischen Vorgänge in Gehirnen von Personen in zwei Gruppen einteilen: eine Gruppe derjenigen Vorgänge, die mit Handlungen korrelieren und eine Gruppe von Vorgängen, die mit Versehen korrelieren. Anschließend können wir nach charakteristischen Unterschieden zwischen den neurophysiologischen Vorgängen in den beiden Gruppen suchen. Es ist eine rein empirische Frage, ob wir auf diese Weise zu einem interessanten Ergebnis kommen. Es ist aber wesentlich, dass das Ergebnis nicht darin bestehen würde, dass wir zwei verschiedene Arten von neurophysiologischen Vorgängen entdeckt hätten. Wir hätten eine Möglichkeit gefunden, die zahllosen neurophysiologischen Vorgänge so in zwei Gruppen aufzuteilen, dass die Aufteilung mit einer Unterscheidung übereinstimmt, die uns aus anderen Gründen wichtig ist (und die wir zwischen Phänomenen machen, die mit den fraglichen neurophysiologischen Vorgängen korreliert sind).

Das ist deshalb wichtig, weil die Unterscheidung zwischen Handlungen und Versehen unser Ausgangspunkt ist und sie als grundlegender anzusehen ist, als die Unterscheidung zwischen damit korrelierenden neurophysiologischen Vorgängen. Nur weil uns diese Unterscheidung so wichtig ist, versu-

252 Diese Unterscheidung können wir im Alltag meist relativ problemlos treffen und das skizzierte Verständnis unserer Praxis der Verantwortungszuschreibung ist sicherlich nur eine von mehreren Möglichkeiten, unsere alltägliche Praxis nachvollziehbar zu machen.

chen wir, sie auf der neurophysiologischen Ebene wiederzufinden. Selbst wenn wir ein überaus zuverlässiges Kriterium für die Unterscheidung auf der neurophysiologischen Ebene finden würden, könnten wir aber Handlungen und Versehen nicht auf bestimmte Arten von neurophysiologischen Vorgängen reduzieren. Dagegen spricht einerseits die bereits mehrfach betonte begriffliche Unvereinbarkeit verschiedener Erklärungsebenen. Andererseits bliebe ohne den Verweis auf Handlungen und Versehen völlig unklar, warum uns gerade diese beiden Arten von neurophysiologischen Vorgängen interessieren. Schließlich könnten wir die Summe aller neurophysiologischer Vorgänge auch auf andere Weise in zwei (oder mehr) Gruppen einteilen und nach charakteristischen Unterschieden suchen.

Nach diesen grundsätzlichen Bemerkungen möchte ich noch betonen, dass wir erwarten sollten, auf der neurophysiologischen Erklärungsebene interessante Unterschiede zwischen Handlungen und Versehen zu finden. Wenn der Verweis auf Fertigkeiten eine Möglichkeit ist, Handlungen von Versehen zu unterscheiden, dann verfügen wir über sehr vielversprechende Ansatzpunkte, um nach einer entsprechenden Unterscheidung auf der neurophysiologischen Ebene zu suchen. Das liegt daran, dass der Erwerb von Fertigkeiten Lernprozesse erfordert. Lernprozesse wiederum haben neurophysiologische Voraussetzungen. Wir wissen, dass Lernprozesse mit molekularen und strukturellen Veränderungen in Gehirnen einhergehen. Diese Veränderungen können untersucht werden und werden bereits erfolgreich untersucht. Es ist daher grundsätzlich möglich, diejenigen Verschaltungen zwischen Nervenzellen zu identifizieren, die im Verlauf der für den Erwerb einer Fertigkeit relevanten Lernprozesse modifiziert werden. Einerseits können also die neurophysiologischen Voraussetzungen für Lernprozesse charakterisiert werden und andererseits können (theoretisch) die mit dem Erwerb der Fertigkeit einhergehenden Veränderungen im Gehirn der fraglichen Person bestimmt werden. Wenn die Person bei einer Handlung ihre Fertigkeit erfolgreich einsetzt, ist davon auszugehen, dass die beim Erwerb der Fertigkeit modifizierten neuronalen Netzwerke in irgendeiner Weise beteiligt sind. Wenn der Person ein Versehen oder ein Fehler unterläuft, kann es sein, dass sich die neuronale Aktivität in genau diesen neuronalen Netzwerken in charakteristischer Weise unterscheidet.

Der verbrecherische Partygast aus unserem Beispiel hat das Weinglas versehentlich fallen lassen. Dennoch schreiben wir ihm die motorischen Fertigkeiten für den Differenzierten Umgang mit Weingläsern grundsätzlich zu. Kleinen Kindern schreiben wir diese Fertigkeiten dagegen nicht zu. Es sind Lernprozesse nötig, bis sie mit Weingläsern und anderen zerbrechlichen Gegenständen vorsichtig hantieren können. Wir wissen, dass für motorische Lernprozesse ein bestimmter Teil des Gehirns, das Cerebellum, von besonderer Bedeutung ist. Es ist davon auszugehen, dass sich die neuronalen Verschaltungen im Cerebellum während der Entwicklung der Feinmotorik verändern und dass diese Veränderungen eine Voraussetzung für die Entwicklung der Feinmotorik darstellen. Vermutlich würden die Verschaltungen im Cerebellum des Partygastes die für den Erwerb von feinmotorischen Fertigkeiten erforderlichen Modifikationen aufweisen. Vielleicht waren aber in der konkreten Situation, in der dem Partygast das Weinglas aus der Hand gerutscht ist, die Nervenzellen, die die genannten Modifikationen aufweisen, nicht aktiv. Und vielleicht wären sie aktiv gewesen, wenn der Partygast das Weinglas absichtlich fallen gelassen hätte.[253] Wenn dies so wäre, könnte ein neurophysiologisches Kriterium gefunden werden, das eine neurophysiologische Entsprechung der Unterscheidung zwischen absichtlichem und versehentlichem Fallenlassen erlaubt. Umgekehrt ist wahrscheinlich, dass der Partygast beim versehentlichen Fallenlassen des Weinglases mit einer reflexartigen Reaktion sein Missgeschick zu verhindern sucht.[254] Das gilt selbst dann, wenn er ohnehin beabsichtigt hat, das Weinglas fallen zu lassen. Das Auftreten einer solchen reflexartigen Reaktion könnte ebenfalls ein neurophysiologisches Korrelat eines Versehens sein, weil es eine Art unbewusst initiierter Versuch der Korrektur darstellt. Wenn der Partygast das Weinglas dagegen absichtlich fallen lässt, bleibt eine derartige Reaktion aus. Ein guter Schauspieler würde die Schrecksekunde, in der das Weinglas aus den Fingern rutscht, überzeugend nachspielen. Es gäbe aber sicherlich neurophysiologische Unterschiede, weil im ersten Fall ein lokaler Schaltkreis eine Korrekturbewegung einleitet bevor der Fehler bewusst registriert wird, während im zweiten Fall gar kein Fehler auftritt, sondern stattdessen absichtlich nachgestellt wird.[255]

ZUSAMMENFASSUNG

Mit Bemerkungen zu der Forderung, dass eine Person anders hätte handeln können muss, wenn sie für ihre Handlung verantwortlich ist, habe ich die im letzten Kapitel begonnene Diskussion zu dem Zusammenhang zwischen Fertigkeiten und Verantwortung ergänzt. Zudem habe ich sie auf Situationen ausgedehnt, in denen eine Person nicht richtig handelt, aber dennoch nicht zur Verantwortung gezogen wird, weil sie entweder als unschuldig oder als schuldunfähig angesehen wird. Trotz der Ähnlichkeit der beiden

[253] Wahrscheinlich sind die fraglichen Nervenzellen in beiden Fällen aktiv, aber es gibt interessante Unterschiede in den jeweiligen Aktivitätsmustern.

[254] Der reflexartige Korrekturversuch wird dadurch eingeleitet, dass eine Differenz zwischen dem geplanten und dem tatsächlich beobachteten Ereignisverlauf detektiert wird. Im Falle des absichtlichen Fallenlassens tritt keine derartige Differenz auf.

[255] Im ersten Fall handelt es sich sozusagen um einen Informationsfluss von der Peripherie zum zentralen Nervensystem (bottom-up), während es sich im zweiten Fall um einen Informationsfluss vom zentralen Nervensystem zur Peripherie (top-down) handelt.

Wörter habe ich auf wesentliche Unterschiede in unserem Umgang mit unschuldigen und schuldunfähigen Personen hingewiesen und diese durch Verweis auf die Fertigkeiten, die wir ihnen zuschreiben, verständlich zu machen versucht. Weiterhin bin ich auf das Phänomen der Willensschwäche eingegangen und habe an diesem Beispiel betont, dass wir einer Person Defizite bei unverzichtbaren Fertigkeiten (im Unterschied zu Defiziten bei anderen Fertigkeiten) vorwerfen können. Mit abschließenden Bemerkungen zu den in der Handlungstheorie intensiv diskutieren Fällen abweichender Kausalketten habe ich angedeutet, wie die dargestellte Position die Einbeziehung neurowissenschaftlicher Erkenntnisse grundsätzlich ermöglicht und welche Vorteile sich daraus ergeben können.

18 AUSBLICK

Ich hoffe, dass durch die Überlegungen der letzten Kapitel deutlich geworden ist, inwieweit das vorgeschlagene Verständnis des Zusammenhangs zwischen Handlungserklärungen und neurowissenschaftlichen Erklärungen für verschiedene Themen interessante Impulse liefern kann, die in der Handlungstheorie diskutiert werden. Dazu zählen die Diskussion um Gemeinsamkeiten und Unterschiede zwischen Ursachen und Gründen und die Frage ob Handlungserklärungen als teleologische Erklärungen anzusehen sind und inwieweit das eine Herausforderung für Versuche darstellt, sie mit naturwissenschaftlichen Erklärungen in Beziehung zu setzen. Weiterhin habe ich zu zeigen versucht, dass aus den von mir angenommenen Zusammenhängen zwischen Handlungserklärungen und neurowissenschaftlichen Erklärungen in keiner Weise folgt, dass wir für unsere Handlungen nicht verantwortlich wären. Stattdessen zeigt sich, dass die vorgeschlagene enge Abhängigkeit der Zuschreibung von Verantwortung von der Zuschreibung von Fertigkeiten gut geeignet ist, unserer komplexen Praxis der Verantwortungszuschreibung gerecht zu werden. Weiterhin habe ich skizziert, wie die Möglichkeit zu dem individuellen Erwerb von Fertigkeiten aus evolutionsbiologischer Sicht verständlich gemacht werden kann.

Bei meinen Überlegungen hat die Auseinandersetzung mit der Praxis des wissenschaftlichen Erklärens und der Praxis der Verantwortungszuschreibung eine wesentliche Rolle gespielt. Konkrete neurowissenschaftliche Erkenntnisse und ihre Relevanz für handlungstheoretische Diskussionen waren dagegen an keiner Stelle wesentlich. Ich hoffe aber, dass meine Überlegungen aufzeigen, dass und inwieweit konkrete empirische Studien fruchtbare Beiträge liefern können, um punktuelle Zusammenhänge zwischen der Erklärungsebene der Handlungserklärungen und den neurowissenschaftlichen Erklärungsebenen herzustellen. Jeder einzelne solcher punktuellen Zusammenhänge erfordert eine Vielzahl von Studien. Viele solche Studien wurden bereits gemacht und weitere werden folgen. In ihrer Summe liefern sie ein komplexes und schwer überschaubares Netzwerk von Erklärungen, das verschiedene Erklärungsebenen verknüpft. Je dichter dieses Netzwerk wird, desto sicherer können wir uns zwischen den verschiedenen Erklärungsebenen hin und her bewegen. Mit meinen Überlegungen hoffe ich gezeigt zu haben, warum wir an einem möglichst dicht geknüpften Erklärungsnetz interessiert sein sollten und warum unsere Fortschritten bei den neurowissenschaftlichen Erklärungen Handlungserklärungen nicht grundlegend in Frage stellen. Obwohl jeder einzelne Knoten in diesem Erklärungsnetzwerk, der Handlungserklärungen mit neurowissenschaftlichen Erklärungen verbindet, detaillierte empirische Studien erfordert und noch viele der wesentlichen Studien fehlen, denke ich, dass wir Zusammenhänge auch dort erwarten sollten, wo wir sie noch nicht genau kennen. In aller Kürze möchte ich diese Zusammenhänge abschließend skizzieren.

Wir können davon ausgehen, dass es eine molekulare Erklärungsebene gibt, auf der wir die Interaktionen zwischen Molekülen und Ionen durch Verweis auf biophysikalische Gesetzmäßigkeiten und ohne Verweis auf Ziele und Absichten erklären können. Weiterhin können wir davon ausgehen, dass es eine neurowissenschaftliche Erklärungsebene gibt, auf der wir auf Nervenzellen und ihre Aktivitäten verweisen. Zwischen verschiedenen Erklärungsebenen können Zusammenhänge hergestellt werden, wenn wir die relevanten Mechanismen kennen. Die Interaktionen zwischen bestimmten Ionen und bestimmten Ionenkanälen sind relevant für die Signalübertragung zwischen Nervenzellen, weil sie Komponenten des Mechanismus für die Signalübertragung zwischen Nervenzellen sind. Dem Mechanismus können wir eine Funktion zuschreiben, weil er Resultat eines evolutionären Selektionsprozesses ist. Neben dem Mechanismus für die Signalübertragung zwischen Nervenzellen gibt es unzählige weitere neurophysiologische Mechanismen im Gehirn der Person. Einige davon sind Voraussetzungen dafür, dass die Person lernfähig ist und Fertigkeiten ausbilden kann. Aufgrund individueller Erfahrung hat die Person eine Reihe von Fertigkeiten ausgebildet und wir können davon ausgehen, dass die Ausbildung dieser Fertigkeiten mit molekularen Veränderungen in bestimmten Regionen ihres Gehirns einhergegangen ist. Wesentlich dafür, dass ob wir die Person für ihre Handlungen verantwortlich machen oder nicht, sind aber nicht molekulare Details der Gehirne der fraglichen Personen. Stattdessen ist entscheidend, ob wir der Person die relevanten Fertigkeiten zuschreiben und davon ausgehen, dass sie sie in der konkreten Situation angewandt hat oder aufgrund irgendeiner Besonderheit der Situation nicht hat anwenden können. Theoretisch könnten wir aber nach den molekularen Grundlagen für eine bestimmte Fertigkeit suchen, indem wir beispielsweise die Gehirne von Personen, denen wir diese Fertigkeit zuschreiben, mit den Gehirnen von Personen vergleichen, denen wir die Fertigkeit nicht zuschreiben.

Besonders naheliegend erscheint dabei, Kinder beim Erwerb von Fertigkeiten zu beobachten. Unser Umgang mit Kindern trägt in vielfältiger Weise der Annahme Rechnung, dass sie die Fertigkeiten erst erwerben müssen, die Voraussetzung für Verantwortungszuschreibung sind. Gleichzeitig wissen wir, dass es neurophysiologische Prozesse gibt, die in engem Zusammenhang mit Lernprozessen stehen. Lernprozesse erfordern neurophysiologische Veränderungen in menschlichen Gehirnen, die in Zusammenhang mit den Erfahrungen stehen, die das lernende Kind macht.[256] Alle Kinder machen unterschiedliche Erfahrungen, aber wenn sie ähnliche Fertigkeiten erwerben – und von allen Kindern hoffen wir, dass sie die Fertigkeiten erwerben, die ich unverzichtbare Fertigkeiten genannt habe – dann haben sie etwas Ähnliches gelernt. Die Gehirne von verschiedenen Kindern sind extrem unterschiedlich, aber es sind immer menschliche Gehirne. Es wäre eigenartig, wenn ähnliche Lernprozesse (auch wenn sie sehr komplex sind) bei Mitgliedern derselben Spezies völlig unterschiedlich ablaufen würden und zu völlig unterschiedlichen Ergebnissen führen würden. Natürlich sind in irgendeiner Hinsicht, die wir nicht kennen, Gemeinsamkeiten zu erwarten. Daher erscheint es grundsätzlich möglich zu sein, nach den molekularen Grundlagen (den Mechanismen) für den Erwerb von Fertigkeiten zu suchen. Diese können sich zwar je nach Fertigkeit unterscheiden, aber es gibt auch viele Gemeinsamkeiten und Überschneidungen zwischen den beteiligten Mechanismen. Die Mechanismen, die uns den Erwerb motorischer Fertigkeiten ermöglichen, unterscheiden sich von Mechanismen für den Erwerb komplexer sozialer Fertigkeiten. Im weiteren Sinne handelt es sich aber in beiden Fällen um Mechanismen, die Lernprozessen zugrunde liegen. Die neurophysiologischen Grundlagen von Lernprozessen können selbstverständlich untersucht werden und sind bereits Gegenstand vielfältiger neurowissenschaftlicher Untersuchungen.

Andererseits könnten die Mechanismen untersucht werden, die der Ausübung einer ganz konkreten Fertigkeit zugrunde liegen. Grundsätzlich erscheint auch das möglich und mit Blick auf einfache motorische Fertigkeiten erscheint erwartbar, dass sich die zunehmende Verfeinerung einer Fertigkeit beispielsweise in den neuronalen Verschaltungen des Cerebellums niederschlagen könnte. Mit Blick auf die Fertigkeiten für den Umgang mit Gründen erscheint mir ein derartiges Forschungsprojekt weniger erfolgversprechend. Anhand eines Beispiels möchte ich verdeutlichen, warum das so ist. Trotz der geringeren Erfolgsaussichten sollten wir aber nicht folgern, dass es keine neurophysiologischen Voraussetzungen für die Ausbildung von Fertigkeiten für den angemessenen Umgang mit Gründen (oder andere höhere kognitive Fertigkeiten) gibt. Die Zusammenhänge sind lediglich so komplex, dass wir kaum hoffen können, sie durch empirische Studien aufzuklären.

Wenn ich meinem Bruder versprochen habe, ihm beim Umzug zu helfen, gehört zu den Gründen, die für diese Handlung sprechen, dass ich mein Versprechen halten würde. Sicherlich sind die Vorgänge in meinem Gehirn

---

[256] Es sei exemplarisch auf einführende neurowissenschaftliche Fachbücher verwiesen, die detaillierten Zusammenhänge sind durch eine Vielzahl von Fachartikeln belegt (Squire & Kandel 2008; Kandel u. a. 2000; Purves u. a. 2007; Bear u. a. 2006).

in irgendeiner Weise dafür relevant, dass ich meinem Bruder beim Umzug helfe. Der Grund, dass ich mein Versprechen halten möchte, kann aber nicht mit Prozessen korreliert sein, die ausschließlich in meinem Gehirn ablaufen.[257] Zunächst habe ich meinem Bruder mein Versprechen gegeben und gehe davon aus, dass er es gehört und verstanden hat. Beides steht sicherlich mit Prozessen in Zusammenhang, die in seinem Gehirn ablaufen. Weiterhin zeichnen sich Versprechen dadurch aus, dass sie nicht eine sehr spezielle Art der Abmachung oder Kommunikation zwischen meinem Bruder und mir sind, sondern es eine verbreitete gesellschaftliche Praxis ist, einander etwas zu versprechen. Es ist auch eine verbreitete gesellschaftliche Praxis, dass es uns wichtig ist, dass andere ihre Versprechen halten. Eine verbreitete gesellschaftliche Praxis wird sicherlich durch das Verhalten einer Vielzahl ihrer Mitglieder getragen – dadurch haben mein Bruder und ich die Praxis in unserer Kindheit kennengelernt – und deren Verhalten steht vermutlich in Zusammenhang mit Vorgängen in deren Gehirnen. Ein einzelnes Gehirn ist bereits extrem komplex. Der Handlungsgrund, ein Versprechen halten zu wollen, steht aber vermutlich mit Prozessen in Zusammenhang, die in einer großen Zahl von Gehirnen ablaufen.

Aufgrund dieser Komplexitäten ist es sehr schwierig, die neurophysiologischen Mechanismen, die während der für den Erwerb einer Fertigkeit erforderlichen Lernprozesse ausgebildet werden, zu identifizieren und zu charakterisieren. Grundsätzlich unmöglich ist es aber nicht.[258] Unabhängig davon, ob wir überzeugende Beispiele finden, die einen eindeutigen Zusammenhang zwischen konkreten neurophysiologischen Mechanismen und konkreten Fertigkeiten herstellen, sollten wir davon ausgehen, dass es neurophysiologische Voraussetzungen für den Erwerb von Fertigkeiten gibt. Einige dieser Voraussetzungen sind bereits recht gut verstanden und weitere Fortschritte in dieser Hinsicht sind zu erwarten. Gleichzeitig können Fertigkeiten natürlich nicht auf neurophysiologische Prozesse reduziert werden. Fertigkeiten schreiben wir Personen als Resultate von Lernprozessen zu und neurophysiologische Mechanismen suchen wir in Gehirnen. Personen und

---

[257] Das gilt auch dann, wenn wir annehmen, dass alle meine Körperbewegungen (auch die für das Helfen beim Umziehen) mit Verweis auf neurophysiologische Prozesse in meinem Gehirn erklärt werden könnten. Vielleicht könnten die Systemgrenzen einer naturwissenschaftlichen Erklärung so gewählt werden, dass alle Ursachen meines Verhaltens Prozesse sind, die in meinem Gehirn ablaufen. Daraus folgt nicht, dass auch die Gründe für mein Handeln ausschließlich mit Prozessen korrelieren, die in meinem Gehirn ablaufen.

[258] Das gilt jedenfalls für die Mechanismen, die beim Menschen unter bestimmten Bedingungen ausgebildet werden. Da davon auszugehen ist, dass der Erwerb von Fertigkeiten vielfach realisierbar ist, können die Mechanismen, die den Erwerb einer Fertigkeit ermöglichen, nicht ohne eine solche Einschränkung bestimmt werden.

Hirne wiederum sind Begriffe, die wir in völlig unterschiedlichen Kontexten verwenden: Sie liegen auf unterschiedlichen Erklärungsebenen.

Die bislang skizzierten erwartbaren Zusammenhänge zwischen neurowissenschaftlichen Erklärungen zu den Lernvorgängen, die für den Erwerb von Fertigkeiten wesentlich sind und den Handlungserklärungen, die sich auf die Zuschreibung von Fertigkeiten stützen, lassen aus meiner Sicht keine grundlegenden Veränderungen unserer Praxis der Verantwortungszuschreibung erwarten. Allerdings halte ich es nicht grundsätzlich für ausgeschlossen, dass es zu Revisionen unserer Praxis der Verantwortungszuschreibung kommen kann. Bemühungen, ein Netzwerk von Erklärungen zu etablieren, in dem wir möglichst problemlos von einer Erklärungsebene zur anderen wechseln können, können Veränderungen auf jeder Erklärungsebene erfordern. Prinzipiell können sich daher Handlungserklärungen aufgrund neurowissenschaftlicher Erkenntnisse als unangemessen herausstellen.

Besonders leicht vorstellbar erscheinen mir derartige lokale Revisionen mit Blick auf die im letzten Kapitel diskutierte Schuldunfähigkeit. Das Konzept der Schuldunfähigkeit ist Bestandteil unserer Praxis der Verantwortungszuschreibung und daher klarerweise auf der Erklärungsebene der Handlungserklärungen anzusiedeln. Gleichzeitig wissen wir aber, dass Schuldunfähigkeit auf neurologische Entwicklungsstörungen, Demenz oder andere neuropathologische Erkrankungen zurückgehen kann. Deren genaue Ursachen können neurowissenschaftlich untersucht werden. Dabei können Erkenntnisse gewonnen werden, die letztlich zu einer differenzierteren Betrachtung des Phänomens der Schuldunfähigkeit führen können (ich gehe davon aus, dass dies bereits zu beobachten ist). Vielleicht ermöglichen es uns neurowissenschaftliche Erkenntnisse, verschiedene Arten von Schuldunfähigkeit zu unterscheiden und dies könnte eine Differenzierung in unserem Umgang mit den Betroffenen nach sich ziehen.

Vielleicht könnten neurowissenschaftliche Untersuchungen zu den Grundlagen verschiedener Lern- und Entwicklungsstörungen auch helfen, die Lernprozesse besser zu verstehen, die der Erwerb der Fertigkeiten für den angemessenen Umgang mit Gründen erfordert.[259] Insbesondere mit

---

[259] Ich habe bereits darauf hingewiesen, dass der Erwerb von Fertigkeiten für die Auflösung intra- und interpersoneller Zielkonflikte durch wechselseitige Abhängigkeiten gekennzeichnet ist. Das macht ihre Untersuchung sehr schwierig. Zudem setzt eine introspektive Beobachtung von Lernprozessen bereits vielfältige Fertigkeiten voraus und auf verlässliche Berichte derjenigen, die die Lernprozesse durchlaufen, können wir daher nicht hoffen. Aus Lern- und Entwicklungsstörungen können verschiedenste Beeinträchtigungen resultieren, die Rückschlüsse über den normalen Ablauf der Lernprozesse zulassen. Es gibt durchaus Krankheitsbilder, die sich vielleicht eher als Defizite bei den Fertigkeiten für die Auflösung von intrapersonellen Zielkonflikten verstehen lassen (Schizophrenie). Bei anderen Krankheitsbildern könnten eher die Fertigkeiten für den angemessenen Umgang mit bestimmten Arten von Gründen anderer beeinträchtigt sein (Autismus).

Blick auf die gezielte Unterstützung dieser Lernprozesse bei Kindern könnte ein besseres Verständnis der relevanten neurowissenschaftlichen Grundlagen relevant sein.

Wie sich eine Person mit einem kohärenten und konsistenten System von Überzeugungen, Wünschen und Zielen herausbildet, ist schwierig zu verstehen. Handlungstheoretiker können verschiedene Vorstellungen entwickeln, wie das grundsätzlich möglich ist. Vielleicht kann für die Klärung dessen, was eine Person oder was Rationalität auszeichnet, die Vorstellung von Wesen hilfreich sein, die schon immer rationale Personen waren. Die Wesen, die sich in unserer Welt zu Personen entwickeln, sind jedoch typischerweise menschliche Lebewesen. Wenn es durch vereinte Anstrengungen und immer besser vernetzte Erklärungsebenen irgendwann gelingt, diesen wundersamen Prozess bessern nachzuvollziehen, dann ist das deshalb nicht zuletzt für dieHandlungstheorie von besonderem Interesse.

Die Suche nach detaillierten Zusammenhängen zwischen Handlungserklärungen und neurowissenschaftlichen Erklärungen ist langwierig und mühsam. Auch jeder Versuch, solche Zusammenhänge für Überlegungen auf der einen oder der anderen Erklärungsebene fruchtbar zu machen, erfordert einen langen Atem. Ich bin überzeugt, dass sich die Anstrengung lohnt.

LITERATURVERZEICHNIS

Alberts, B. u. a., 2008. *Molecular Biology of the Cell* 5. Aufl., Taylor & Francis.

Anscombe, G.E.M., 1957. *Intention*, Basil Blackwell.

Aristoteles, 1986. *Nikomachische Ethik*, Reclam, Ditzingen.

Augustine, 1993. *On free choice of the will*, Hackett Publishing.

Balzer, W., Moulines, Carles Ulises & Sneed, J.D., 1987. *An architectonic for science*, Reidel.

Bartelborth, T., 2007. *Erklären*, Gruyter.

Bear, M., Paradiso, M. & Connors, B.W., 2006. *Neuroscience: Exploring the Brain* 3. Aufl., Lippincott Williams & Wilkins.

Bechtel, W., 2007. *Mental Mechanisms: Philosophical Perspectives on Cognitive Neuroscience*, Lawrence Erlbaum.

Bechtel, W. & Abrahamsen, A., 2005. Explanation: a mechanist alternative. *Studies in History and Philosophy of Biological and Biomedical Sciences*, 36(2), S.421-441.

Bechtel, W. & Richardson, R.C., 1993. *Discovering Complexity: Decomposition and Localization As Strategies in Scientific Research*, Princeton University Press.

Beckermann, A., 2008. *Gehirn, Ich, Freiheit: Neurowissenschaften und Menschenbild*, Mentis-Verlag.

Bennett, M.R. & Hacker, P.M., 2003. *Philosophical Foundations of Neuroscience*, John Wiley & Sons.

Bennett, M.R. u. a., 2009. *Neuroscience and Philosophy: Brain, Mind, and Language*, Columbia University Press.

Bickle, J., 2003. *Philosophy and Neuroscience: A Ruthlessly Reductive Account*, Springer Netherlands.

Bickle, J., 1998. *Psychoneural Reduction: The New Wave*, MIT Press.

Bickle, J., 2006. Reducing mind to molecular pathways: Explicating the reductionism implicit in current cellular and molecular neuroscience. *Synthese*, 151(3), S.411-434.

Bickle, J., 2007. Ruthless reductionism and social cognition. *Journal of Physiology, Paris*, 101(4-6), S.230-235.

Bickle, J., 2008. The molecules of social recognition memory: implications for social cognition, extended mind, and neuroethics. *Consciousness and Cognition*, 17(2), S.468-474.

Bickle, J. Hrsg., 2009. *The Oxford Handbook of Philosophy and Neuroscience*, Oxford University Press.

Bieri, P., 2005. *Das Handwerk der Freiheit*, Fischer-Taschenbuch-Verlag.

Bishop, J., 1990. *Natural Agency: An Essay on the Causal Theory of Action*, Cambridge University Press.

Blumenberg, H., 2010. *Theorie der Lebenswelt*, Suhrkamp Verlag.

Campaner, R., 2011. Understanding mechanisms in the health sciences. *Theoretical Medicine and Bioethics*, 32(1), S.5-17.

Carnap, R., 1999. *Der logische Aufbau der Welt*, Felix Meiner.

Cartwright, N., 1983. *How the Laws of Physics Lie*, Clarendon Press.

Charlton, W., 1988. *Weakness of will*, Blackwell.

Churchland, P.M., 1996. *The engine of reason, the seat of the soul*, MIT Press.

Churchland, P.S., 1989. *Neurophilosophy: Toward a Unified Science of the Mind-Brain*, MIT Press.

Craver, C.F., 2007. *Explaining the Brain: Mechanisms and the Mosaic Unity of Neuroscience*, Oxford University Press.

Craver, C.F., 2002. Interlevel experiments and multilevel mechanisms in the neuroscience of memory. *Philosophy of Science Supplemental Volume*, 69(3), S.83-97

Craver, C.F., 2008. Physical law and mechanistic explanation in the Hodgkin and Huxley model of the action potential. *Philosophy of Science*, 75(5).

Darden, L., 2006. *Reasoning in Biological Discoveries: Essays on Mechanisms, Interfield Relations, and Anomaly Resolution*, Cambridge University Press.

Darwin, C., 1975. *On the Origin of Species: A Facsimile of the First Edition*, Harvard University Press.

Davidson, D., 1963. Actions, reasons, and causes. *Journal of Philosophy*, 60(23), S.685-700.

Davidson, D., 1967. Causal relations. *Journal of Philosophy*, 64(21), S.691-703.

Davidson, D., 1966. Emeroses by other names. *Journal of Philosophy*, 63(24), S.778-780.

Davidson, D., 1980. *Essays on Actions and Events*, Oxford University Press.

Davidson, D., 1970a. Events and particulars. *Noûs*, 4(1), S.25-32.

Davidson, D., 1985. *Handlung und Ereignis*, Suhrkamp.

Davidson, D., 1976a. Hempel on explaining action. *Erkenntnis*, 10(3).

Davidson, D., 1970b. How Is Weakness of the Will Possible? In J. Feinberg, Hrsg. *Moral Concepts*. Oxford University Press.

Davidson, D., 1976b. Hume's cognitive theory of pride. *Journal of Philosophy*, 73(19), S.744-757.

Davidson, D., 1984. On the Very idea of a Conceptual Scheme. In D. Davidson, Hrsg. *Inquiries Into Truth and Interpretation*,. Oxford: Oxford University Press, S. 183-198,.

Davidson, D., 1986. Replies to Essays I-IX. In B. Vermazen & M. B. Hintikka, Hrsg. *Essays on Davidson: Actions and Events*. Oxford University Press.

Dowe, P., 2000. *Physical causation*, Cambridge University Press.

Feyerabend, P., 1975. *Against Method: Outline of an Anarchistic Theory of Knowledge*, New Left Books.

Fodor, J.A., 1980. *The Language of Thought*, Harvard University Press.

Fraassen, B.C. van, 1989. *Laws and Symmetry*, Oxford University Press.

Fraassen, B.C. van, 1980. *The Scientific Image*, Oxford University Press.

Frankfurt, H.G., 1997. The Problem of Action. In A. R. Mele, Hrsg. *The Philosophy of Action*. Oxford University Press.

Freeman, A., Sutherland, K. & Libet, B. Hrsg., 2000. *Volitional Brain: Towards a Neuroscience of Free Will*, Imprint Academic.

Friedman, M., 1974. Explanation and scientific understanding. *Journal of Philosophy*, 71(1), S.5-19.

Geyer, C. Hrsg., 2004. *Hirnforschung und Willensfreiheit: Zur Deutung der neuesten Experimente*, Suhrkamp Verlag.

Giere, R.N., 1999. *Science Without Laws*, University of Chicago Press.

Glennan, S.S., 2010. Mechanisms. In H. Beebee, C. Hitchcock, & P. Menzies, Hrsg. *The Oxford Handbook of Causation*. Oxford University Press.

Glennan, S.S., 1996. Mechanisms and the nature of causation. *Erkenntnis*, 44(1), S.49-71.

Haggard, P. & Eimer, M., 1999. On the relation between brain potentials and the awareness of voluntary movements. *Experimental Brain Research. Experimentelle Hirnforschung. Expérimentation Cérébrale*, 126(1), S.128-133.

Hempel, C.G., 1970. *Aspects of Scientific Explanation*, Free Press.

Hempel, C.G. & Oppenheim, P., 1948. Studies in the logic of explanation. *Philosophy of Science*, 15(2), S.135-175.

Holton, R., 2009. *Willing, wanting, waiting*, Oxford University Press.

Hooker, C., 1981. Towards a general theory of reduction. Part I: Historical and scientific setting. Part II: Identity in reduction. Part III: Cross-categorial reduction. *Dialogue*, (20), S.38-59, 201-236, 496-529.

Hornsby, J., 1980. *Actions*, Routledge.

Hull, D.L., 1974. *Philosophy of biological science*, Prentice-Hall.

Hull, D.L. & Ruse, M. Hrsg., 2007. *The Cambridge Companion to the Philosophy of Biology*, Cambridge University Press.

Hume, D., 1748. *Enquiries Concerning Human Understanding and Concerning the Principles of Morals*, Oxford University Press.

van Inwagen, P., 2000. Free will remains a mystery. *Philosophical Perspectives*, 14, S.1-20.

Janich, P., 2009. *Kein neues Menschenbild: Zur Sprache der Hirnforschung*, Suhrkamp Verlag.

Kandel, E.R., Schwartz, J.H. & Jessell, T.M., 2000. *Principles of Neural Science* 4. Aufl., Mcgraw-Hill Professional.

Kane, R. Hrsg., 2005. *The Oxford Handbook of Free Will*, Oxford University Press.

Kant, I., 1986. *Kritik der praktischen Vernunft*, Reclam, Ditzingen.

Keil, G., 2007. *Willensfreiheit*, Gruyter.

Kim, J., 2000. *Mind in a physical world*, MIT Press.

Kim, J., 2005. *Physicalism, or something near enough*, Princeton University Press.

Kim, J., 1993. *Supervenience and mind*, Cambridge University Press.

Kitcher, P., 1989. Explanatory Unification and the Causal Structure of the World. In *Scientific explanation*. University of Minnesota Press, S. 410-505.

Klipp, E. u. a., 2009. *Systems Biology: A Textbook* 1. Aufl., Wiley-VCH Verlag GmbH & Co. KGaA.

Könneker, C. Hrsg., 2006. *Wer erklärt den Menschen?: Hirnforscher, Psychologen und Philosophen im Dialog*, Fischer (Tb.), Frankfurt.

Krohs, U. & Toepfer, G., 2005. *Philosophie der Biologie: Eine Einführung*, Suhrkamp Verlag.

Kuhn, T.S., 1970. *The structure of scientific revolutions*, University of Chicago Press.

Lakatos, I., 1980. *The Methodology of Scientific Research Programmes: Volume 1: Philosophical Papers*, Cambridge University Press.

Levine, J., 1983. Materialism and qualia: The explanatory gap. *Pacific Philosophical Quarterly*, 64(October), S.354-61.

Lewis, D., 1973a. Causation. *Journal of Philosophy*, 70(17), S.556-567.

Lewis, D., 1973b. *Counterfactuals*, Harvard University Press.

Lewis, D., 1986. *Philosophical papers*, Oxford University Press.

Libet, 2004. Haben wir einen freien Willen? In C. Geyer, Hrsg. *Hirnforschung und Willensfreiheit: Zur Deutung der neuesten Experimente*. Suhrkamp Verlag.

Libet, B., 2005. *Mind Time: The Temporal Factor in Consciousness*, Harvard University Press.

Libet, B., Wright, E.W. & Gleason, C.A., 1982. Readiness-potentials preceding unrestricted „spontaneous" vs. pre-planned voluntary acts. *Electroencephalography and Clinical Neurophysiology*, 54(3), S.322-335.

Machamer, P.K., Darden, L. & Craver, C.F., 2000. Thinking about mechanisms. *Philosophy Of Science*, 67(1), S.1-25.

Mackie, J.L., 1965. Causes and Conditions. *American Philosophical Quarterly*, 2(4), S.245-264.

Mackie, J.L., 1980. *The cement of the universe*, Oxford University Press.

Madigan, M.T. & Martinko, J.M., 2008. *Brock Mikrobiologie* 11. Aufl., Pearson Studium.

Mele, A., 2007. Decisions, Intentions, Urges, and Free Will: Why Libet Has Not Shown What He Says He Has. In J. K. Campbell, M. O'Rourke, & H. S. Silverstein, Hrsg. *Causation and Explanation*. MIT Press.

Mele, A.R., 2009. *Effective Intentions: The Power of Conscious Will*, Oxford University Press.

Mele, A.R., 1992. *Springs of Action: Understanding Intentional Behavior*, Oxford University Press.

Mele, A.R. Hrsg., 1997. *The Philosophy of Action*, Oxford University Press.

Menzies, P. & Price, H., 1993. Causation as a secondary quality. *British Journal for the Philosophy of Science*, 44(2), S.187-203.

Mill, J.S., 1850. *A system of logic: ratiocinative and inductive; being a connected view of the principles of evidence and the methods of scientific investigation*, Harper & Brothers.

Millikan, R.G., 2010. Erklärungen in der Biopsychologie. In C. Horn & G. Löhrer, Hrsg. *Gründe und Zwecke: Texte zur aktuellen Handlungstheorie*. Suhrkamp Verlag.

Moulines, C. U., 2008. *Die Entwicklung der modernen Wissenschaftstheorie (1890-2000): Eine historische Einführung*, Lit Verlag.

Murphy, K.M., Travers, P. & Walport, M., 2009. *Janeway Immunologie* 7. Aufl., Spektrum Akademischer Verlag.

Nagel, E., 1961. *The structure of science*, Harcout Brace.

Nida-Rümelin, J., 2009. *Philosophie und Lebensform*, Suhrkamp.

Noble, D., 2008. *The Music of Life: Biology Beyond Genes*, Oxford University Press.

Pauen, M., 2006. *Illusion Freiheit? Mögliche und unmögliche Konsequenzen der Hirnforschung*, Fischer.

Pearl, J., 1995. Causal Diagrams for Empirical Research. *Biometrika*, 82(4), S.669-688.

Pearl, J., 2000. *Causality*, Cambridge University Press.

Prinz, W., 2004. Der Mensch ist nicht frei. Ein Gespräch. In C. Geyer, Hrsg. *Hirnforschung und Willensfreiheit: Zur Deutung der neuesten Experimente*. Suhrkamp Verlag.

Psillos, S., 2002. *Causation and Explanation*, Acumen Publishing Ltd.

Purves, D. u. a., 2007. *Neuroscience* 4. Aufl., Palgrave Macmillan.

Putnam, H., 1979. *Mind, language and reality*, Cambridge University Press.

Ramsey, F.P., 1990. *Philosophical papers*, Cambridge University Press.

Rosenberg, A., 2006. *Darwinian Reductionism: Or, How to Stop Worrying and Love Molecular Biology*, University of Chicago Press.

Rosenberg, A. & Arp, R. Hrsg., 2009. *Philosophy of Biology: An Anthology*, John Wiley & Sons.

Rosenberg, A. & McShea, D.W., 2006. *Philosophy of Biology: A Contemporary Introduction*, Routledge Chapman & Hall.

Roth, G., 2009. *Aus Sicht des Gehirns*, Suhrkamp Verlag.

Roth, G., 2002. *Das Gehirn und seine Wirklichkeit: Kognitive Neurobiologie und ihre philosophischen Konsequenzen*, Suhrkamp.

Roth, G., 2003. *Fühlen, Denken, Handeln: Wie das Gehirn unser Verhalten steuert*, Suhrkamp Verlag.

Roth, G., 2004. Worüber dürfen Hirnforscher reden - und in welcher Weise? In C. Geyer, Hrsg. *Hirnforschung und Willensfreiheit: Zur Deutung der neuesten Experimente*. Suhrkamp Verlag.

Roth, G. & Pauen, M., 2008. *Freiheit, Schuld und Verantwortung: Grundzüge einer naturalistischen Theorie der Willensfreiheit*, Suhrkamp Verlag.

Salmon, Wesley C., 1998. *Causality and Explanation*, Oxford University Press.

Salmon, Wesley C., 1990. *Four Decades of Scientific Explanation*, University of Minnesota Press.

Salmon, Wesley C., 1984. *Scientific Explanation and the Causal Structure of the World*, Princeton University Press.

Salmon, Wesley C., 1997. Causality and Explanation: A Reply to Two Critiques. *Philosophy of Science*, 64(3), S.461-477.

Salmon, Wesley Charles, 1971. Statistical Explanation. In *Statistical Explanation and Statistical Relevance*. University of Pittsburgh Press, S. 29-87.

Sarkar, S., 1998. *Genetics and Reductionism*, Cambridge University Press.

Schaffner, K.F., 1967. Approaches to Reduction. *Philosophy of Science*, 34(2), S.137-147.

Schaffner, K.F., 1993. *Discovery and explanation in biology and medicine*, University of Chicago Press.

Searle, J.R., 2008. *Freedom and Neurobiology: Reflections on Free Will, Language, and Political Power*, Columbia University Press.

Sehon, S., 2005. *Teleological Realism: Mind, Agency, and Explanation*, MIT Press.

Sehon, S., 2010. Zielgerichtetes Handeln und teleologische Erklärung. In C. Horn & G. Löhrer, Hrsg. *Gründe und Zwecke: Texte zur aktuellen Handlungstheorie*. Suhrkamp Verlag.

Sehon, S.R., 1997. Deviant causal chains and the irreducibility of teleological explanation. *Pacific Philosophical Quarterly*, 78(2), S.195–213.

Sellmaier, S., 2007. Was beweisen Benjamin Libets Experimente zur Willensfreiheit? In *Philosophisches Jahrbuch, 2. Halbband*. Verlag Karl Alber.

Singer, W., 2009. *Der Beobachter im Gehirn: Essays zur Hirnforschung*, Suhrkamp.

Singer, W., 2003. *Ein neues Menschenbild? Gespräche über Hirnforschung*, Suhrkamp.

Singer, W., 2004. Verschaltungen legen uns fest: Wir sollten aufhören, von Freiheit zu sprechen. In C. Geyer, Hrsg. *Hirnforschung und Willensfreiheit: Zur Deutung der neuesten Experimente*. Suhrkamp Verlag.

Sneed, J.D., 1971. *The logical structure of mathematical physics*, Reidel.

Spitzley, T., 2005. *Willensschwäche*, Mentis.

Squire, L.R. & Kandel, E.R., 2008. *Memory: From Mind to Molecules*, Roberts & Co Publisher.

Stegmüller, W., 1976. *The structure and dynamics of theories*, Springer-Verlag.

Stoecker, R., 2002. *Handlungen und Handlungsgründe*, Mentis-Verlag.

Strawson, P.F., 1962. Freedom and resentment. *Proceedings of the British Academy*, 48, S.1-25.

Stroud, S. & Tappolet, C., 2008. *Weakness of Will and Practical Irrationality*, Oxford University Press.

Sturma, D. Hrsg., 2006. *Philosophie und Neurowissenschaften*, Suhrkamp Verlag.

Suppes, P., 1957. *Introduction to logic*, Wadsworth International Group.

Thagard, P., 1998. Explaining disease: Correlations, causes, and mechanisms,. *Minds and Machines*,, 8,(1,), S.61-78,.

Thagard, P., 2000. *How Scientists Explain Disease*, Princeton University Press.

Thomas, A., Saint, 1997. *Basic Writings of Saint Thomas Aquinas: Man and the Conduct of Life: 2*, Hackett Publishing Co, Inc.

Tipler, P.A. & Mosca, G., 2009. *Physik: für Wissenschaftler und Ingenieure* 6. Aufl. 6. Aufl. Aufl., Spektrum Akademischer Verlag.

Vane, J.R., 1971. Inhibition of prostaglandin synthesis as a mechanism of action for aspirin-like drugs. *Nature: New Biology*, 231(25), S.232-235.

Wallace, R.J., 2006. *Normativity and the Will: Selected Papers on Moral Psychology and Practical Reason: Selected Essays on Moral Psychology and Practical Reason*, Oxford University Press.

Watson, Gary Hrsg., 2003. *Free Will*, Oxford University Press.

Wegner, D.M., 2003. *Illusion of Conscious Will*, MIT Press.

Wimsatt, W.C., 1972. Complexity and Organization. *PSA: Proceedings of the Biennial Meeting of the Philosophy of Science Association*, 1972, S.67-86.

Wittgenstein, L., 2003. *Philosophische Untersuchungen*, Suhrkamp Verlag.

Wittgenstein, L., 1999. *Tractatus logico-philosophicus: Logisch-philosophische Abhandlung*, Suhrkamp Verlag.

Wittgenstein, L., 2006. *Über Gewißheit*, Suhrkamp.

Woodward, J., 2010. Causation in biology: Stability, specificity, and the choice of levels of explanation. *Biology and Philosophy*, 25(3).

Woodward, J., 2000. Explanation and invariance in the special sciences. *British Journal for the Philosophy of Science*, 51(2), S.197-254.

Woodward, J., 2003. *Making Things Happen: A Theory of Causal Explanation*, Oxford University Press.

Woodward, J., 2008. Mental causation and neural mechanisms. In J. Hohwy & J. Kallestrup, Hrsg. *Being Reduced: New Essays on Reduction, Explanation, and Causation*. Oxford University Press.

Wright, G.H. von, 1971. *Explanation and Understanding*, Kegan Paul International.

PERSONENREGISTER